CURSO **SEO** PROFESIONAL®

© EDITA: XTRARED, S.L.
Diseño y maquetación: XTRARED.S.L.
ISBN: 978-84-09-16151-5

SOBRE EL AUTOR

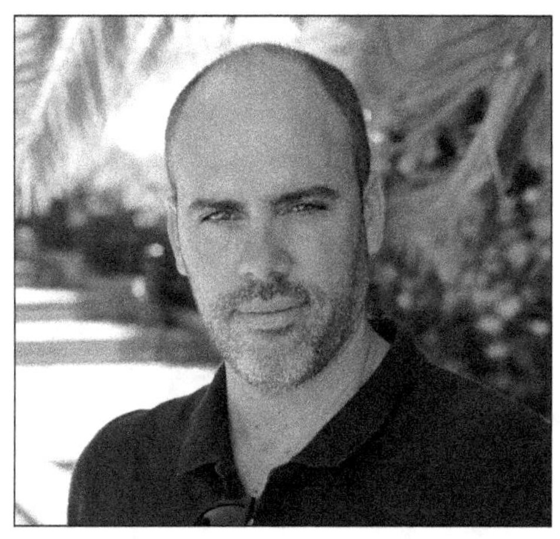

"Soy un apasionado del SEO, un especialista en compartir."

Dicen que la mejor manera de aprender una materia es compartirla con los demás.

Después de 18 años aprendiendo y aplicando conocimientos en SEO en un importante número de proyectos, sentí la imperiosa necesidad de compartir la experiencia adquirida durante estos años. El resultado, lo tienes en tus manos y vas a experimentarlo al inscribirte en nuestro **Curso Seo Profesional©**.

La elaboración de este curso responde a una pregunta clave que me hice un día: "si buscases un curso que te capacitara para desenvolverte sin problemas en la actividad del SEO, ¿cómo te gustaría que fuera?". Sin duda alguna, el **Curso SEO Profesional©** el curso que me hubiera gustado recibir cuando empecé mis primeros pasos en el apasionante mundo de las búsquedas orgánicas.

El posicionamiento SEO es algo que muchos ofrecen, pero que no todos consiguen. El SEO requiere conocimiento, experiencia y capacidad de comunicación y organización. Sin dejar atrás ni mucho menos la actualización continua que conlleva una actividad que depende de una serie de algoritmos que tienen de media una actualización cada 17 horas.

Cuando comencé mi trayectoria profesional como diseñador web en 1998, tuve claro que para conseguir no ser uno más sino el referente a seguir debía apostar por la calidad, la profesionalidad y sobre todo poner en el centro de mi estrategia al usuario, a mis clientes. He pasado de trabajar como profesional independiente a ser el CEO de una agencia de marketing online como es XTRARED y me alegra poder seguir diciendo que la calidad y la profesionalidad son innegociables en mi empresa y así mismo, los objetivos de mis clientes son siempre nuestros principales objetivos y es esta filosofía la que nos permite crecer cada día y convertirnos en la mejor opción de grandes y pequeñas marcas empresariales.

Mi inquietud por aprender y renovarme constantemente me han permitido querer compartir mis conocimientos con los demás y en este sentido, he colaborado con instituciones como la Cámara de Comercio de Sevilla, la Diputación de Sevilla y la Confederación de Empresarios de Sevilla para formar y asesorar a empresarios y empresarias de toda la provincia en la importancia de la transformación digital en sus empresas y en el valor diferencial que supone apostar por ella.

Los 15 años de experiencia que XTRARED dispone ya en la ejecución de proyectos de Inbound marketing han sido para mi el mejor aval posible para garantizar una formación completa y profesional en el ámbito del Seo Profesional y en este sentido ha sido el principal argumento para querer compartir contigo todo el contenido que encontrarás en **Curso Seo Profesional©**.

Javier Rodríguez
@javisevilla

AGRADECIMIENTOS

El SEO, al igual que este libro, es una consecuencia de varias acciones. Y aunque puedas ver mi firma como autor del mismo, este ejemplar que estás leyendo ha sido creado con el esfuerzo y la aportación de muchas personas que desde el año 2009 han formado de una forma u otra parte de este proyecto llamado Curso SEO Profesional©.

Quiero agradecer a los más de 500 alumnos, que he formado hasta la fecha de edición de este ejemplar, vuestra confianza en mi modelo de capacitación SEO, con un prisma 100% profesional basado en la experiencia que he adquirido en mi trayectoria como SEO manager en mi agencia, XTRARED.

Por supuesto, debo agradecer a todos los profesionales SEO que durante estos años me han acompañado en este apasionante mundo de las búsquedas orgánicas. Hago mención especial a Ana Campos y Fernando Jiménez por su implicación. A Marina Suárez, Carmen Mazón, María Velarde y Elena Durao por su colaboración en todas las acciones que nos han traído hasta aquí.

Esta obra no sería lo que es sin la aportación en materia de maquetación creativa de Marcos García, creativo de XTRARED y autor de la mayor parte de as creatividades gráficas que componen este libro.

Agradecer también a los más de cientos de clientes que confiaron y hoy confían en mi y en XTRARED, para conseguir que sus proyectos sean más en Internet gracias al SEO.

Y sin duda alguna tengo que hacer una mención especial a mi socia, Sandra Jiménez. Amiga y compañera incansable. Mi apoyo en los momentos más duros, fiel confidente y asesora en materia de comunicación que, sin duda, dota a esta publicación de un matiz único. Gracias Sandra.

También te doy las gracias a ti, por comprar este ejemplar. Espero que el SEO cambie tu vida como me la ha cambiado a mi. Estoy seguro de que en las próximas páginas vas a encontrar un buen puñado de consejos que te van a ayudar a ser más en Internet.

Javier Rodríguez
@javisevilla

ÍNDICE

Tienes en tus manos un libro que no pretende sentar cátedra sobre el significado y mejor uso del SEO, posicionamiento orgánico en buscadores. El principal objetivo que persigo con mi libro "Curso Seo Profesional©" es dejar clara la diferencia entre realizar esta actividad, la del Seo, de una forma profesional o no.

El libro hace un recorrido por todos los conceptos, herramientas y claves que debe integrar el profesional Seo. Todo este contenido no surge de otros libros o de su búsqueda en sitios web, procede de mi experiencia y mi día a día, enfrentándome al desarrollo de estrategias Seo desde el año 2002.

Mi principal objetivo, antes como SEO, ahora como Seo Manager y CEO de XTRARED mi consultora de comunicación digital, es conseguir que cada uno de mis clientes se conviertan en referentes de su sector por su visibilidad en buscadores, concretamente en Google. Y ahora a través de este libro, Curso Seo Profesional©, quiero ayudarte a que tú también puedas conseguirlo.

El libro se estructura en diez capítulos a través del cual hacemos un recorrido profundizando en el concepto de posicionamiento en buscadores como actividad, para llegar a analizarlo como servicio y sin olvidar a la pieza clave, el profesional del SEO. Entre otros muchos aspectos, aprenderás sobre Auditoría y Estrategia SEO, sobre su implantación, sobre herramientas SEO y analítica, así como todas las claves que diferencian a un profesional SEO del que no lo es.

Si he de destacar un aspecto diferencial de este libro sobre todos los que conozco en el mercado que tratan sobre el posicionamiento orgánico en buscadores, es su carácter atemporal, sí, es verdad que está impreso, pero cuenta al final de cada capítulo con diferentes códigos BIDI que te enlazan con nuestra plataforma: cursoseoprofesional.com donde podrás acceder a las últimas actualizaciones surgidas en este temario.

Mi recomendación, para el máximo aprovechamiento de este libro que tienes en tus manos, es que explores cada uno de los aspectos que trato y que vayas aplicándolo a proyectos reales, de forma que puedas ver de una forma rápida los resultados que obtienes de su lectura.

Espero que lo disfrutes.

Javier Rodríguez
@javisevilla

1. INTRODUCCIÓN AL SEO

1.1 ¿QUÉ ES EL POSICIONAMIENTO EN BUSCADORES?

¿Dónde y cuándo se aplica?

Hablemos de posicionamiento web

El **posicionamiento en buscadores** es un proceso técnico mediante el cual optimizamos la estructura, el contenido o información de un sitio web con el objetivo de mejorar su visibilidad en los diferentes motores de búsqueda. Las personas que realizan tareas de optimización en buscadores son denominados consultores SEO o especialistas SEO.

¿Qué significa SEO?

El término SEO no es más que las siglas Search Engine Optimization (Optimización en motores de búsqueda). Es el término que se emplea para aquellas labores relacionadas con la optimización de un contenido en todo tipo de herramienta que use un buscador.

Dentro del posicionamiento web nos encontramos con una clara diferenciación:

- Posicionamiento SEO
- Posicionamiento SEM

¿Qué significa SEM?

El posicionamiento SEM es el término empleado para la actividad del marketing en motores de búsqueda. Su significado es el que se corresponde con las siglas de Search Engine Marketing y está orientado a la creación de campañas publicitarias en motores de búsqueda que aparecerán junto a los resultados orgánicos en una SERP (Search Result Page o página de resultados de una búsqueda).

Los anuncios de una campaña de SEM aparecen en la parte superior cuando realizamos una búsqueda en Google u otro motor de búsqueda.

Las campañas de SEM, también son llamadas campañas de PPC (pago por clic).

Esta actividad es efectiva pero muy costosa. En el caso de Google lo que hace es subastar el coste de cada clic por keyword (cadena clave) pudiendo provocar unos costes en las campañas SEM que en algunos casos si no se optimiza bien pueden llegar a ser desorbitados.

Google ADS cuenta con diferentes herramientas para que puedas publicitar tu negocio en diferentes medios consiguiendo así un mayor alcance. La más usada son los anuncios en los resultados de búsquedas, pero también existen otro tipo de anuncios como banners en aplicaciones y webs (denominada "red de contenidos"), publicidad en vídeos de YouTube, etc.

En este gráfico puedes ver las diferencias que existen entre el posicionamiento SEO y el posicionamiento SEM

¿Dónde podemos aplicar técnicas de SEO?

Básicamente, podemos hacer SEO en toda aquella aplicación o plataforma que contenga un buscador, por ejemplo:

- **Twitter**: Si incluyes las palabras claves de tu actividad o servicio en los tuits que publicas, tu cuenta va a obtener más relevancia y en consecuencia más visibilidad cuando los usuarios realicen búsquedas en este sistema.

- **Correo electrónico**: un SEO siempre sabrá optimizar su contenido para hacerlo más visible en sistemas, como por ejemplo una aplicación cliente de correo electrónico.

Si realizo una búsqueda para localizar el CV de un profesional SEO, intuitivamente busco mensajes con el término "CV" para que me muestre los diferentes Curriculums recibidos. Sin embargo, hay uno que llama poderosamente mi atención. Efectivamente, aquel que ha puesto en el asunto "CV SEO" será el primero en ser analizado. ¿Haces SEO en el asunto de tus mensajes para hacerlo más visibles?.

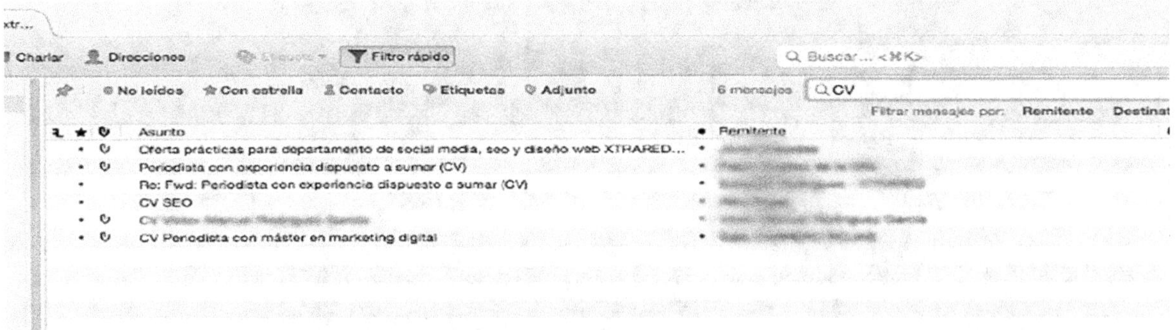

- **Un portal, web o directorio**: Puedes optimizar la ficha de tu empresa o actividad en base al criterio que el sistema donde se encuentra organice el contenido.

1.2 LOS BUSCADORES EN INTERNET

Los buscadores se han convertido en el principal asistente personal de los usuarios de Internet. En este capítulo, vamos a hablar de ellos: los buscadores de Internet.

¿Qué es un buscador?

La respuesta básica sería que es un sistema informático que busca archivos en servidores web relacionados con una consulta. O dicho de otra manera: " Un buscador es un sistema que ofrece respuestas a una pregunta". La pregunta la escribimos en la casilla del buscador y este se encarga de ofrecernos la mejor respuesta.

Los buscadores son catalogados en cuatro clases:

- **Buscadores Jerárquicos**
- **Directorios**
- **Metabuscadores**
- **Buscadores Verticales**

Conozcamos cada uno de ellos:

Buscadores Jerárquicos: Los buscadores Jerárquicos son los más conocidos y usados a día de hoy. Hablamos de Google, Bing, etc. Son los buscadores que indexan contenidos de la web y los muestran en sus páginas de resultados a través de una clasificación jerárquica establecida por sus algoritmos.

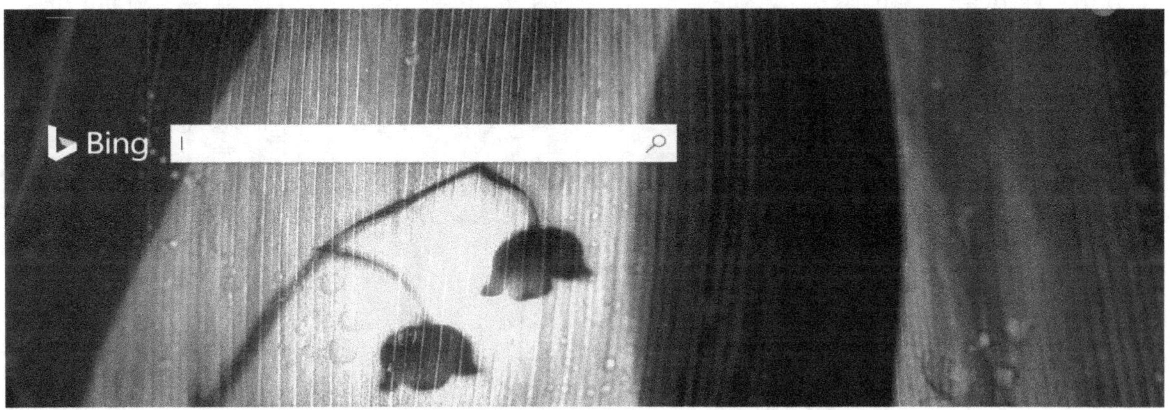

Buscadores Jerárquicos: Los más comunes como Google o Bing

Directorios: Fueron los primeros buscadores de Internet, organizan la información en base a categorías, temáticas, localización, etc. A día de hoy forman parte activa e influyente a nivel SEO como ya veremos más adelante. Yahoo, terra, Dmoz… ¿te suenan?

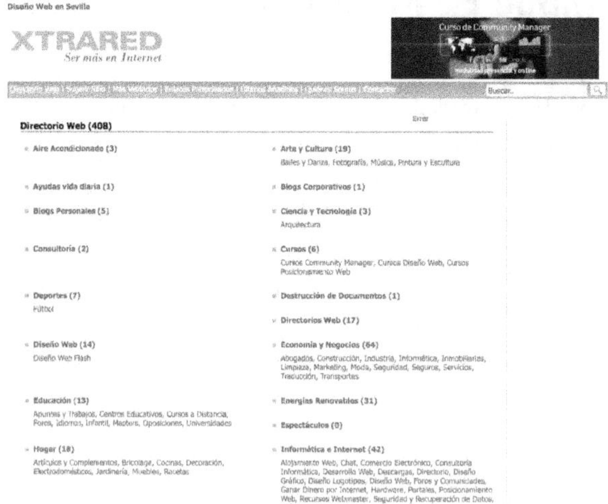

Los directorios, muy populares a finales de los noventa. Páginas como Yahoo, Terra, etc.

MetaBuscadores: Un meta-buscador es un buscador compuesto por resultados de varios buscadores Jerárquicos. Metacrawler es uno de los más conocidos.

Buscadores Verticales: Son los buscadores especializados en un sector concreto. Esto les permite analizar la información con mayor profundidad y ofrecer al usuario herramientas de búsqueda avanzadas. Por ejemplo, el buscador "Nestoria" especializado en el sector inmobiliario.

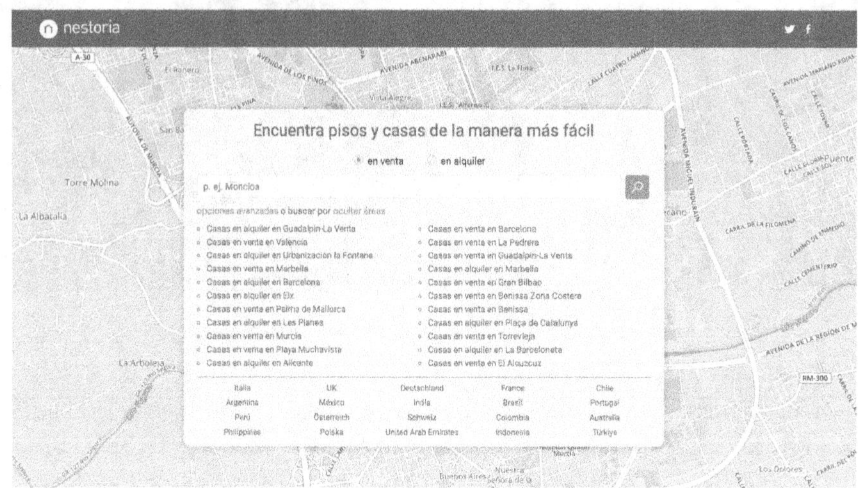

Una vez que nos centramos en el tipo de buscador jerárquico que es en el que vamos a ejecutar nuestras estrategias SEO, es importante que conozcamos su funcionamiento para comprender algunos factores muy importantes en el posicionamiento SEO.

¿Cómo funciona un buscador jerárquico?

Los buscadores funcionan básicamente en dos pantallas: Una es la pantalla que nos encontramos al acceder a él, donde encontraremos la casilla o cuadro de búsqueda. La otra es la página de resultados, la que denominaremos más adelante como SERP, siglas en inglés que significan: Página de Resultados de una Búsqueda (Search Engine Result Pages).

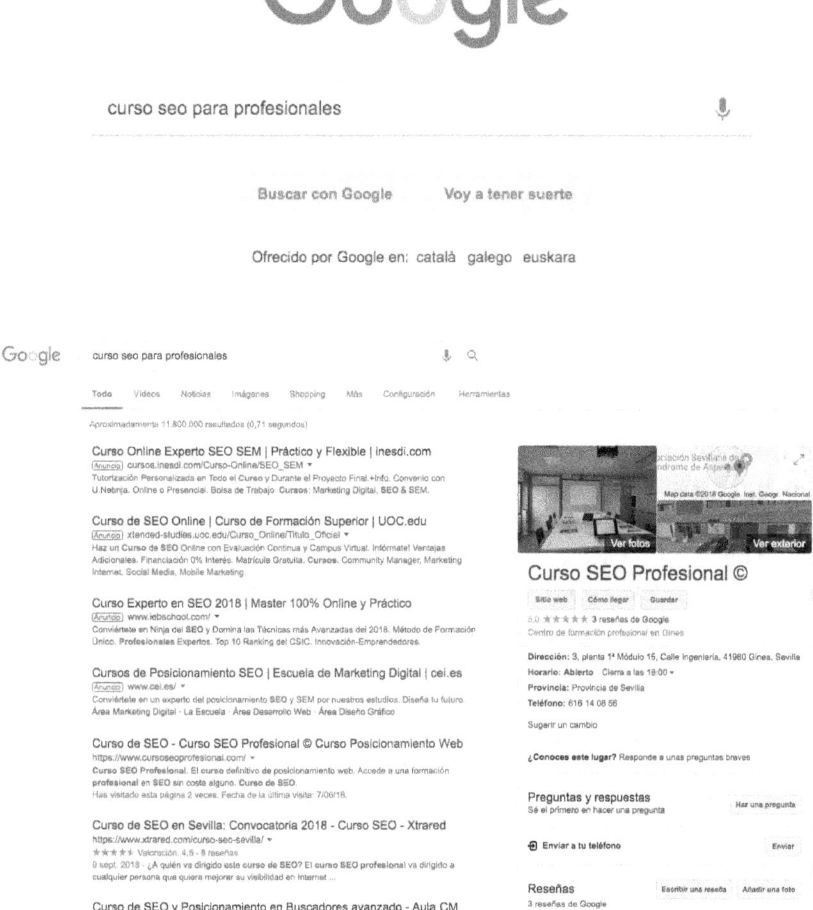

Página de búsqueda, donde realizamos nuestra consulta al buscador.

Los buscadores, para mostrarnos sus resultados necesitan almacenar un alto volumen de información de la web. Para ello usan unas aplicaciones llamadas "robots" o "arañas". Estas aplicaciones leen el contenido de las miles de millones de páginas web que hay en Internet y lo almacenan en su base de datos para luego mostrarlos en sus resultados. El proceso de lectura y almacenamiento de esa información se llama "proceso de indexación".

Estadísticas de la cuota de mercado de cada buscador en España.

¿Cómo ve nuestra web un buscador?

Las arañas o robots de los buscadores leen e interpretan nuestra web de la misma forma que nosotros encontramos y leemos un libro en una biblioteca:

- Lo primero en lo que nos fijamos es en la portada. Por eso, **la portada de nuestra página web es fundamental a los ojos de los buscadores**. Dentro de la portada, lo más relevante es el título. Como podéis ver, las páginas web también muestran un título en su portada. Las imágenes y el contenido de nuestra página definen a ojos del buscador la relevancia de nuestro contenido en base a las cadenas claves por las que nos queremos posicionar.

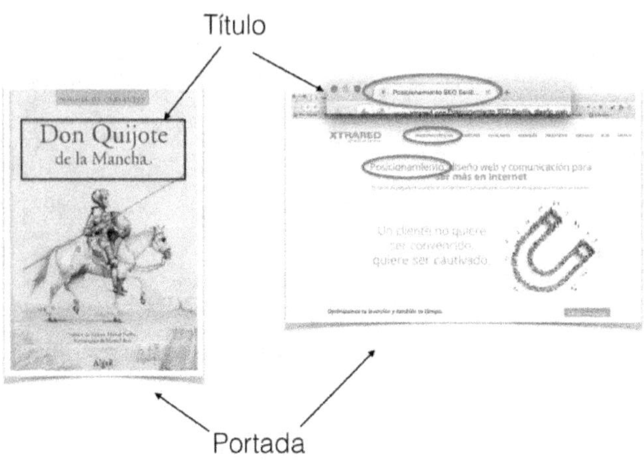

- Una vez que abrimos el libro nos encontramos con otro factor determinante: su índice que llevado a nuestra web sería interpretado como nuestro menú principal. Debes tener presente que el orden de nuestro menú principal determina la relevancia del contenido. Es por ello que los elementos colocados más a la izquierda tienen mayor relevancia para el buscador. Por eso, en la web que te muestro, hemos ubicado el término "posicionamiento SEO" en la primera posición del menú.

Índice / Menú

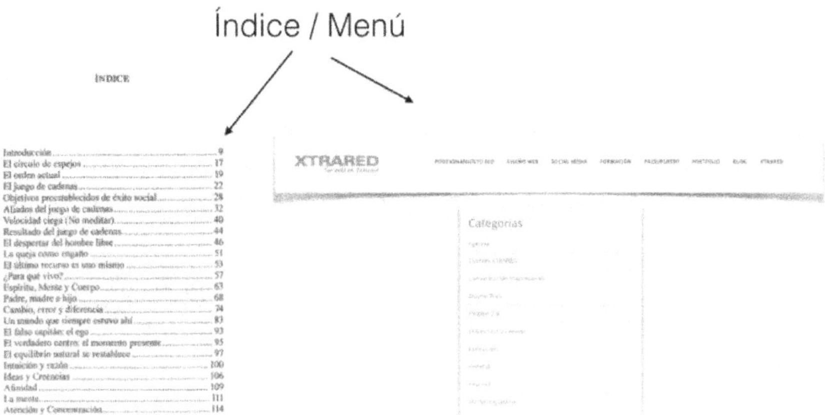

- Seguimos leyendo nuestro libro y nos encontramos con textos de encabezado de párrafos, textos en negrita, en cursiva… en definitiva los libros nos muestran guías visuales para poder marcar el contenido destacado y relevante. Lo mismo podemos hacer en nuestra web aplicando el código html y hojas de estilo para marcar contenido. Pero ¡ojo! hay que conocer los límites para evitar penalizaciones y en este curso los vas a descubrir.

textos destacados

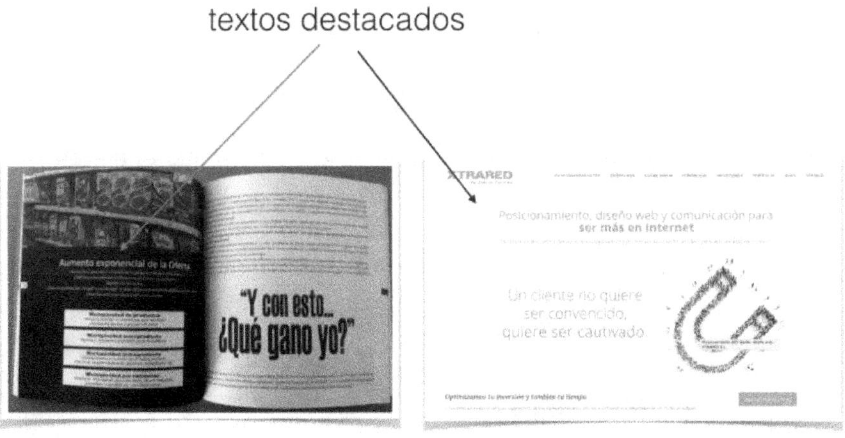

La lectura realizada por el robot de un buscador de un sitio web dependerá de la experiencia de usuario del sitio en cuestión.

¿Qué es la experiencia de usuario (UX)?

La experiencia de usuario es la percepción que tiene el usuario que realiza una tarea sobre una interfaz en pantalla, en este caso un sitio web. La experiencia de usuario hace referencia a aquello que siente el usuario al entrar en nuestra web y engloba el diseño del sitio, la impresión que se lleva el usuario de la marca, la confianza que le genera incluso hasta los sentimientos que este tiene.

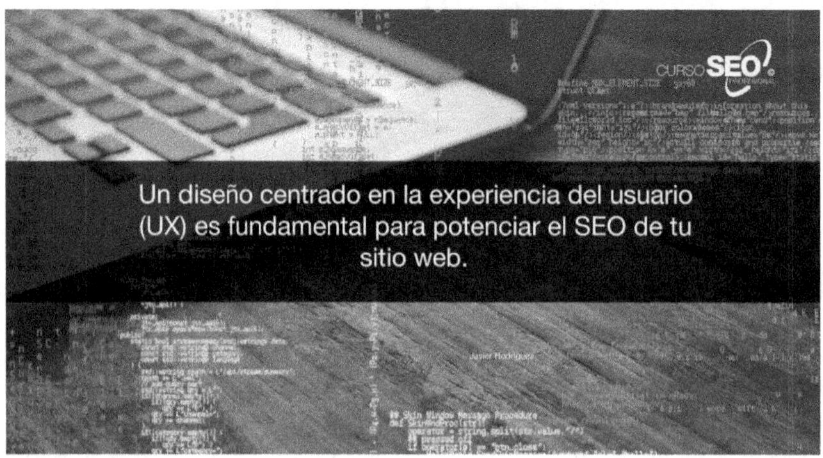

UX y SEO ¿Cómo afecta la experiencia de usuario al SEO?

Actualmente el SEO y la experiencia de usuario están estrechamente conectados. Esto es debido a que el principal objetivo de los buscadores es que el usuario encuentre respuesta a lo que está buscando.

Si la experiencia de usuario de tu sitio web es la adecuada, encontrará la información, navegará por los diferentes apartados y con ello, estará enviando un claro mensaje al buscador: «esta web tiene contenido de calidad relacionado con la búsqueda que he realizado.» Esto tiene infinidad de ventajas para tu sitio web, que vamos a comentar más adelante.

En cambio una mala experiencia de usuario puede provocar la pérdida de conversiones en el sitio web y la pérdida de visibilidad en las SERP, entre otras consecuencias.

¿Cómo mejorar la experiencia de usuario?

La mejora de experiencia de usuario en nuestro sitio web la podemos mejorar valorando diferentes factores de nuestra página como:

- ## Aumento de la velocidad de carga

Principal valor cualitativo para Google desde abril de 2018. Sabemos que actualmente un usuario no dispone de mucho tiempo, por lo que si tiene que perderlo accediendo a un sitio web, optará por irse a otro resultado que le ofrezca mejor experiencia.

Ofreciéndole al usuario una velocidad de carga rápida tendremos más posibilidades de que el usuario decida quedarse en nuestro sitio. Pero ojo porque no sólo de la velocidad de carga depende la experiencia de usuario. (Más adelante veremos en más profundidad la velocidad de carga y cómo influye en el SEO).

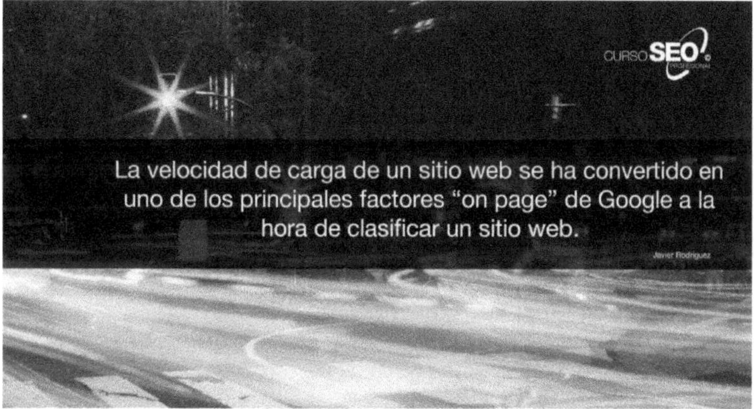

- ## Contenido de calidad = mejor SEO

Cuando el usuario hace una consulta en un motor de búsqueda como Google, espera que cuando acceda a un resultado encuentre la respuesta a lo que estaba buscando. Si nuestro contenido no tiene relación con su búsqueda, es decir, no hemos elegido bien las palabras clave o no hemos sabido desarrollar el contenido, el usuario volverá a la SERP con todas las consecuencias que tiene eso: descenso del CTR, aumento del porcentaje de rebote, menores conversiones, más usuarios que acuden a nuestra competencia y todo esto da como resultado, menor visibilidad y posicionamiento SEO.

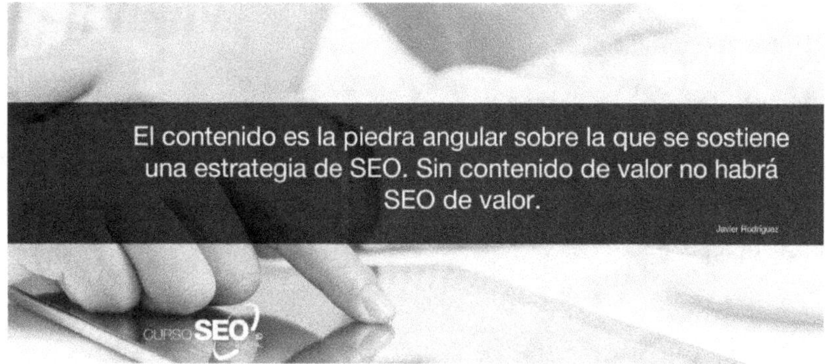

- **Diseño responsive: Adaptación móvil**

  Hoy en día el porcentaje de usuarios que acceden a internet desde un Smartphone ha superado con creces a los usuarios que acceden desde escritorio, por lo que ofrecer una experiencia de usuario buena para estos dispositivos es de vital importancia si quieres mantener el flujo de usuario de tu web. Un sitio web que no se adapte a la pantalla de un móvil, es decir, que no presente un diseño responsive, tendrá un peor posicionamiento SEO que otra que si sea adaptable.

  Además hay que tener en cuenta la reciente actualización de los algoritmos de **Google: Mobile First**

- **Diseño limpio y claro**

  El buen diseño de un sitio está en el equilibrio entre la claridad y la estética. Cuando el diseño impide que el sitio sea poco usable, poco intuitivo y nada claro el usuario terminará confundido y rindiéndose en la batalla de encontrar en el sitio lo que estaba buscando, como consecuencia obtendremos justo lo que no queremos, regalarle ese usuario a otro resultado de la SERP, a nuestra competencia.

¿Cuáles son las ventajas de tener una buena experincia de usuario?

Hay múltiples ventajas y razones por las que deberíamos optar, si no lo tenemos ya, una buena experiencia de usuario en nuestro sitio web.

- **Mejora del CTR ¿Qué es el CTR?**

  El CTR (Click Through Rate) es el porcentaje de clics que recibe un resultado de búsqueda respecto a las veces que se ha mostrado en la página de resultados.
  Entre otras cosas con una experiencia de usuario satisfactoria estamos consiguiendo mejorar nuestro CTR, ya que el usuario hace una búsqueda en Google que cierra en nuestra página.

- **Disminución del porcentaje de rebote**

  La consecuencia directa de un aumento del CTR es que disminuye el porcentaje de rebote con ese cierre de búsqueda en nuestra web.

- **Aumento de conversiones**

  CTR elevado + una baja tasa de rebote tiene una consecuencia muy positiva: más conversiones. Esto es debido a que el usuario obtuvo una respuesta clara y rápida exactamente de lo que estaba buscando. Facilitando al usuario dicha solución o resultado, estamos evitando la posibilidad de que el usuario se vaya sin hacer una conversión, ya sea enviar un formulario, realizar una compra, visitar una página, etc.

- **Mejora del posicionamiento**

  Una buena estructura del sitio puede conseguir que Google muestre en las SERP tu resultado de búsqueda con más enlaces a tu sitio cómo podemos ver en la siguiente imagen.

Xtrared
https://www.xtrared.com ▾
Somos tu agencia de marketing digital en Sevilla. Creamos, dirigimos y ejecutamos proyectos de inbound marketing para ser más en Internet.
Nuestro Equipo
Nuestro Equipo. XTRARED cuenta con profesionales del ...
Blog
Blog de XTRARED, empresa de diseño web, posicionamiento ...
Contacto
Si desea contactar con XTRARED, estamos a su disposición ...
Formación
Formación. Inicio/Tag: Formación. Search for: Categorías ...
Diseño web
Diseño web Sevilla ✓ La AGENCIA LÍDER. Elija ser más ...
opinión archivos ...
Posicionamiento SEO - Inbound Marketing - Curso de SEO | T ...
Más resultados de xtrared.com »

Además todas las ventajas anteriores provocarán que el robot de Google considere tu sitio como una web relevante para el usuario mejorando las posiciones en la SERP. Anteriormente, hemos hablado de cómo ve una araña o robot nuestro sitio web, pero ¿qué es exactamente una araña y cómo funciona?.

¿Qué es una araña o robot de Google?

Anteriormente, hemos hablado de cómo una araña o robot de un buscador ve nuestro sitio web. Pero, ¿qué es exactamente una araña y cómo funciona?

El robot de Google, que en un alarde de creatividad fue bautizado como «Googlebot» es el robot que se encarga de rastrear e indexar páginas nuevas o páginas actualizadas para incluirlas en el índice. Es considerada como la herramienta con mayor poder de rastreo e indexación jamás creada.

¿Cómo funciona Googlebot?

Googlebot comienza su tarea de rastreo accediendo a una lista de URL de páginas, generadas en tareas previas de rastreo. Esta lista se complementa con los sitemaps que facilitamos desde la consola de Google. El rastreo es algorítmico y le indica al robot qué páginas debe rastrear, a qué nivel de profundidad y con qué frecuencia. Estos rastreos se realizan a gran velocidad.

El rastreo y la indexación de la página consigue que nuestra web aparezca en los resultados de búsquedas si el robot encuentra en nuestro sitio contenido relevante que va a responder a las cuestiones del usuario. Con esto conseguiremos dotar a nuestro sitio web de visibilidad. Para conseguirlo, debemos facilitarle a la araña de Google su trabajo todo lo posible, indicándole a qué contenido debe acceder para que lo rastree y lo muestre en la SERP y por el contrario bloqueándole la entrada a contenido que no queremos que se graben en el índice. Puedes ver más sobre esto en el punto 4.4 «robots.txt»

Para que el robot incluya nuestras páginas en la SERP debemos ofrecerle contenido único y de calidad, que cumpla con las directrices de Google, ya que si no, la araña puede tomar la decisión, después de rastrear el sitio, de que no es contenido relevante para mostrar a los usuarios. Hablaremos más adelante de cómo crear contenido de calidad y optimizarlo para Google.

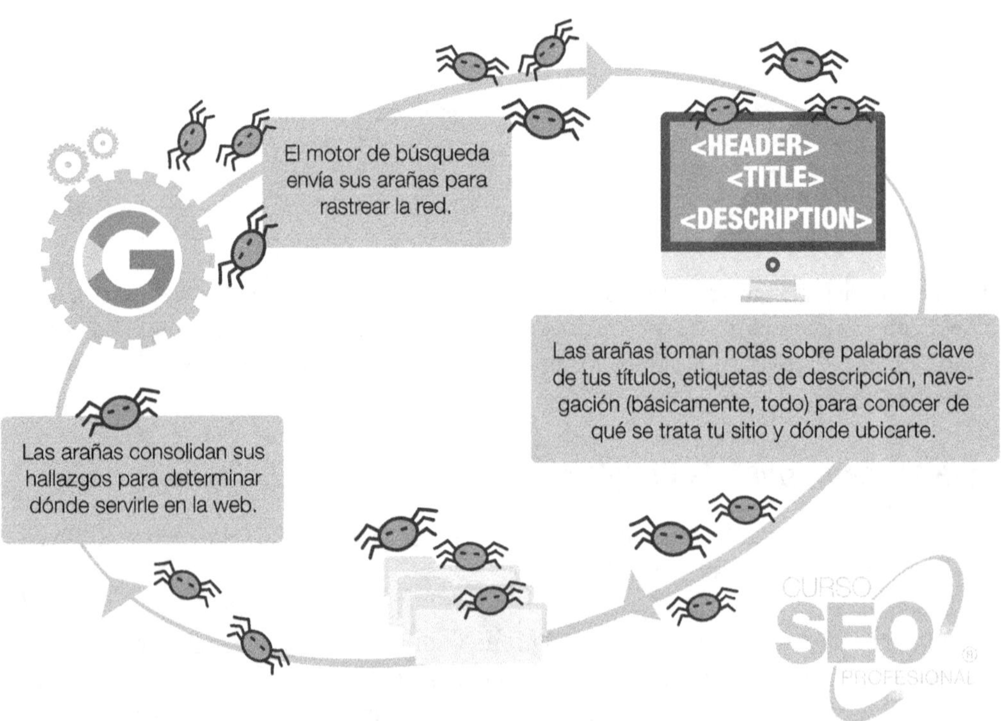

Robots o arañas de Google

- **APIs-Google**
- **AdSense**: Este robot visita la página para conocer su contenido y poder proporcionar anuncios convenientes.
- **AdsBot para Web móvil:** El robot AdsBot hace comprobaciones de calidad de los anuncios situados en las páginas web en versión móvil. Existe un robot para Android y otro para iPhone.
- **AdsBot**: Comprueba la calidad de los anuncios que hay en el sitio web que se muestran desde escritorio.
- **AdsBot-Google-Mobile-Apps**: Revisa la calidad de anuncios situados en aplicaciones Android, sigue la misma regla que el robot de AdsBot.

- Googlebot-Image
- Googlebot-News
- Googlebot-Video
- Googlebot

Estos son todos los robots que usa el buscador de Google para rastrear diferentes contenidos de un sitio web actualmente.

1.3 DATOS SOBRE POSICIONAMIENTO SEO

¿Sabías que casi la mitad de las campañas de SEO obtienen un rendimiento superior al 500%?

En Internet hay más de 10 mil millones de páginas web y sólo 10 aparecen en la primera página de los buscadores. ¿Se encuentra tu página posicionada en los primeros puestos?

El número de usuarios de Internet crece exponencialmente cada año y el sitio web que más visitas recibe a nivel mundial es un buscador ¿Adivinas cuál?

Los buscadores lideran las visitas en Internet

De los 25 sitios más visitados del mundo, 10 son buscadores. Esto no hace más que evidenciar la importancia que para el usuario de Internet tiene una herramienta como un buscador. Esto provoca que de media, más del 40% de las visitas que recibe una web, provenga de un buscador.

En España y Latinoamérica el 92% de las búsquedas se realizan desde Google. Se estima que se realizan unas 40.000 búsquedas por segundo sobre servicios, productos, contenidos, etc.

¿SEO o SEM?

Según el último informe publicado sobre SEO y SEM, el 73% de los usuarios opta por los resultados orgánicos de forma mayoritaria y el 27% hace clic en los anuncios de Google. Además, el 60% de los usuarios sólo hace clic en el primer resultado orgánico. Es decir, 60 usuarios de cada 100 no dan una oportunidad al segundo resultado orgánico.

El informe también recoge que el 89% no pasa de la primera página de resultados del buscador. Esto evidencia un claro mensaje

Si no estás entre los 10 primeros resultados, prácticamente, no existes.

Muestra de ello es que el 67% de los usuarios realizan compras en páginas que aparecen en resultados orgánicos.

¿Qué consiguen las empresas gracias al posicionamiento SEO?

Los datos son eso, datos. Pero, ¿qué consiguen las empresas gracias al posicionamiento SEO?

- **Aumentar su visibilidad**: Ser el primero es el objetivo, ser el mejor lo podemos dejar para más adelante. Un proyecto sin visibilidad no existe.

- **Reforzar su reputación**: El 67% de los usuarios, que realizan una búsqueda en Google, piensa que la empresa que le aparece en primera posición es la mejor de su sector.
- **Liderazgo**: Ubicar las primeras posiciones de las SERP te otorga un papel de protagonismo de cara a tus competidores.

- **Ventas**: SEO es igual a más visitas cualificadas cuya consecuencia inmediata es un mayor número de conversiones.

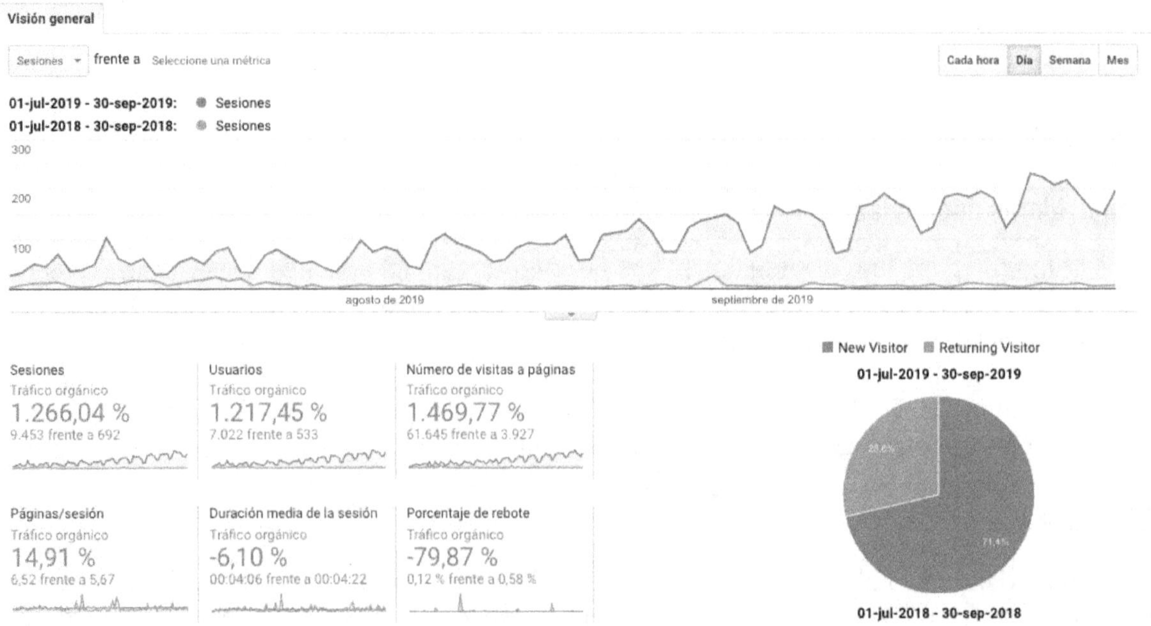

Comparativa anual de un proyecto SEO. Vemos las métricas de abril 2017 respecto abril 2018.

Como puedes ver en la imagen anterior, un proyecto de SEO bien ejecutado puede multiplicar la visibilidad de un sitio aumentando sus sesiones, usuarios, visitas a páginas, duración de la sesión y cualificación del usuario.

¿Por qué hay empresas que aún no invierten en SEO?

Después de lo que hemos visto en este último capítulo resulta incomprensible que aún haya empresas con presencia en Internet que no dediquen parte de su presupuesto en una campaña de posicionamiento SEO. La cuestión no es si lo harán algún día, la pregunta es si cuando decidan hacerlo, aún tendrán la posibilidad de ocupar un lugar entre las posiciones de privilegio de una SERP. Para ello, necesitarán a un profesional SEO ¿Qué os parece si estudiamos el papel del profesional SEO en esta actividad? Lo vemos en el próximo capítulo.

No puedo terminar este capítulo sin contaros el chiste que mi amigo Eduardo Gil (@edugilsan) me contó un día:

> *¿Sabes cuál es el mejor lugar para esconder un cadáver? efectivamente,*
> *la segunda página de resultados de Google.*

1.4 ¿QUÉ ES UN SEO MANAGER?

Conozcamos al profesional del SEO: el SEO Manager.

El marketing digital nos ha traído un importante número de nuevas profesiones centradas en modelos de negocio en Internet. Entre ellas se encuentra de forma destacada el SEO Manager o profesional SEO. ¿Te gustaría conocer su perfil? Vamos a descubrirlo en este capítulo.

El SEO integra diferentes disciplinas como pueden ser el marketing, la semántica, estrategia y una parte técnica que son requeridas para ejecutar con éxito una estrategia digital.

¿Cómo es el perfil del profesional del SEO?

Como sucede en el diseño de páginas web o la gestión de redes sociales, podemos desempeñar nuestra labor como profesionales del SEO en una agencia o de forma independiente.

Es importante saber que no existe una titulación oficial o carrera universitaria que te valide para ser SEO. Hablamos de una profesión muy novedosa y práctica que sólo encuentra cabida en materia formativa a través de cursos como este y másteres avanzados.

Un profesional del SEO lleva dentro de sí a un autodidacta nato. Nos encontramos en una actividad que aunque a día de hoy puedes encontrar muchísima información sobre ella en Internet; lo cierto es que la única forma de adoptarla y desarrollarla es a través de nuestros propios ensayos de acierto y error.

¿Cuáles son las tareas de un SEO Manager?

Si intentamos definir las tareas de un SEO manager podríamos definirlas en tres líneas:

1. Fase de estrategia

- Análisis de partida o auditoría Web.
- Auditoría externa (sector o competencia)
- Definición de público objetivo, Palabras clave y estrategia SEO.

Para realizar el análisis de partida, también conocido como auditoría, usamos varias aplicaciones y softwares informáticos para conocer el estado de la web en una gran variedad de aspectos relacionados con el SEO.

2. Fase de Gestión y Monotorización

Realización de todos los cambios necesarios e implementación de medios para su correcto seguimiento.

3. Analítica

- Análisis de los resultados y búsqueda de mejoras.
- Vuelta a empezar.

Observa la gráfica, vamos a ver todo el proceso que un SEO Manager debe cubrir en la ejecución de un proyecto de SEO.

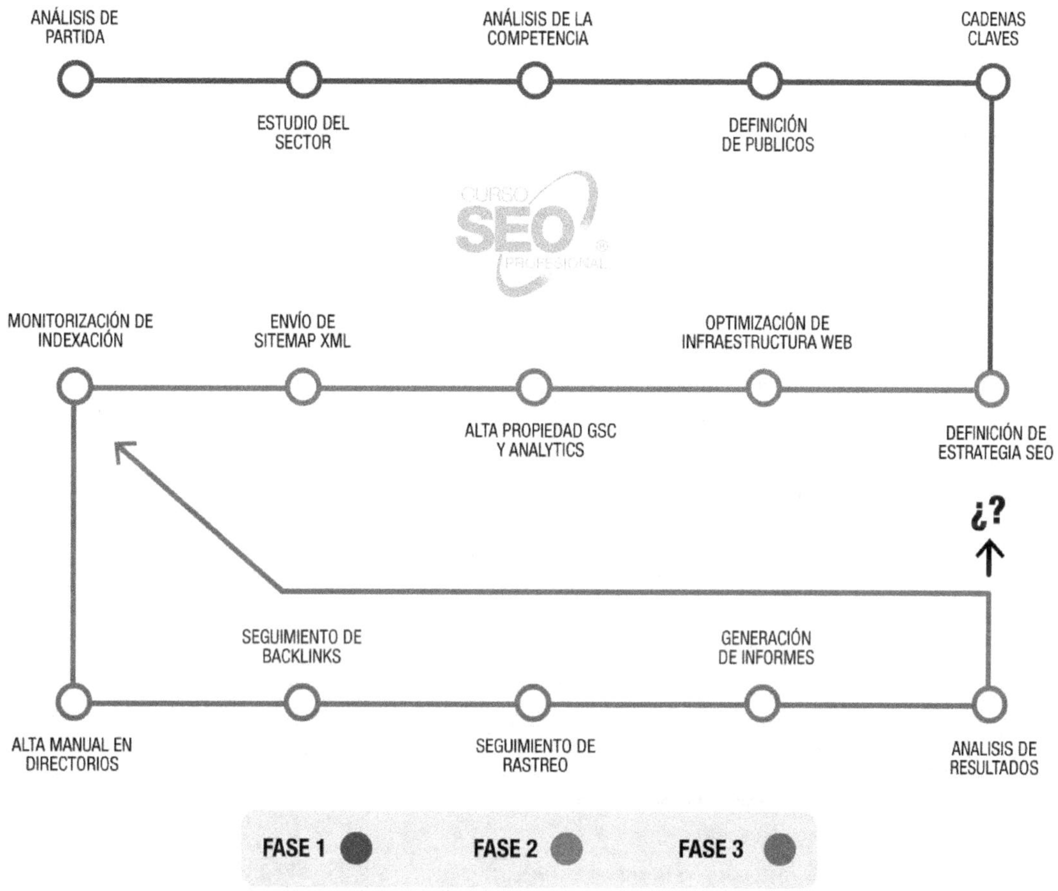

Si quieres descubrir con detalle todo lo que debes de llevar a cabo en cada tarea de un SEO Manager, visita el capítulo 10 donde podrás ver el día a día de un SEO PROFESIONAL.

Todo comienza aquí: Fase de estrategia

* **Análisis de partida o auditoría Web.**
Para realizar el análisis de partida, también conocido como auditoría, usamos varias aplicaciones que nos van a ayudar a conocer el estado de salud de la web en una gran variedad de aspectos relacionados con el SEO.

Podemos usar **WebSite Auditor de SEO PowerSuit**e. Esta aplicación nos dará información detallada sobre el estado general del sitio web, así podremos empezar a conocer la dimensión del trabajo que debemos realizar.

Podemos conocer por ejemplo si la web dispone de **Sitemap.xml** y el **Robots.txt**; si existen enlaces rotos, si tenemos cadenas de redirección, etc., así como conocer la **autoridad** de la web en la que estamos trabajando.

Posteriormente debemos usar herramientas como **Semrush**, Ahrefs o SEO Spyglass para conocer el número y la calidad de enlaces entrantes hacia la web.

Indexación y rastreabilidad

Páginas con código de estado 4xx	1
Páginas con código de estado 5xx	0
Páginas restringidas para la indexación	492
Página 404 configurada correctamente	Si
Archivo robots.txt	Si
Sitemap .xml	Si

Redirecciones

Versiones www y no-www corregidas	Si
Versiones HTTP/HTTPS duplicadas	No
Páginas con redirección 302	0
Páginas con redirección 301	97
Páginas con largas cadenas de redirección	0
Páginas con meta refresh	0
Páginas con rel="canonical"	320

Codificación y factores técnicos

Optimizada móviles	Si
HTTPS pages with mixed content issues	0
Páginas con código rel="canonical" duplicado	0
Páginas con Frames	0
Páginas con errores y alertas W3C HTML	Todavía no comprobado
Páginas con errores y alertas W3C CSS	Todavía no comprobado
Páginas demasiado grandes	0

URLs

URLs dinámicas	82
URLs demasiado largas	0

Enlaces

Enlaces rotos	0
Páginas con número excesivo de enlaces	0
Enlaces dofollow externos	1275

Imágenes

Imágenes rotas	0

- **Auditoría externa (Sector y competencia).**

Para conocer cuál es la competencia SEO de un sitio web, debemos realizar una búsqueda con palabras clave que los usuarios suelen usar para buscar servicios o productos, como los que ofrece el sitio web al que estamos realizándole la estrategia y segmentarlos geográficamente si es el caso.

Una vez hayamos realizado la búsqueda, debemos analizar qué clase de páginas ocupan los primeros 10 puestos. Podemos realizar una auditoría SEO a la competencia y así conocer si las webs que compiten con el sitio web al que estamos realizándole la estrategia están optimizadas respecto a SEO.

- **Definición del público objetivo.**

Para definir el público objetivo debemos hacer un estudio de cuáles son los usuarios potenciales que necesitan o buscan productos y servicios como los que presta en este caso el sitio web. Esta fase de nuestra estrategia será clave para conocer y definir qué palabras clave generarán un mayor número de conversiones.

También se lleva a cabo una toma de datos con el cliente para que él nos presente su empresa o servicios que ofrece y así disponer de más datos para poder definir la estrategia. En este encuentro con el cliente se recogen datos como:

- Servicios/productos principales que va a ofrecer
- Segmentación del público objetivo:
  - Edad
  - Sexo
  - Particular o empresa
  - Intereses
- Alcance geográfico de la empresa
- Ubicaciones principales de actuación

- **Palabras clave.**

Una vez definido nuestro público objetivo, también conocido como **Buyer Persona**, y con ayuda de herramientas de palabras clave como el **Planificador de Palabras Clave de Google** podemos conocer qué palabras clave usarán los usuarios que están en la búsqueda de productos o servicios como los que ofrece nuestro cliente. Definiendo qué palabras clave tienen más impresiones y cuáles generarán más conversiones.

En el estudio y la definición de las palabras clave también debemos tener en cuenta la **geolocalización** del servicio que ofrece nuestro cliente para así llegar a clientes potenciales.

- **Estrategia SEO.**

Conociendo el público objetivo y las palabras clave que vamos a emplear, el SEO podrá definir cuál será la estrategia que se llevará a cabo y que nos permitirá obtener visibilidad y conversiones a través del sitio web de cara a la consecución de los objetivos marcados.

En la estrategia también se definirán y se realizarán propuestas de contenidos web en la que se propondrán diferentes apartados que se consideren relevantes para conseguir una mayor visibilidad y mayor fidelización o retención de usuarios.

2. Fase de Gestión y Monotorización

- **Implantación y seguimiento.**

En esta fase se realizan todos los cambios necesarios en la jerarquía de contenido, se lleva a cabo la optimización On-Page y configurar y dar de alta el sitio en las diferentes herramientas de SEO como son **Google Analytics, Google Search Console,** y otras herramientas que compondrán nuestro cuadro de mando para empezar a controlar y analizar los datos que se recojan en el sitio web de cara a las siguientes fases de la estrategia, el mantenimiento y el análisis de los resultados.

Es en este momento donde el SEO profesional comienza su labor de captación de backlinks de calidad para que así la página empiece a ganar **autoridad** y visibilidad.

También indicaremos y facilitaremos la tarea de rastreo a Google, con ayuda del sitemap y el robots. txt mediante Google Search Console forzando el rastreo y clasificación de las páginas de la web en los índices de Google para conseguir aparecer en los resultados de búsquedas.

3. Analítica

- **Análisis de los resultados y búsqueda de mejoras.**

Una vez implementada todas las fases de la estrategia SEO, elaboramos los **informes mensuales de SEO** en el que medimos el impacto que las acciones están teniendo en la campaña y recogemos datos con las diferentes herramientas de SEO para luego analizarlos y evaluarlos. A través de este proceso de análisis podremos comprobar si la estrategia aplicada está generando buenos resultados, si hay alguna palabra clave o acción que no esté funcionando o se pueda mejorar o modificar. Con estos informes se obtienen datos tanto cualitativos como cuantitativos. (Más adelante veremos como elaborar los informes mensuales de SEO.)

Con los datos obtenidos en los informes podremos modificar y reestructurar nuestra estrategia SEO en caso de no estar obteniendo los resultados que esperábamos, es decir, no obtener datos positivos respecto al número de conversiones esperada, sobre el alcance y visibilidad de la marcada como objetivo, etc.

Si nuestra estrategia SEO en cambio recoge buenos resultados, siempre podremos mejorarla con las actualizaciones que se vayan haciendo referente al SEO y que afectan directamente a nuestra estrategia, como pueden ser actualizaciones en los algoritmos de Google, etc.

¿QUÉ ES UN PROFESIONAL SEO?

Recuerda con esta gráfica las tareas principales de un profesional SEO

Acabamos de ver lo que sería un gran resumen de lo que vas a ver en este curso. Vamos a ver todo lo que un SEO Manager necesita controlar para llevar su web a lo más alto. ¿Estás preparad@? Ya podemos remangarnos e iniciar tu formación en esta materia.

1.5 LOS ALGORITMOS DE GOOGLE

Google es el buscador más popular y el que más contenido indexa en tiempo real. Para ofrecer unos resultados de calidad que lo mantengan en esa posición, implementa nuevas mejoras en la manera de rastrear, clasificar e indexar los sitios web en sus SERP. Es aquí cuando intervienen los algoritmos de Google.

Google actualiza sus algoritmos más de 500 veces al año, lo que supone una actualización cada 17 horas aproximadamente. **La mayoría de estas actualizaciones o cambios son de poca relevancia** y no suelen cambiar mucho los resultados de búsqueda y sus posiciones, sólo **corrigen ciertos errores** o mejoran la eficiencia de Crawler.

En cambio hay actualizaciones de mayor importancia que pueden hacer que el posicionamiento en las SERPs se vea afectado ya sea por actualizaciones de algoritmos ya existentes o por la integración de nuevos algoritmos.

¿Qué es un algoritmo de Google?

Los algoritmos son aplicaciones informáticas creadas por Google de una gran complejidad que rastrean e indexan sitios web para añadirlos a las páginas de resultados. Su misión es la de emular una moderación "humana" de forma que a través de sus diferentes vertientes, consiga clasificar de forma automática y del modo más sensato y justo posible, los sitios webs más relevantes en base a los criterios empleados por sus usuarios.

¿Cómo funciona un algoritmo de Google?

Un algoritmo de Google tiene como función clasificar en qué posiciones aparecerá un sitio web. El algoritmo puede posicionarte en los primeros puestos de los resultados de búsquedas o en otras páginas más atrás. Cada algoritmo tiene encomendada una tarea y un tipo de área que debe analizar. En función de la capacidad o acierto que hayamos tenido a la hora de cubrir los requisitos del algoritmo en cuestión, este decidirá en qué posición de la SERP va a mostrarse el sitio web.

Cada algoritmo analiza una parte del sitio web (on page) y lo que sucede fuera de ella (off page), siguiendo unos requisitos y unas variables que van modificándose o mejorando en cada actualización que Google hace sobre ellos.

Los Algoritmos más conocidos de Google

Mobile-first

Google es cada vez más riguroso con las búsquedas en dispositivos móviles. Desde su blog oficial advirtió que "Mobile-first no va a cambiar la manera en la que se calcula el posicionamiento de una web, si no la manera en la que se procesa la información de esa web (**Por ahora**)"

Del mismo modo, también comunicó que **las versiones para móvil más adecuadas son las responsive** y no las versiones específicas para móvil (m.dominio.com) ya que quieren que las webs muestren el mismo contenido para todos los dispositivos. Asimismo, las páginas no adaptadas para móviles o con una velocidad de carga lenta tendrán menos visibilidad en el buscador.

Para comprender exactamente por qué este algoritmo se llama Mobile First, la explicación es sencilla.

Antes el robot de Google añadía las páginas a su índice a partir de la clasificación que el algoritmo le daba analizando la versión de escritorio. Con la nueva actualización el índice pasará a mostrar resultados según rastree y califique la versión móvil del sitio.

¿Qué implica esto para mi web?

Bueno, esta actualización nos afecta de diferente forma en función de cómo sea la versión móvil de nuestra web.

- **Si solo disponemos de una versión para escritorio (No es responsive).**
Debemos realizar un rediseño web lo antes posible. Este tipo de webs aumentan en gran medida la tasa de rebote debido al gran número de usuarios móviles que existen hoy día. Del mismo modo, la web estará perdiendo posiciones por esto y en poco tiempo el posicionamiento se verá más afectado aún debido a este algoritmo que se está implementando ahora.

- **Si tienes una versión móvil en URL independiente (m.misitio.com).**
La web comenzará a perder posiciones, ahora que Google comenzará a rastrear las webs desde su versión móvil, todo el contenido que falte en la versión móvil respecto a la de escritorio nunca va a ser detectado.

- **Si tu web es responsive.**
No debes de preocuparte por nada, son los estándares de calidad web que Google quiere en sus resultados.

Actualización "Brackets"

Los cambios en los resultados se notaron con el comienzo de **marzo de 2018**, y aunque Google no lo había confirmado aún, muchos de los expertos en SEO empezamos a escuchar rumores y ver el posicionamiento de sitios web caer. Más tarde, una trabajadora de Google a través de Twitter le puso el nombre de Brackets y comentó que no era una actualización que buscase castigar sitios, si no más bien una actualización rutinaria del núcleo de Google, que sucede dos veces al año y que compensará a los sitios web que hasta ahora habían sido poco recompensados.

Esta actualización ha potenciado el posicionamiento de sitios web que antes no se veían beneficiados pese a su contenido de calidad y su trabajo duro por subir en las SERPs, por lo que ha primado la calidad del contenido que ofrece el sitio web. También se han visto beneficiados sitios web que tienen configuradas tarjetas enriquecidas. Todo esto da como resultados un mejor CTR. Todo esto es lo que parece ser que Google ha tenido en cuenta a la hora de actualizar el core, ya que por su parte no ha confirmado de qué se trataba la actualización.

¿Cuáles son los algoritmos de Google?

Google Penguin y Google Panda

Debido a la importancia que tienen estos algoritmos, he dedicado todo un capítulo para explicaros cómo funciona el algoritmo de Google Panda y Google Penguin.

Google Fred

En 2017 salió a la luz una actualización no confirmada por parte de Google, aunque hubo trabajadores que hicieron referencia al tema en la red de Twitter haciendo bromas y sugiriendo que a esta actualización podría llamarse "Fred". Se le podría considerar similar a Google Panda, ya que Google Fred rastrea y califica el contenido teniendo en cuenta la calidad y cantidad de los backlinks, el uso abusivo de publicidad (con el único objetivo de obtener dinero sin aportar realmente nada de utilidad para el usuario), sitios con una mala usabilidad y estructuración de la web o contenido escaso y de poca calidad. Influyendo esto en las posiciones del sitio web en los resultados de búsquedas. El objetivo claramente es penalizar las redes de monetización de contenido.

Google Owl

El objetivo de este algoritmo lanzado en abril de 2017 es incluir solamente en las SERPs noticias y artículos reales, excluyendo contenido falso y desagradable, que pueda contener violencia, contenido sexual explícito, u otras cuestiones ofensivas. Para esto Google también mejoró e incluyó con la actualización del algoritmo, en el apartado de autocompletar de su barra de búsqueda, un enlace que abre un formulario desde el que se puede denunciar sugerencias de predicciones inadecuadas.

Mobile Friendly

Dado el creciente número de usuarios de dispositivos móviles y que más del 60% de las búsquedas a través de Google se realizan en dispositivos móviles o tablets, Google decidió tomar cartas en el asunto lanzando una nueva actualización de algoritmo en 2015 llamada Mobile Friendly.

La importancia de un buen funcionamiento en dispositivos móviles para Google se ve plasmada en la gran cantidad de factores de posicionamiento que giran en torno a estos.

Hemos decidido aunarlos todos en esta sección.

- Un buen **diseño responsive** que permita una navegación cómoda. (Lectura fácil, botones grandes, estética limpia)
- **Poco peso** (Si cargamos la web desde una red móvil como 3G o 4G puede tardar más de la cuenta)
- **Imágenes** y elementos encuadrados
- **Poco CSS** a ser posible, nada de Flash.

Podemos conocer si Google interpreta nuestra web como "Mobile Friendly" o no desde Google Search Console. Hasta ahora que nuestra web tenga un buen posicionamiento orgánico en escritorio no implica que lo tenga en móvil, puesto que son procesadas por separado ofreciendo así al usuario la mejor experiencia según el dispositivo.

Si nuestra web se dedica a la publicación de noticias o artículos también podemos considerar la implementación del AMP, este estándar elimina en casi su totalidad el **Javascript**, **CSS** y **comprime el HTML** provocando que la velocidad de carga sea muy alta a cambio de un estilo visual más plano.

Google Pigeon

En el 2014 Google lanzó este algoritmo que se encargaría de rastrear y calificar a **negocios online** que practicaban SEO local. Google Pigeon ha sido lanzado con la intención de beneficiar tanto a usuarios como directorios web locales, con la idea de mostrar a los usuarios resultados más acertados a sus búsquedas.

A causa de quejas por parte de Yelp, uno de los directorios web más conocidos e importantes, fue cuando Google decidió lanzar este algoritmo y así aprovechar y mejorar los resultados ofrecidos a los usuarios ya que los cambios que traía este nuevo algoritmo no afectaban sólo a los resultados de búsqueda orgánica, sino también a los resultados de **Google Maps y Google My Business.**

Google Pigeon rastrea y califica en base a la calidad del contenido, la velocidad de la web, la usabilidad y estructuración del sitio. Comprueba si todas las prácticas de SEO son White Hat, si existiese contenido duplicado y si los enlaces externos le aportan calidad y valor al sitio web.

Google Payday Loan

Con la llegada de este algoritmo en 2013 se pretende limpiar y filtrar los resultados de búsqueda que tienen tendencia a contenido con SPAM, técnicas ilegales de SEO, la pornografía, medicamentos y similares.

Este algoritmo se lanzó primero en Estados Unidos donde Google revela que solamente 0,3% de los resultados se vieron afectados. En los siguientes meses en los que el algoritmo se actualizó en el resto del mundo, se detectó que en las consultas de búsquedas realizadas desde Turquía afectó al 4%, ya que en es un mercado donde se mueve contenido más fraudulento. Es por eso que esta actualización no afectó por igual a las diferentes ubicaciones, porque esto dependía del tipo de mercado de cada lugar.

Google Knowledge Graph

Esta actualización lanzada en mayo de 2012 dotó a Google de mayor conocimiento, quitándole la limitación de tratar las consultas como simples términos. Con esta actualización del algoritmo de Google, con cada consulta realizada por el usuario referente a una ubicación de un personaje célebre o un evento, etc. Google no sólo muestra los resultados orgánicos sino información semántica que ha encontrado y recogido de diferentes web.

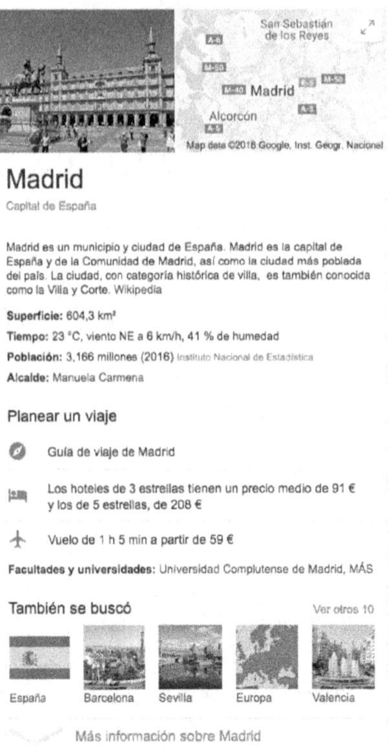

Imagen capturada del resultado con información semántica en Google

Google Venice

Se presenta en febrero de 2012 un cambio en el algoritmo conocido como Google Venice, con este cambio Google quería facilitar a sus usuarios las búsquedas locales en los resultados orgánicos, por lo que los negocios locales se verían beneficiados con esta nueva actualización. Para que entendamos mejor cómo facilitó este algoritmo la búsqueda a los usuarios, estos para hacer una búsqueda de unas clases de yoga en su ciudad por ejemplo antes tenían que poner "Clases de yoga en Madrid" a partir de dicha actualización, los usuarios solo tenían que buscar por el término clases de yoga y Google mostraría los resultados en función de la ubicación.

Google Page Layout

Este algoritmo se reveló de manera oficial dos meses después de su lanzamiento en 2012 a través de Matt Cutts. El cometido de Google Page Layout era el de evitar mostrar al usuario web que apilaban la parte superior de las páginas con múltiples anuncios, obligando al visitante a hacer un scroll infinito hasta llegar al contenido y ofreciéndole como consecuencia una baja experiencia de usuario.

Google Hummingbird

Un algoritmo que se actualizó en 2010 algo más avanzado. Su objetivo es comprender correctamente las búsquedas complejas clasificándolas según el contexto para ofrecer al usuario lo que está buscando. Para usar este algoritmo a nuestro favor, debemos aplicar una buena técnica de **Longtail** consiguiendo así mejores posiciones en los resultados de búsquedas en los que se hayan empleado palabras clave más complejas.

Esta actualización del algoritmo se pensó para así cubrir la carencia que Google Panda tenía en comprender que no debía mostrar los mismos resultados para diferentes preguntas o usos de las llamadas "cadenas clave de cola larga" (Longtail). Cada vez más usadas debido al uso del móvil y las búsquedas por voz. Dotando a Google Hummingbird de la capacidad de saber responder de diferente manera a preguntas ¿Dónde? o ¿Qué?, lo que es conocido como "los momentos del usuario".

Google Caffeine

En agosto de 2009 con el lanzamiento de este algoritmo, Google mejoró la velocidad del rastreo de las arañas, consiguiendo así su objetivo, que era mostrar resultados con contenido actual de forma más rápida a sus usuarios. Como beneficio para los webmasters esto aceleró el proceso de indexación de las páginas.

Más que una actualización de algoritmo que alterase las clasificaciones, era un cambio en la forma de indexar de las arañas para poder mostrar a los usuarios información más relevante a sus consultas.

Google Vince

Esta actualización de algoritmo fue una de las primeras (2009), y se lanzó para favorecer a las marcas conocidas en el mundo offline que emplearan buenas prácticas de SEO. Según dijo Matt Cutts (que fue el director del departamento contra el spam en Google, hoy en US Digital Service) *las marcas son la solución, no el problema y tienen un valor fundamental para los humanos*".

Marcas como por ejemplo Vodafone, Sony y más se vieron beneficiadas en el ranking para búsquedas con términos muy competidos como móvil o similares.

Google Everflux

Llegados a este punto ya conocemos el núcleo de Google al completo y la cantidad de actualizaciones que recibe y cómo afecta esto al movimiento de las posiciones en los sitios web.

La fluctuaciones o variaciones que se perciben continuamente en las SERPs se conoce como Google Everflux (antiguamente conocido como "Google dance"), y se refieren tanto a variaciones mínimas que pueden notarse con una actualización rutinaria hasta variaciones más notables que pueden darse con una gran actualización y cambio en el core.

Este capítulo se mantendrá actualizado con cada nueva actualización que se detecte en los algoritmos de Google, confirmada o no de forma oficial por parte del gran buscador.

Rankbrain

Rankbrain, el primer algoritmo de Google que emplea la inteligencia artificial (IA) y el aprendizaje automatizado para poder dar respuesta a consultas que no han sido realizadas con anterioridad.

¿Qué hace rankbrain?

Este algoritmo pretende interpretar conceptualmente las búsquedas "long tail" para ofrecer resultados enriquecidos a través del lenguaje natural. Se estima que Rankbrain comenzó a utilizarse en 2015 como parte del algoritmo "Hummingbird" y desde entonces ha ido expandiéndose a medida que su aprendizaje automático ha ido aumentando.

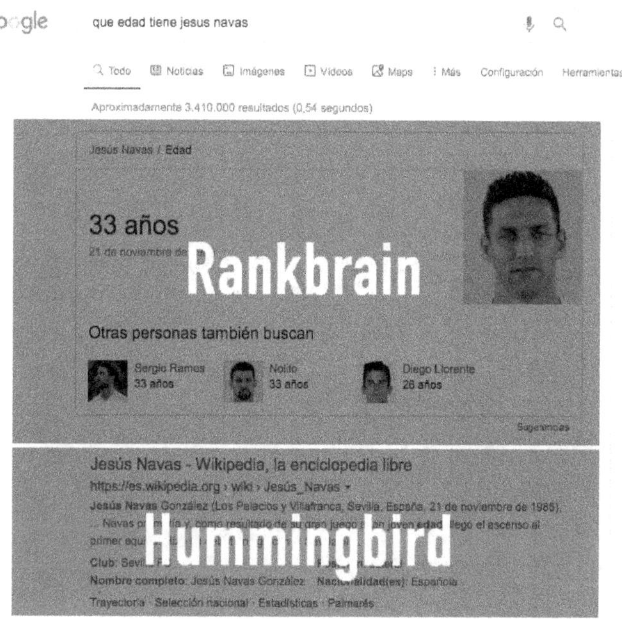

¿Cómo actúa rankbrain? veamos un ejemplo:

Rankbrain en acción:
Ejemplo de la consulta "que edad tiene jesus navas"
Si hacemos la búsqueda ¿Qué edad tiene Jesús Navas? Hummingbird nos ofrece en la SERP el resultado de wikipedia, sin embargo Rankbrain nos muestra un resultado enriquecido, que puede ser usado por los asistentes de voz para dar respuesta al usuario a través de estos dispositivos.

Si pruebas a través de tu comando "ok Google" en tu asistente de voz o tu móvil, verás que la respuesta es la que se muestra a través de la interpretación que Rankbrain hace de esta búsqueda.

BERT

Las siglas BERT son: (Bidirectional Encoder Representations from Transformers). BERT es una red neuronal de código abierto creada por Google para procesar con mayor eficacia la forma en que nos exprresamos, nuestro lenguaje natural.

¿Qué hace BERT?

BERT tiene la capacidad de crear maneras de devolver resultados para consultas que no pueden anticipar. El equipo de desarrollo de BERT asegura que este algoritmo afectará a 10% de las consultas, lo que provocará un importante cambio en los rankings de las SERP.

La nueva herramienta de Google es útil para consultas más largas o, por ejemplo, en búsquedas en las que la diferencia en el significado de preposiciones como "para" y "por" son muy importantes. El propio buscador ha publicado en su blog un artículo que explica en detalle el funcionamiento de este revolucionario algoritmo.

¿Cómo funciona BERT?

Antes de BERT, la búsqueda "2019 viajar de Brasil a Estados Unidos hace falta visado" devolvía un artículo del Washington Post sobre viajar a Brasil desde Estados Unidos; el buscador no entendía la importancia de la preposición "a" en la frase. Con BERT, el buscador devuelve como primer resultado la web de la embajada estadounidense en Brasil; en concreto, una página sobre visados para turistas brasileños:

Fuente: https://blog.google/products/search/search-language-understanding-bert

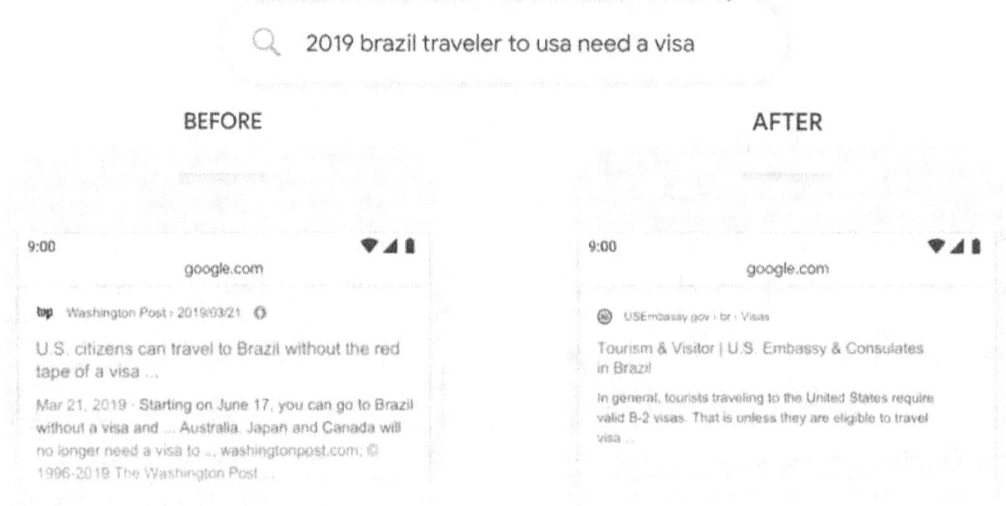

CONTENIDO EXTRA

Actualizacion algoritmos Google

Masterclass SEO es influencia

Master Class modelos de negocio SEO

Guía Inbound Marketing

2. AUDITORÍA SEO

2.1 CÓMO HACER UNA AUDITORÍA SEO

Si quieres conocer el nivel o potencial SEO que tiene un sitio web, es necesario que conozcas aquellos indicadores que ofrecen información relevante sobre el estado actual de ese proyecto. Vamos a ver cómo hacer una auditoría de SEO de un proyecto web.

¿Qué es una auditoría de SEO?

Una auditoría de SEO es una serie de tareas que se ejecutan sobre una web para evaluar el nivel de posicionamiento que tiene.

Para ello es necesario que sepamos que existen una serie de indicadores que nos permiten conocer si vamos por terreno sólido, o por el contrario, si tenemos que tomar medidas para mejorar nuestra visibilidad en buscadores. Para ello tenemos que saber que estos factores a los que hacemos referencia se diferencian en dos líneas principales de trabajo:

- Por un lado, debemos analizar aquellos factores que tienen relación directa con el contenido, formato, código, dominio, alojamiento y un largo etcétera que tiene relación con nuestra página. A estos factores los llamaremos factores "**On-Page**" o factores en la página.

- Por otro lado, también tenemos que realizar un análisis del estado de popularidad o autoridad que nuestra página ha adquirido en base a lo que Google llama "las señales del usuario". O dicho de otra forma, aquellos factores que no controlamos y se encuentran "**Off-Page**" o fuera de la página como por ejemplo el número de enlaces externos que apuntan hacia esa página, nivel de interacciones en redes sociales, etc.

Para hacer una auditoría de SEO de un proyecto web, es necesario que sepamos donde tenemos que enfocar nuestra atención a la hora de evaluar o analizar el proyecto. Veamos a continuación cuáles son los principales indicadores a los que tenemos que prestar atención:

Principales indicadores SEO

- **Indexación y rastreabilidad:**
  Este factor está relacionado con la información que el buscador ha recogido de tu sitio web y los posibles problemas de navegación o de lectura del contenido que haya podido tener. Se analizan páginas con código de estado 4xx y 5xx. Es decir, enlaces rotos o páginas inexistentes. Puedes ver más información sobre esto en indexación.(cap.4.2)

- **Redirecciones:**
  Normalmente, las páginas web están disponibles con y sin "www" en el nombre del dominio. Este problema es muy habitual, y la gente genera enlaces tanto para la versión "www" como para la versión "no-www". Arreglar esto ayudará a los motores de búsqueda a no indexar las dos versiones del sitio web. Aunque tu web no va a ser penalizada si no soluciones esto, es im-

portante hacerlo porque así podrás beneficiarte del jugo completo de los enlaces que apuntan hacia tu sitio web sin que este se disperse, es decir, beneficiarte de los enlaces que apuntan a tu sitio tanto con www como sin ellas.

Las redirecciones de páginas suelen ser de dos tipos: temporales o permanentes:

1. *Temporales(302):* son identificadas con un código numérico "302" y su característica fundamental a nivel SEO se basa en que no trasmiten ningún valor a la página a la que conducen. Es decir, si usas este tipo de redirección, el ranking de la página original no será otorgado a la página destino.

2. *Permanentes (301):* como sucede en las redirecciones temporales, las redirecciones permanentes también usan un código numérico, en este caso el código "301". Es una práctica acertada cuando existe duplicidad de contenido ya que traslada el ranking de la página duplicada al contenido original o único que se desea utilizar. Normalmente, empleo a menudo estas redirecciones cuando se produce un cambio de página web o un proyecto de e-Commerce con el objetivo de que los apartados y productos bien posicionados mantengan su posicionamiento.

- **Codificación y factores técnicos:**
  En este factor analizamos aquellos aspectos relacionados con forma en la que ha sido construida la página web respecto a su programación. Se pone especial énfasis en aspectos relacionados con:

1. **Páginas con código rel="canonical".** Esta etiqueta es empleada para marcar el contenido que consideras original dentro de tu sitio web. Es posible que tengas páginas en tu sitio que sean idénticas y que dinámicamente se genere el mismo contenido con alguna variante mínima (como mostrar listados por marca, fabricante, etc.) La etiqueta rel="canonical" te permite identificar a los ojos del buscador el contenido que marcas como "original". De esta forma evitas que los buscadores consideren dicho contenido como duplicado e ignoren el documento que quieras posicionar. Si usas esta etiqueta en varias páginas iguales estarás cometiendo un error de duplicidad de contenido.

2. **Optimización móvil.** Según Google, el algoritmo de optimización móvil afecta a las búsquedas móviles en todos los idiomas del mundo y tiene un impacto directo sobre el posicionamiento SEO en los rankings de Google. Nuestro sitio web debe estar optimizado para móviles.

3. **Páginas con marcos.** Una página con "frames" permiten mostrar más de un documento html en la misma ventana del navegador. Si usas marcos, los buscadores no podrán indexar bien el contenido de valor y tu web disminuirá su ranking SEO.

4. **Páginas con errores y alertas W3C CSS y HTML.** Si tu código no es validado por el

servicio de validación de la W3C puede que Google no indexe este contenido adecuadamente. Puedes comprobar el estado en el que se encuentra tu código directamente desde la herramienta de validación de *World Wide Consortium.*

5. **Páginas con elevado peso.** La velocidad de carga de una página es un factor determinante para el SEO. Por ello es importante mantener el tamaño html de la página por debajo de los 256kb. Más adelante trataremos en profundidad cómo mejorar la velocidad de un sitio web.

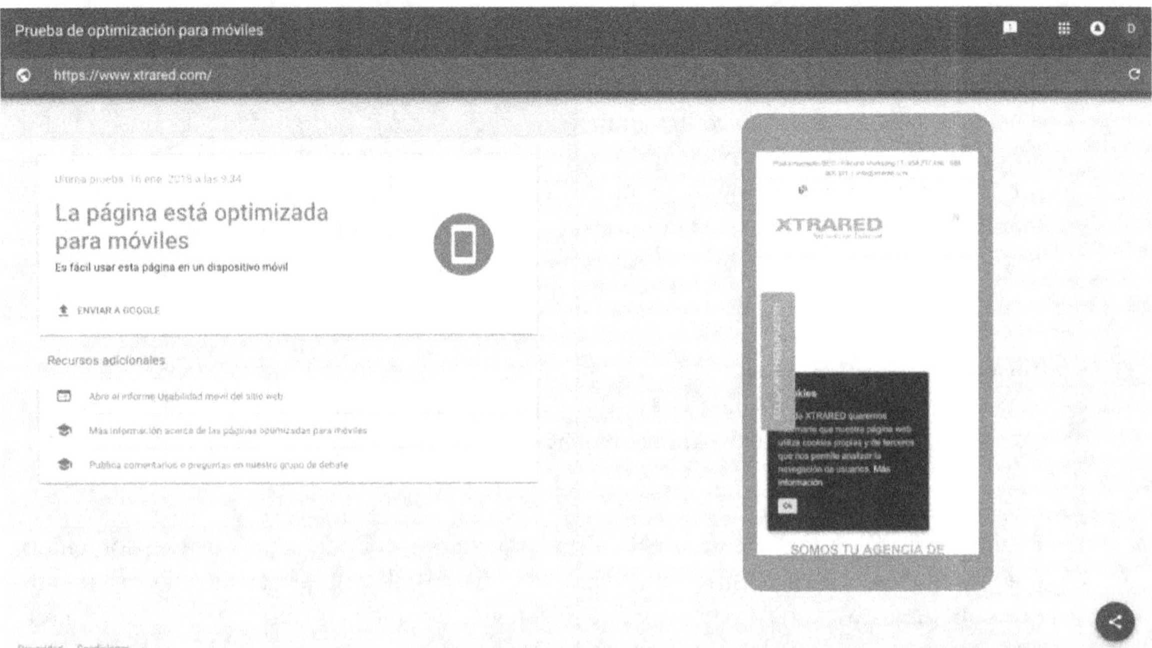

- **URLs:**
  Las URLs de un sitio web ofrecen información relevante sobre su contenido. En este sentido debemos esforzarnos en crear un sistema de URL "amigables" con los buscadores evitando emplear caracteres y parámetros que no son identificables por los buscadores como los signos de interrogación o los guiones bajos. Por otro lado, la longitud de la URL de nuestro sitio web también influye a la hora de determinar si nuestro sitio es o no amigable con los buscadores. Una URL larga será más difícil de memorizar por los usuarios y por tanto también lo será para la indexación por parte de los buscadores.

- **Enlaces:**
  Los enlaces que incluimos en nuestro sitio web, además de cumplir con un factor determinante como es la navegabilidad del sitio, ofrecen al buscador un indicador de calidad del mismo. En este aspecto debemos prestar atención a:

1. ***Enlaces rotos:*** Si tu web tiene muchos enlaces rotos (apuntan a páginas inexistentes) es lógico pensar que tu página no suele estar actualizada, por lo tanto su reputación y calidad a los ojos del buscador disminuye y el SEO de tu web se devalúa.

2. ***Número excesivo de enlaces:*** Google entiende que ofrecer más de 100 enlaces por página es abrumador para el usuario. Por ello recomienda que el número de enlaces por documento sea inferior a 100 (salientes e internos).

3. ***Enlaces "dofollow" externos:*** Si enlazas intensamente con sitios web de baja calidad, los buscadores pueden interpretar que estás vendiendo enlaces, o formas parte de una estructura enfocada para ello. Por lo tanto, serás penalizado.

Más factores a tener en cuenta para realizar una auditoría web seo:

* **Imágenes:**
En este factor estudiaremos las imágenes rotas (inexistentes) y el atributo "alt" de las mismas. Este atributo nos ofrece información sobre el contenido de las imágenes, ya que dichas imágenes no pueden ser leídas por los buscadores. También facilita la accesibilidad a personas con discapacidad. Del mismo modo, debemos prestar atención al peso de las imágenes, pues pueden estar lastrando la velocidad de carga de la página web.

* **Otros factores "On-Page":**
También debemos prestar atención a elementos de nuestro sitio web que son indicadores relevantes para el robot de los buscadores. Factores como:

1. Etiquetas de título vacías.
2. Títulos duplicados.
3. Títulos demasiado largos.
4. Etiqueta Meta description vacía.
5. Meta descripciones duplicadas o demasiado largas.

Con los datos analizados, podrás ver el nivel de optimización que tiene tu sitio web y empezar a tomar medidas de mejora para mejorar tu SEO.

* **Velocidad del servidor y compresión**
Es un factor importante a tener en cuenta para realizar una auditoría web. Debemos analizar si el servidor tiene una buena velocidad de respuesta, si tiene habilitada la compresión de archivos, si dispone de un buen ancho de banda, etc.

* **Existencia del Sitemap y robots.txt**
Si una web a la que realizamos la auditoría SEO carece de Sitemap y/o Robots.txt, esa web muy

probablemente tenga un gran margen de mejora. La importancia del sitemap es grande ya que los buscadores web lo usan para comprender y conocer la estructura de cada uno de los sitios web. Así mismo, los robots.txt sirven para que las arañas de rastreo no "malgasten recursos" analizando páginas que no nos interesa posicionar.

- **Enlaces entrantes**

También debemos prestar atención a los enlaces entrantes hacia la web que queremos analizar. Puede ser un proyecto nuevo sin enlaces entrantes, puede ser un dominio expirado con enlaces antiguos o puede ser un proyecto web propio que nunca ha sido cuidado. Disponemos de gran variedad de herramientas para poder comprobarlos, estas las veremos en el próximo capítulo.

Si disponemos de enlaces entrantes hacia nuestro dominio que apuntan a URLs rotas, estaremos perdiendo autoridad. Si nos enlazan páginas de baja calidad podemos estar siendo víctimas de SEO negativo y desconocerlo perdiendo así posiciones o incluso pudiendo ser penalizados.

Una vez conocidos todos los posibles problemas que podemos encontrarnos al realizar una auditoría SEO a un sitio web, pasamos a cómo resolver cada factor SEO para que el posicionamiento de nuestro sitio web se vea potenciado.

Solución de errores de una auditoría SEO

Empezando por partes vamos a explicar cómo podemos solventar los errores más comunes que se suelen detectar cuando realizamos una auditoría SEO a un sitio.

Problemas de indexación y errores de rastreo

Cómo ya hemos comentado antes, este problema se da cuando **Googlebot** rastrea nuestro sitio para incluirlo en su índice y obtiene como resultado uno o varios errores de rastreo.

- **Error 500**

Los errores de rastreo del tipo 5xx (500, 502) se refieren a problemas con el servidor. Estos errores se dan cuando el servidor ha sufrido una caída puntual, ha dado un tiempo de respuesta demasiado prolongado, o algún otro motivo similar que intervenga el servidor.

¿Cómo solucionar un error 500?

Desde Google Search Console o desde WebSite Auditor podemos detectar estos errores y comprobar, al ser una caída puntual, si el enlace que ha recogido el error, funciona correctamente. En ese caso habrá que validar la corrección desde Google Search Console, para que Google vuelva a rastrearla sin problemas y esta se incluya en el índice.

Si el enlace detectado sigue dando error 500 debemos contactar con el servidor en el que se encuentra alojado el sitio web para que solucionen el problema y poder volver a incluir la página en el índice, validando la corrección desde Google Search Console.

- **Error 404**

Este error es de los más frecuentes a encontrar en un sitio web, y es que se da cuando una página ha sido eliminada, un enlace está mal escrito, etc.

Cuando el usuario entra en tu sitio web y recibe como respuesta un error 404 con el mensaje de "esta página no existe" o "no ha sido encontrada", el usuario se marcha para elegir otro sitio de los que se le ha mostrado en los resultados de búsqueda. Esto afecta a tu porcentaje de rebote, CTR, y por lo tanto al SEO de tu sitio en general.

Cuando Google detecta un error 404 muestra una alerta en el panel de control de Google Search Console y procederá a eliminarlo de la SERPs en un tiempo si este no obtiene solución. Como bien es sabido Google no quiere darle una mala experiencia de búsqueda a su usuario. Por ello es conveniente prestar atención y adelantarnos a Google, realizando una auditoría SEO a nuestro sitio con una herramienta como WebSite Auditor y solucionar todos los errores que encontremos de este tipo.

Este error no solo se da en páginas, si no también en imágenes o documentos que tenías anteriormente en tu sitio y/o Google tenía rastreado y ahora no los encuentra.

¿Cómo solucionar un error 400?

Para solucionar este error basta con crear una redirección permanente (301) a otro enlace que ofrezca contenido similar, en el caso de que hayas eliminado intencionadamente el contenido anterior.

Si el contenido no ha sido eliminado intencionadamente basta con volver a subirlo al mismo sitio que antes, prestando especial atención en que debe de tener la misma dirección (URL) que el anterior porque si no Google seguirá detectando que en la URL sigue mostrándose un error 404. De no ser posible ubicarlo en el mismo directorio o sitio que permita tener la misma URL debemos crear igualmente un redireccionamiento 301. Los redireccionamientos se pueden crear mediante htaccess o mediante algún plugin que instales en tu CMS, como por ejemplo **Redirection para WordPress.**

A continuación podemos ver cómo se realizaría una redirección mediante el .htaccess del sitio web.

1. Primero debemos acceder a nuestro **servidor** mediante una conexión FTP.
2. Crea una **copia de seguridad del .htaccess** antes de hacer ninguna modificación. El archivo .htaccess suele encontrarse en la raíz del sitio, por lo tanto debe estar ubicado en /public_html/
3. Añade al archivo la siguiente regla: **Redirect 301 /pagina-con-error-404 http://www.mi-dominio.com/nueva-pagina**
4. Guarda el archivo y comprueba que el enlace que mostraba un error 404 ahora redirecciona a la nueva página que le hemos marcado con la redirección.

Los enlaces suelen tardar un año en desaparecer de los índices de Google, por lo que se debe mantener la redirección al menos un año antes de eliminarla.

NOTA: Al modificar el archivo .htaccess ten cuidado y no modifiques ninguna regla, a no ser que tengas conocimiento sobre el tema. Esto puede conllevar que tu sitio web deje de verse, por lo que es mejor que lo hagas a unas horas en las que el sitio web registre la menor actividad posible. Con esto evitarás que los usuarios pueden verse afectados por algún cambio erróneo que se haya realizado en el .htaccess.

Si tu sitio web ha dejado de verse o ha sufrido algún problema con la modificación del archivo .htaccess tan sólo tendrás que subir y reemplazar por el .htaccess de la copia de seguridad.

Redirecciones y Dominio preferido

Cómo hemos comentado al principio del capítulo, para poder aprovechar al máximo el juego de enlaces y llevar un control preciso de todos los datos referentes a consultas, clics e impresiones debemos definir cuál va a ser nuestro dominio preferido, que se mostrará al acceder a nuestro sitio web.

Esta tarea debe realizarse en dos sitios, primeramente desde el servidor, donde elegiremos cuál será el dominio que vamos a mostrar y desde donde crearemos la redirección. Cuando elijamos el dominio que vamos a mostrar, si disponemos en nuestro sitio web de un **certificado SSL**, debemos configurar todas las redirecciones hacia el dominio elegido. Lo veremos más claro en el siguiente ejemplo:

Si elegimos como dominio preferido https://midominio.com las redirecciones deben quedar así:

*   De http://www.midominio.com a https://midominio.com
*   De http://midominio.com a https://midominio.com
*   De https://www.midominio.com a https://midominio.com

Una vez configuradas las redirecciones, desde Google Search Console debemos crear cuatro propiedades, una para cada dirección, y elegir el dominio preferido. Con esto conseguimos que los datos se concentren en una única propiedad. También tenemos la opción de crear un conjunto de propiedades y tener mayor control de los datos evitando así en la medida de lo posible la dispersión de los datos en las diferentes propiedades creadas.

Todo esto lo veremos más adelante en el capítulo en el que trataremos en detalle la herramienta de **Google Search Console.**

2.2 HERRAMIENTAS PARA REALIZAR AUDITORÍAS DE SEO

Herramientas de auditoría SEO

El uso de herramientas de auditoría seo nos van a ayudar a agilizar nuestro tiempo. Como hemos visto en capítulos anteriores, la fase de **auditoría SEO** es fundamental para evaluar la situación de partida de nuestro sitio web. Un SEO profesional, necesita optimizar al máximo los tiempos de su jornada. Para ello, tenemos a nuestra disposición herramientas que facilitan el flujo de trabajo en esta fase y para ello quiero mostraros la herramienta con la que trabajamos en nuestra **agencia SEO**: *WebSite Auditor de SEO PowerSuite y SEMRush*

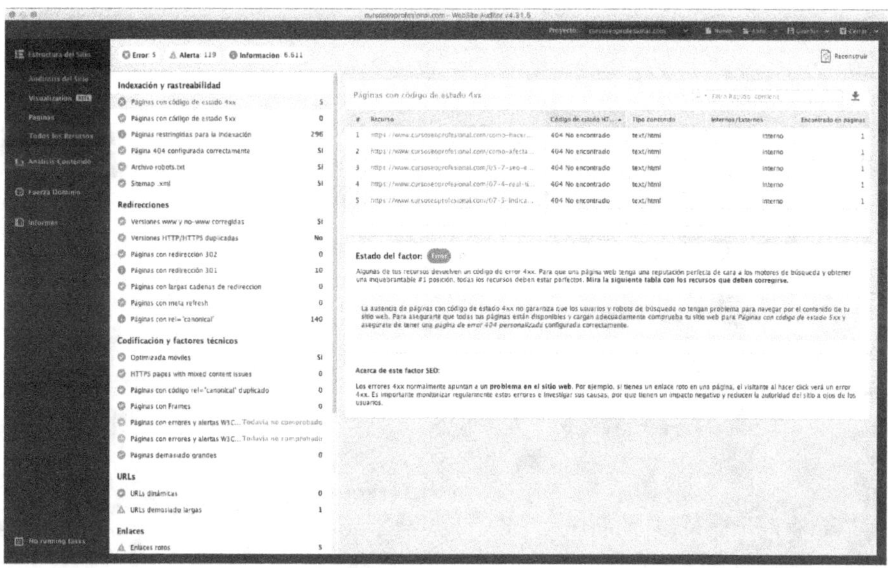

WebSite Auditor es una herramienta que ofrece un amplio abanico de posibilidades a la hora de realizar nuestra auditoría:

* Analiza todas las páginas de nuestro sitio web
* Realiza análisis de contenido
* Evalúa la fuerza o autoridad de nuestro dominio
* Genera informes en diferentes formatos para incluir en nuestra documentación
* Identifica los problemas técnicos que están afectando a tu posicionamiento
* Indica cómo solucionar los problemas correctamente
* Permite conocer cuál es la estrategia SEO de tus competidores
* Te propone sugerencias de palabras claves para tu estrategia SEO
* Todo en castellano

 **Puedes descargar una demo gratuita desde aquí:** *http://seopowersuite.info/website-auditor*

Usar las herramientas de auditoría SEO para captar clientes

Es una actividad común realizar auditorías abreviadas como estrategia comercial para la actividad del SEO. Con esta herramienta puedes realizar estas auditorías en pocos clics y de forma personalizada para cada proyecto.

Herramientas de auditoría SEO más populares

* Website Auditor de SEO PowerSuite
* SEMRush
* Woorank
* AWRcloud

Otras herramientas para realizar una auditoría SEO

Si bien hemos visto las herramientas más usadas para hacer auditorías SEO, vamos a dar un paso más allá para conocer otras herramientas con las que podemos conocer la situación de una web en concreto.

Plugins de Chrome que nos pueden ayudar

Una manera rápida de conocer por encima el estado de las webs por las que estamos navegando.

- **Open SEO Stats**

Desde aquí podemos conseguir en solo dos clicks ciertos datos sobre la URL concreta en la que nos encontramos:

1. Meta Title y Descripción
2. Meta Keywords (Si las hubiera)
3. Texto marcado como H1, H2 y H3
4. Alt-Text
5. Textos Marcados en Negrita y Cursiva.
6. Ranking Alexa
7. Ubicación del Servidor (País)

- **Mozbar**

Todo el mundo conoce el Mozrank, es una de las muchas herramientas usadas para estimar la autoridad de un dominio.

Con esta extensión de Chrome vamos a ver la Autoridad de Dominio y Autoridad de Página de la URL en la que nos encontramos siempre que navegamos, ofreciéndonos una idea básica sobre la competencia SEO en ciertos nichos mientras navegamos por internet.

- **Woorank**

Se trata de una herramienta online todo en uno, no profundiza en ningún aspecto pero si es muy útil para **ofrecernos una idea sobre cuál es el estado general de nuestra web**. Nos informa sobre la antigüedad del dominio, existencia de Robots.txt y Sitemap, versión SSL y si posee redirección entre las diferentes versiones…

De un modo aproximado, nos indica si los aspectos a mejorar son muy difíciles de modificar o no, así como el impacto que estos tienen en el posicionamiento de nuestra web. Es una herramienta básica, pero si nos estamos iniciando el SEO, es muy amigable y nos da información útil con la que podemos empezar a esbozar una estrategia.

- **Lighthouse**

Lighthouse es una extensión creada por Google que analiza un sitio o aplicación web. Esta extensión audita las páginas web mostrándote un informe que puedes exportar en varios formatos como PDF. Esta útil herramienta realiza una auditoría completa del sitio en busca de problemas y posibles mejoras del sitio web y para conseguirlo analiza los siguientes parámetros:

1. **Performance:** En este apartado se analiza algo cada vez más importante como es la velocidad de carga del sitio. En los resultados de este apartado la extensión Lighthouse muestra las mediciones obtenidas, las oportunidades de mejoras y los diagnósticos con más información sobre el rendimiento del sitio.

2. **Progressive Web App:** Esto analiza y valida el aspecto, el diseño y la experiencia que tendrá el usuario cogiendo como base la Checklist de Verificación PWA de Google.

3. **Accessibility:** Aquí se recogen datos que pueden mejorar la accesibilidad del sitio web. Aunque se recomienda hacer pruebas manuales también.

4. **Best Practices:** Se reúnen una serie de recomendaciones que puedes emplear en tu sitio web para optimizar al máximo el rendimiento de esta. Por muy pequeños que parezcan los detalles, pueden marcar la diferencia de un sitio web sólido y bien estructurado.

5. **SEO:** Con este análisis se comprueba que la página está optimizada para clasificarse en las SERPs.

- **Screaming Frog**

Screaming Frog es una herramienta de SEO avanzada muy importante, su función es simular el Crawler de los buscadores y darnos un informe sobre lo que ha procesado, consiguiendo así una idea sobre cómo entiende Google o Bing nuestra web.

- Podemos ver listados de todos los enlaces internos y externos de nuestra web y conocer la respuesta HTTP que nos devuelve (200,301,404…)

- Podemos ver los Meta títulos de cada una de nuestras URL y ordenarlos por tamaño, conociendo así que títulos son más largos de lo permitido por Google o cuales están vacíos.

- Del mismo modo podemos hacerlo con las Meta descripciones y Meta etiquetas.

- También podemos listar los H1 y H2 según su longitud y ver en una sola lista que H1 (Te muestra más de uno en caso de haberlo) y H2 tiene cada URL así como las que no tienen ninguna etiqueta Head, para poder solucionarlo.

- Podemos conocer también a qué imágenes ha rastreado el Crawler y ordenarlas según su peso, permitiéndonos así optimizar las imágenes que mayor impacto tienen en la velocidad de carga.

Screaming Frog tiene una versión gratuita en la que su Crawler procesa hasta 500 URL y una licencia completa anual de 180€.

- ## SEO Auditor de Zadro Web

Se trata de una herramienta de Auditoría SEO completamente online y gratuita. Los datos ofrecidos no son de gran profundidad pero ayuda a conocer el estado general de nuestra web. (Está en Inglés)

Nos incluye datos bastante útiles como la valoración de PageSpeed Insights de Google o el Moz Rank así como una revisión del Meta Título y Descripción, Alt-Texts, H1 y H2 e Implementación de Sitemap y Robots.txt. Es una herramienta que nos aporta buena información de manera gratuita.

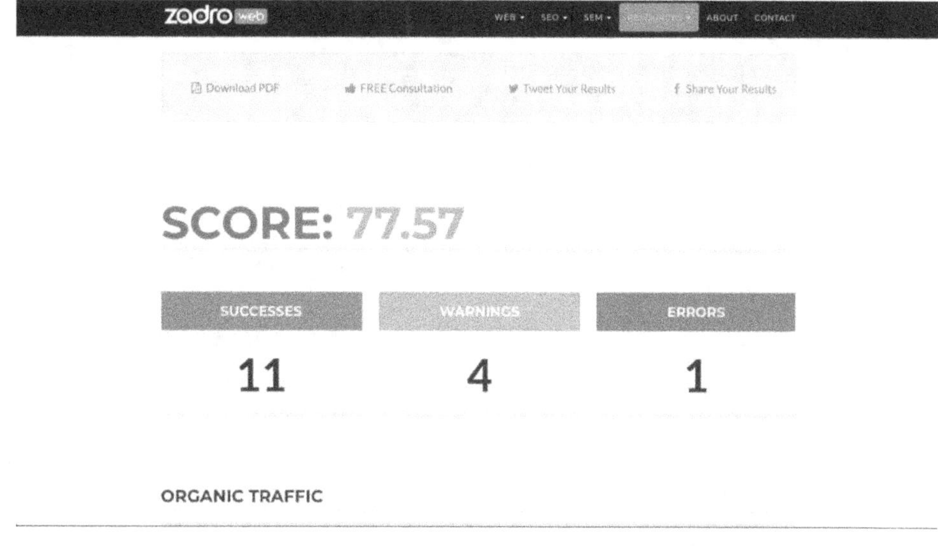

- **SEMRush**

Se trata de una herramienta polivalente y profundizar para realizar SEO y estudiar a la competencia. En este curso hemos creado un capítulo detallado sobre **SEMRush**

- **WebCEO**

Con esta magnífica herramienta podrás crear informes de auditoría para tus prospectos SEO. Es considerada como una de las mejores plataformas con múltiples funciones y herramientas que permiten incrementar la eficacia de tu campaña SEO.

Una vez identificados los problemas técnicos que puede tener tu web a la hora de posicionarse en buscadores, llega el momento de plantear la estrategia que vas a seguir para asaltar los primeros puestos del buscador. Nos metemos de lleno en la estrategia de posicionamiento seo.

CONTENIDO EXTRA

Herramientas de auditoria SEO

Descarga Website Auditor

3. ESTRATEGIA SEO

3.1 ELABORAR UNA ESTRATEGIA DE SEO

Cómo hacer una estrategia de SEO

Iniciar una campaña de SEO sin haber elaborado una estrategia es como si empiezas a correr en una carrera sin saber donde está la meta. Llegamos al módulo 3 donde vamos mostrarte cómo hacer una estrategia de SEO.

¿Qué es una estrategia de SEO?

Definimos estrategia como una serie de acciones, muy meditadas, que están encaminadas hacia un fin determinado. Aplicando este concepto sobre la actividad del SEO podemos decir que una estrategia de posicionamiento SEO recoge todos los objetivos, acciones, públicos y actuaciones que se llevarán a cabo a través del proyecto de SEO que vamos a ejecutar.

¿Cuándo se elabora una estrategia de SEO

Pueden suceder varias situaciones en las que se no sestrateg plantee la posibilidad de trabajar sobre el posicionamiento de sitios web, y la toma de decisiones a la hora de plantear una estrategia correcta va a depender en gran parte de si el sitio web se encuentra publicado y vamos a optimizar en la parte pública del mismo, o que se encuentre en una URL en producción. En este último caso, nos ahorraremos redirecciones necesarias en el caso contrario, y además nos permitirá corregir problemas de estructura antes de su puesta en escena.

¿Qué aspectos debe contemplar una estrategia de SEO?

La estrategia de SEO debe contemplar una serie de factores muy relevantes que permitan llevarla al éxito. De forma general podemos decir que una estrategia de SEO debe contemplar:

- Definición de objetivos a corto, medio y largo plazo
- Contemplar los diferentes targets o públicos objetivo del proyecto SEO
- Modelo de negocio, si es B2C o B2B
- Alineamiento de la estrategia de negocio con la estrategia SEO
- Tipo de proyecto SEO (Comercio, Tráfico, etc.)
- Ámbito de actuación del proyecto, si es local, comarcal, nacional o internacional
- Keyword Research, identificación de palabras claves del proyecto
- Estrategia de Contenidos y de Backlinks
- Análisis de principales competidores
- Identificación de KPI´s y definición de conversiones

5 Preguntas que debes realizarte a la hora de elaborar los objetivos de tu estrategia de SEO

1. **¿Cómo es una conversión para tu sitio?**
   Define tus objetivos de negocio. ¿Qué deseas lograr con el proyecto de SEO que vas a iniciar? identifica restricciones y requerimientos técnicos, de contenido o promociones existentes en la actualidad.
2. **¿Quién es tu público objetivo y cómo se comporta?**
   Identifica tu público. Quién toma las decisiones de compra (Buyer persona) y si tiene diferentes variantes.
3. **¿Cuál es el producto o servicio más relevante en tu actividad?**
   Prioriza el posicionamiento de aquellos servicios y productos que te ofrecen una mayor conversión.

4. **¿Por qué vas a realizar un proyecto de SEO?**

    Identifica las expectativas para definir objetivos alcanzables y medibles.

5. **¿Existe mucha competencia?**

    Existen actividades empresariales que se encuentran tremendamente sobrecargada de competidores en Internet. Antes de iniciar tu proyecto de SEO analiza si es viable conseguir visibilidad en los plazos que necesitas.

La estrategia de SEO es una fase necesaria e imprescindible para conseguir éxito a través del posicionamiento de tu web. En los próximos capítulos y temas vamos a tratar detalladamente los aspectos que debes contemplar para saber cómo hacer una estrategia de SEO.

3.2 OBJETIVOS DE UNA ESTRATEGIA SEO

Objetivos de una estrategia SEO

Al pensar en los objetivos de una estrategia de SEO, todos pensamos rápidamente en ventas. Pero una estrategia de SEO puede estar orientada a otros muchos objetivos que no siempre están relacionados con una transacción comercial en su primera fase.

Al definir los diferentes objetivos que te puedes marcar con tu estrategia de SEO debes seguir una serie de características que los profesionales del marketing online definen como objetivos SMART (objetivos inteligentes).

¿Cómo deben ser los objetivos de una estrategia SEO?

- **Específicos**: ¿Cuántas visitas, contactos o ventas se marca como objetivo? Una vez definidos los KPI's de tu estrategia SEO, los objetivos de conversión deben ser específicos para evaluar si se están consiguiendo los resultados deseados.

- **Medibles**: "Lo que no se mide, no existe." en SEO y en cualquier otra actividad que realices. Debes poder medir y analizar el rendimiento de la estrategia SEO. Indicadores como la tasa de rebote, visitas obtenidas desde tráfico orgánico, etc.

- **Alcanzables**: Observarás que cada característica está relacionada. Es evidente que ser realista y específico te permitirá identificar objetivos alcanzables. Por ejemplo, si quieres conseguir un buen posicionamiento por una cadena clave de alta competencia en un sector sobrecargado, no te estarás marcando objetivos alcanzables.

- **Realistas**: Es importante tener la capacidad de evaluar hasta qué punto puedes marcarte objetivos como los que se plantean inicialmente en una estrategia SEO. Hay empresas que quieren
destacar en varios sectores sin tener infraestructura para ello. Se realista y márcate objetivos
que puedas conseguir en plazo con la infraestructura que cuentes.

- **Oportunos**: Un objetivo debe marcarse plazos oportunos para cada fase del proyecto. Por ello
siempre recomendamos marcar objetivos a corto, medio y largo plazo.

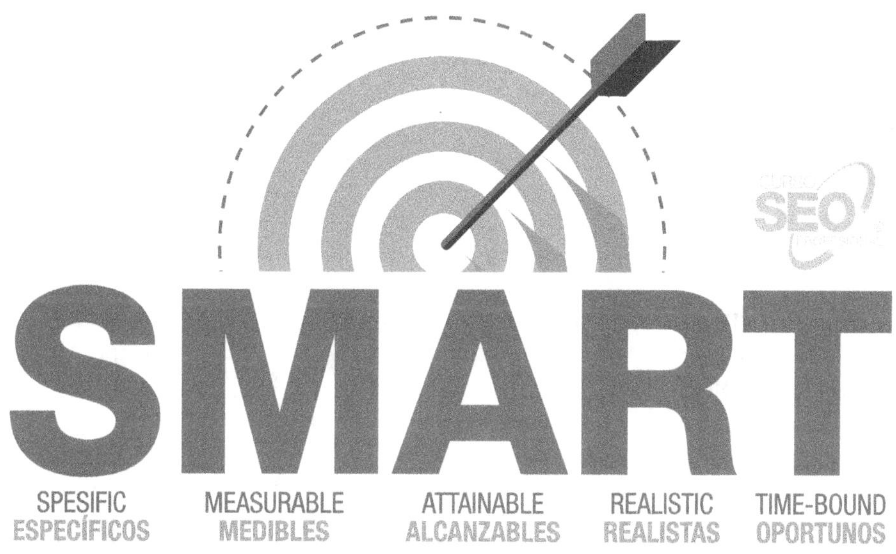

Recuerda: Una estrategia de SEO debe marcarse objetivos específicos y realistas; a corto, medio y largo plazo. Objetivos alcanzables y medibles.

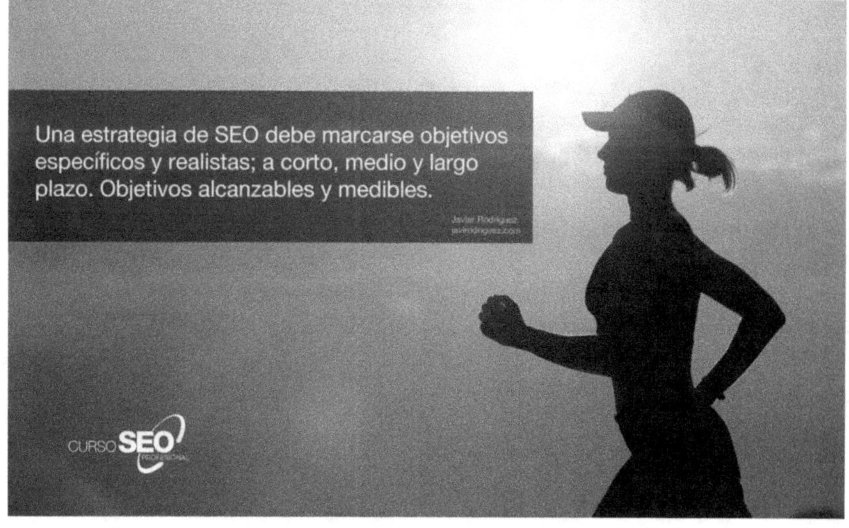

Tener uno o varios objetivos es lo que hace que todo tenga sentido. Recuerda alinear completamente los objetivos de la estrategia SEO con los objetivos de tu negocio o actividad.

Una de las cuestiones que te van a ayudar a conseguirlos es el conocimiento que tengas del público o públicos a los que vas dirigido. Veamos cómo podemos identificar aquellos públicos a los que va orientada nuestra estrategia de SEO.

Objetivos de un sitio web según el tipo de empresa

Según el tipo de negocio, necesitaremos un sitio web distinto, con un enfoque distinto, dirigido a un público específico en cada caso. Por lo que los objetivos que marcaremos en la estrategia también deben ser acordes al tipo de negocio y usuarios/clientes potenciales.

Blogs

Uno de los grandes objetivos que nos podríamos marcar para nuestro blog es conseguir la suscripción de los usuarios visitantes a la Newsletter. También es útil controlar el tipo de usuario, para saber si se tratan de usuarios recurrentes o usuarios nuevos.

Sitios web corporativos

Este tipo de páginas tiene como objetivo la generación de leads. Un lead es un usuario que nos deja sus datos para obtener a cambio información o algún producto concreto. Los leads se suelen conseguir para un negocio propio, no obstante ciertos profesionales SEO posicionan webs para productos o servicios concretos con el objetivo de captar leads. (Ejemplo: www.aireacondicionadosevilla.es) y luego venderlos a empresas del sector.

e-Commerce

Como es lógico, el objetivo de una tienda online es vender, por lo que se establecerá el objetivo de comercio electrónico, con el que podremos controlar el número y valor de las ventas del sitio. En este tipo de sitios también como en un blog es recomendable controlar el tipo de usuarios.

¿Cómo medir la consecuación de objetivos de una página web?

Todos estos objetivos se llaman **conversiones** y son 100% medibles gracias la herramienta de **Google Analytics**, desde ella podemos crear "objetivos personalizados" y medir la cantidad de veces que un usuario realiza una acción así como crear un túnel de conversión en el que el usuario debe encadenar acciones hasta llegar a convertir su visita.

Ejemplo de túnel de conversión:

Aterriza en una página del blog > Hace scroll hasta activar un popup sobre la suscripción a una Newsletter > Clicka en el popup > Llega a una página en la que introducir sus datos > Completa el formulario.

Con una **correcta configuración en Google Analytics** podemos medir cuántos usuarios acceden a nuestra web y cuántos de ellos siguen avanzando en el túnel de conversión encontrando así posibles mejoras. (Por ejemplo: Sólo un 7% de los usuarios que llegan a la página de formulario lo completa y lo envía, ante esta situación, posiblemente exista algún elemento que genere rechazo a realizar la acción como pudiera ser un formulario de suscripción demasiado largo.)

3.3 DEFINICIÓN DE PÚBLICO DE UNA ESTRATEGIA SEO

Definir el público de una estrategia SEO

Nuestro público objetivo no es otro que aquel usuario que, en algún momento o circunstancia, va a necesitar (y por tanto, buscará) alguno de nuestros servicios o productos. En los últimos años se ha acuñado el término: **"buyer persona"** para definir a este grupo de personas o cliente ideal.

En SEO, es fundamental definir cuál es nuestro mercado y la forma en la que nuestro público nos buscará. Dentro del mundo de marketing digital, es importante saber definir a nuestro mercado objetivo, ya que es la base de toda estrategia de SEO orientada a la cualificación del tráfico que consigue para obtener el mayor número de conversiones posibles.

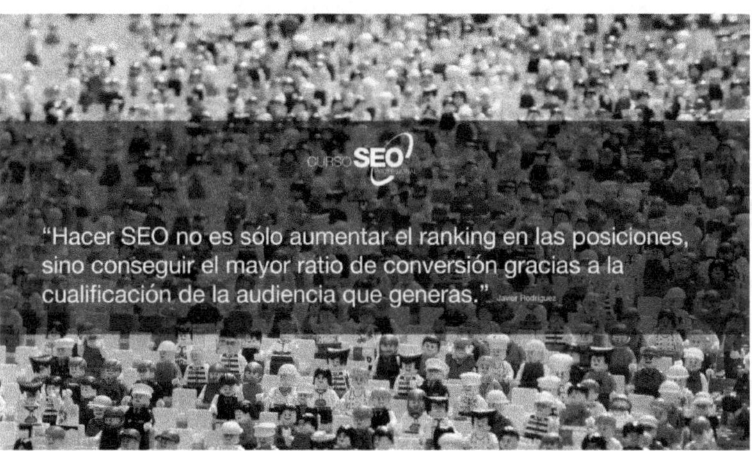

¿Cómo definir el público objetivo de una estrategia SEO?

Lo primero que has de hacer antes de empezar a plantearte el sitio web u optimizarlo es definir elementos varios como qué formación, idiomas o edad tienen los usuarios potenciales. Si quieres realizar B2B (vender a empresas) o B2C (vender a clientes finales), geolocalizar el sitio (ámbito internacional, nacional, regional, local...), si vas a aplicar uno o varios idiomas, si ofrecerás la opción de compra online, etc.

Ámbito de actuación

La definición del cliente potencial va a jugar un papel importante a la hora de plantear acciones de marketing y SEO y consneguir objetivos. No es lo mismo crear una campaña para posicionar cadenas claves + localidad, que plantear una campaña de posicionamiento internacional (a mayor competitividad, mayor dificultad).

Recuerda:

Tipo de usuario de nuestro proyecto SEO

La experiencia en el uso de las nuevas tecnologías por las personas que utilizan Internet, plantea definir cadenas claves según la especialización del usuario. Los usuarios realizamos las búsquedas de una forma prácticamente inconsciente, pero es cierto, que escribimos la búsqueda y actuamos diferente frente a los resultados de búsqueda en función de la intención que tengamos al buscar.

Por ello, dividimos los distintos tipos de búsqueda según el objetivo del usuario:

- Transaccional
- Información
- De navegación o marca
- Multimedia
- Geolocalizadas

Usuarios transaccionales

En las búsquedas transaccionales los usuarios buscan efectuar una transacción online. Búsquedas como: "comprar un portátil", "comprar zapatillas Nike", etc.

Investigación o información

El segundo tipo de búsquedas son las búsquedas de información, aquellas en las cuáles el usuario está en la fase de identificación de un problema recopilando información sobre el mismo, empresa, marca o producto concreto. En este grupo podríamos meter por ejemplo búsquedas de características concretas de un producto, por ejemplo de un modelo específico de una cámara de fotos "cámara canon 5D, video test canon 5D, etc."

Búsquedas de navegación o de marca

La intención en este tipo de búsquedas es ser directo y llegar rápidamente a un sitio web concreto y obtener la información que necesita de él. Por ejemplo, "Apple, Samsung, nombre de la empresa".

El usuario se fijará en los primeros resultados, principalmente en el dominio de la web, ni siquiera leerá completamente el snippet ya que lo que quiere es que la página sea la página oficial de la empresa o del producto.

Palabras clave para contenido multimedia

En este tipo de búsquedas el usuario filtra el texto y se fija exclusivamente en los resultados de tipo imágenes o vídeos, lo que son resultados enriquecidos. Por ejemplo: "video de Iphone 11, fotos Audi q8".

Usan palabras claves Geolocalizadas

Son las búsquedas en las que el usuario añade al final una ciudad, país, localidad, etc. Con la idea de que, a través de los motores de búsqueda, los resultados que le devuelva Google estén posicionados en función de que pertenezcan o no a la ubicación geográfica que el usuario buscó. Un ejemplo de este tipo de búsqueda sería: "servicio técnico Fagor Barcelona".

Otros aspectos que debemos contemplar a la hora de definir el público de una estrategia SEO

- Edad
- Nivel de especialización
- Sexo
- Estacionalidad
- Idioma
- Cultura

Conocer nuestro público (Buyer persona) es un factor fundamental para que la orientación de nuestra estrategia SEO sea acertada.

CASO PRÁCTICO: DEFINICIÓN DEL PÚBLICO OBJETIVO

A continuación, vamos a poner en práctica todo lo comentado antes sobre la definición del público objetivo. Para ello, vamos a imaginarnos que tenemos un cliente que quiere crear una página web y una estrategia digital para una tienda de ropa de bebé en Madrid.

Con esto, ya tenemos información suficiente para definir el público al que nuestro cliente debe dirigirse. Es recomendable tener una reunión con el cliente para realizar una toma de datos del servicio que va a ofrecer, obteniendo así toda la información posible de cara a la definición del público al que va a dirigirse y a la elaboración de la **estrategia SEO.**

Lo primero, es definir el tipo de público y el ámbito de actuación al conocer cuál es la ubicación de la tienda, sabemos que el ámbito de actuación será Madrid y que, el público al que va a dirigirse, es al consumidor final (B2C). Con esto acabamos de definir mejor cuál será nuestro público objetivo, pero aún debemos seguir concretando más para poder elaborar nuestra estrategia con mayor exactitud. También para elegir el tipo de web en cuanto a diseño, usabilidad, etc.

Ahora concretaremos más sobre el perfil del usuario. La mayoría de usuarios de la tienda serán mujeres comprendidas entre 25 y 65 años (en este rango de edad se comprende a madres jóvenes, familiares cercanos como tías, abuelas,etc.) que hablen español.

La edad del visitante influirá mucho en el tipo de búsqueda que harán para encontrar un sitio como el nuestro. Esto nos facilita conocer qué tipo de búsqueda está realizando nuestro usuario: transaccional, información, etc. que nos permitirá en el **Keyword Research** conocer que palabras clave generan más conversiones.

No realizará la misma consulta una abuela en busca de un regalo para su nieto, que una madre realizando una consulta cotidiana buscando ropa para su bebé.

La edad es el factor más influyente para conocer nuestro público objetivo, ya que conociendo este dato, podremos hasta incluso conocer el rango de horario en los que nos visitarán.

3.4 CÓMO REALIZAR UN KEYWORD RESEARCH SEO

Cómo realizar un Keyword Research

Cuando trabajemos un proyecto de SEO, siempre debemos tener claro el factor semántico y humano. Aunque la tecnología evoluciona a pasos agigantados y Google ya permite la búsqueda con voz, debemos tener la capacidad de etiquetar nuestro contenido identificando las palabras con las que nuestro **público objetivo** o **buyer persona** va a conectar con nosotros.

La mejor manera de realizar un Keyword Research es diferenciar las palabras claves por grupos identificando los diferentes estados en los que se encuentra el usuario cuando investiga, compara o considera la compra de un producto o servicio en Internet.

Grupos de Keywords según la fase del estado de búsqueda del usuario

Keyword Research según situación en nuestro funnel de venta de nuestra buyer persona.

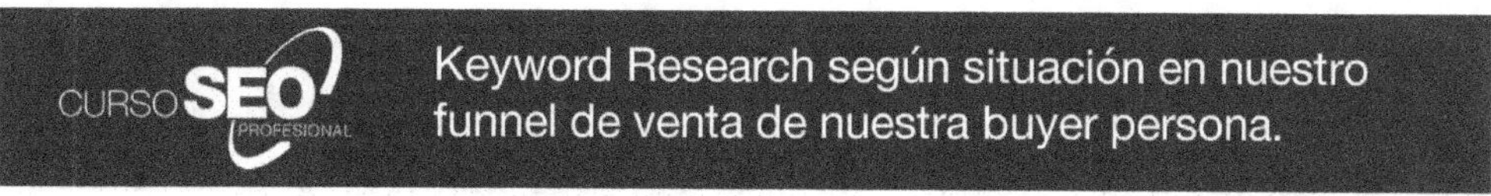

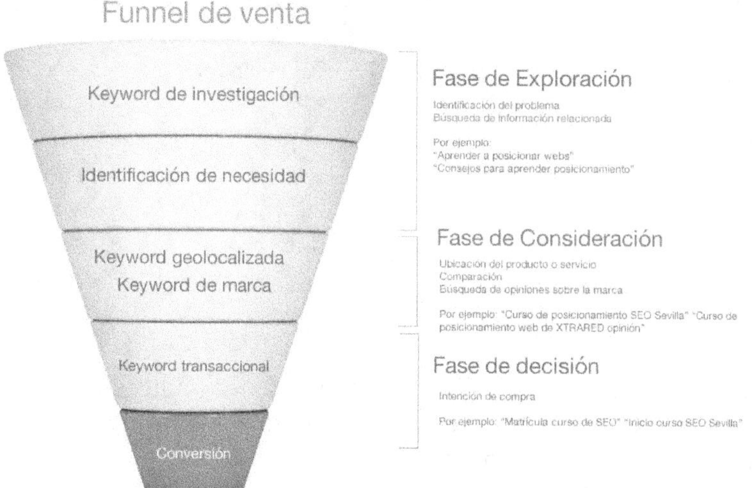

- **Fase de Exploración**
  Keyword Research de investigación o identificación del problema y/o necesidad: Cuando el usuario o buyer persona se encuentra en el ancho de nuestro embudo de conversión, se encuentra en la fase de exploración para identificar qué problema o necesidad tiene.
  Para identificar las palabras claves que empleará en esta fase, nos pondremos en el lugar de una persona que necesita nuestro producto pero no sabe cómo se llama. Para ello empleará palabras clave de "cola larga" llamadas "Long tail". Son palabras claves que tienen una extensión considerable en las que el usuario realiza consultas al buscador como si se tratase de una persona.

  Por ejemplo: Un usuario de Sevilla quiere formarse para aprender a posicionar en buscadores páginas web. Comenzará su "exploración" intentando identificar qué tipo de acciones formativas existen, cuál es la temática que más se aproxima a lo que desea. Empleará términos como "formación en publicidad online", "formación para posicionamiento web", "aprender a posicionar webs". A través de la lectura en blogs y en diferentes sitios web, identificará que lo que necesita es un "curso de posicionamiento web", "Qué debo hacer para aprender SEO con garantías".

- **Fase de consideración**
  Keyword Geolocalizadas: Son las palabras claves que serán usadas para un posicionamiento SEO de ámbito local. Cuando un usuario realiza búsquedas de su necesidad con la localidad en la que se encuentra, podríamos decir que se encuentra considerando la compra o contratación pasando a la fase de decisión.
  Aplicando nuestro ejemplo, el usuario emplearía una cadena clave como "Curso de posicionamiento web en Sevilla".

  Keyword de Marca: Los términos que incluyen el nombre de una marca son identificados como palabras claves de marca (Branding SEO). Normalmente son términos empleados para comparar o encontrar opiniones sobre el producto o servicio de una marca en concreto.

  Por ejemplo: "curso de SEO Xtrared" o "Curso de XTRARED opinión".

- **Fase de decisión**
  Keyword transaccional o de decisión de compra: serían los términos relacionados con la compra de un producto o servicio.

  En nuestro ejemplo podríamos encontrarnos con términos como: "matrícula del curso SEO", "contratar curso de SEO".

Determinando los diferentes grupos de Keywords que vamos a integrar en nuestra estrategia de SEO, llega el momento de identificar las palabras claves que, según cada grupo, empleará nuestra buyer persona para dar con nuestro producto o servicio.

HERRAMIENTAS PARA REALIZAR UN KEYWORD RESEARCH

Además de las palabras clave que podemos obtener analizando a nuestro público objetivo, existen herramientas que nos ayudan a identificar palabras clave de gran relevancia que podemos incluir en nuestra estrategia SEO.

Las herramientas que vamos a analizar a continuación nos ofrecen términos más generales y por lo general con un volumen de búsquedas más amplio, pero que juegan un papel importante en cualquier estrategia SEO.

PLANIFICADOR DE PALABRAS CLAVE DE GOOGLE ADWORDS

El planificador de palabras clave de Google es la herramienta más usada y popular entre los profesionales de SEO y SEM. Cualquier experto en SEO ha usado esta herramienta durante su trayectoria como profesional. El éxito de esta herramienta se debe a la gran información que podemos obtener con ella. Por ello empezaremos analizando esta herramienta, ya que las que prosiguen tienen una función similar a esta.

¿Qué podemos hacer con el planificador de palabras clave?

El planificador de palabras clave nos permite realizar varias funciones como obtener datos y tendencias del volumen de búsquedas, combinar listas de palabras clave para obtener nuevas palabras clave... pero la que más nos interesa a nosotros en esta fase de Keyword Research, será la opción de buscar nuevas palabras clave mediante frases, categorías o sitios web.

Esta función nos permite filtrar al máximo nuestra búsqueda, para así obtener las palabras clave más adecuadas para nuestra estrategia. Por lo que podemos indicarle una palabra clave como puede ser "tienda de jardinería", seleccionar la categoría del producto, segmentar la búsqueda de palabras clave según el público objetivo que hemos definido previamente, incluso podemos personalizar la búsqueda marcando un promedio de búsquedas mensuales,etc.

¿Qué hace la competencia?

Si conocemos a nuestra competencia podemos analizar su sitio web para saber qué términos han empleado en su estrategia SEO. Una vez configurada la búsqueda, obtendremos las sugerencias de palabras clave, con el promedio de búsquedas mensuales, la puja y la competencia. La puja es un dato que podemos pasar por alto, ya que no vamos a realizar campañas de SEM. La competencia y sobre todo, el promedio de búsqueda, nos darán información útil sobre el nivel de dificultad para posicionar dicha palabra clave y el alcance que podemos tener con ella.

También podemos ir añadiendo las palabras clave al plan que luego podremos exportar y descargar. Esta herramienta de Google es gratuita y te permite reanudar campañas comenzadas anteriormente que no se han finalizado.

Una de las desventajas de este planificador de palabras clave es que para conocer los datos exactos de los promedios mensuales de búsquedas, se debe haber tenido activada alguna campaña de SEM ya que si no los datos de promedio que te mostrarán no serán concretos. En cambio, te mostrará que por ejemplo, la palabra clave "tienda de jardinería" se encuentra comprendida entre 100-1000 búsquedas mensuales.

AUTOCOMPLETAR DE GOOGLE

Esta herramienta de Google nos es de gran utilidad. Sólo debemos introducir nuestro término en Google y dejar que nos sugiera palabras clave Long tail sobre las que podemos optimizar nuestras páginas de manera inmediata, mientras los usuarios realizan una búsqueda a través de Google, muy probablemente utilicen la función de autocompletar, realizando una búsqueda de concordancia exacta con los términos que hemos introducido. Hacer uso de estas palabras clave nos beneficiará, ya que utilizaremos las misma cadenas que han usado los usuarios, aumentando así las posibilidades de que nuestro CTR sea mayor, por lo tanto mayor número de conversiones.

KEYWORDTOOL.IO

Funciona de manera similar al autocompletar de Google, nos ofrece las long tails más buscadas por los usuarios respecto a la palabra clave que hayamos indicado y al no estar geolocalizado, Keywordtool nos puede ofrecer unos términos de búsqueda diferentes al autocompletar de Google lo ideal es tomar ideas de todas las herramientas de las que dispongamos y elegir las más adecuadas a cada proyecto.

UBBERSUGGEST

Esta popular herramienta combina las palabras clave obtenidas por el autocompletar de Google y el planificador de palabras clave de Google Adwords ofreciéndonos en una tabla una buena cantidad de términos de búsqueda aplicables a nuestra estrategia SEO.

KEYWORD SUGGESTIONS

I want to see keyword suggestions from

- ✓ Google Keyword Planner
- ✓ Google Suggest

FILTRAR RESULTADOS

Buscar palabras clave dentro de los resultados

PALABRA CLAVE	VOLUMEN DE BÚSQUEDAS	CPC	COMPETENCIA
diseño web sevilla	1000	€ 3.66	0.33
diseño grafico sevilla	590	€ 1.76	0.31
diseñadores sevillanos	480	€ 0.18	0.21
paginas web sevilla	480	€ 3.2	0.2
posicionamiento web sevilla	260	€ 5.3	0.22
seo sevilla	210	€ 1.27	0.16
sevilla web	210	€ 3.14	0.03
marketing digital sevilla	140	€ 8.62	0.69

KWfinder

Una herramienta de gran utilidad para evaluar las palabras clave escogidas y decidir si vamos a incluirlas en nuestra estrategia SEO o no. Nos ofrece información sobre el número de búsquedas obtenidas en el último año, el CPC, nivel de dificultad para el posicionamiento SEO, etc. También permite exportar la lista de palabras clave elegidas.

FASES DEL KEYWORD RESEARCH

- **Tormenta de Ideas:** Lo primero que debemos hacer es una tormenta de ideas, que no es otra cosa que realizar una lista con todas las agrupaciones de términos que a nuestro entender emplearíamos para identificar nuestra actividad, producto o servicio. Para esta fase lo ideal es establecer al menos tres listas independientes que realizarían tres perfiles distintos:

    1. **Cliente**: como especialista en su actividad, habitualmente empleará términos más técnicos relacionados con su producto o servicio.

    2. **Consultor SEO**: desde nuestro perfil, estableceremos cadenas claves que, desde nuestra experiencia en posicionamiento web y conocimiento sobre la forma en la que realizan consultas los usuarios en el buscador.

    3. **Focus group**: Cuando el presupuesto lo permita, se puede realizar una prueba/encuesta a personas que cumplan con el perfil del público objetivo al que va dirigido el sitio web.

    Para elaborar esta lista, nuestra competencia también es una fuente de información para comprobar su estrategia y los términos que están trabajando.

- **Sugerencia de palabras claves:** El planificador de palabras clave de Google Adwords cómo ya hemos visto anteriormente y herramientas como **Rank Tracker de SEO PowerSuite** también pueden ayudarte a identificar las cadenas claves que emplearán los públicos de tu proyecto SEO.

Una vez incluida nuestra lista, aconsejamos que el **tipo de concordancia** sea "exacta", para medir las cadenas tal y como las introducimos, y ordenarlas por número de **Búsquedas locales mensuales** de mayor a menor. El tipo de competencia puede ser un dato a tener en cuenta, aunque lo recomendable es establecer las prioridades de cadenas en función del tipo de conversión que puede traer.

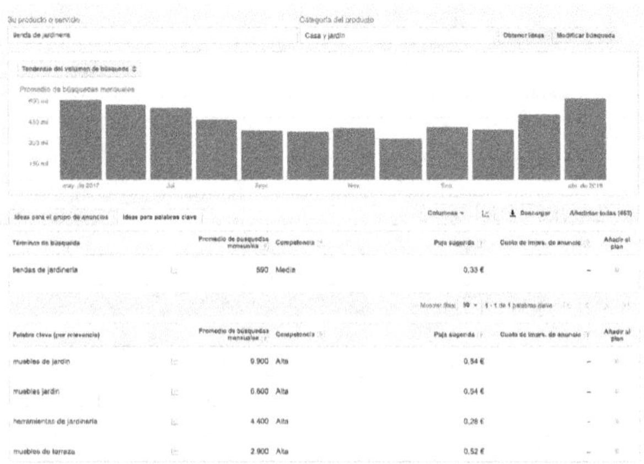

Google Keyword Planner

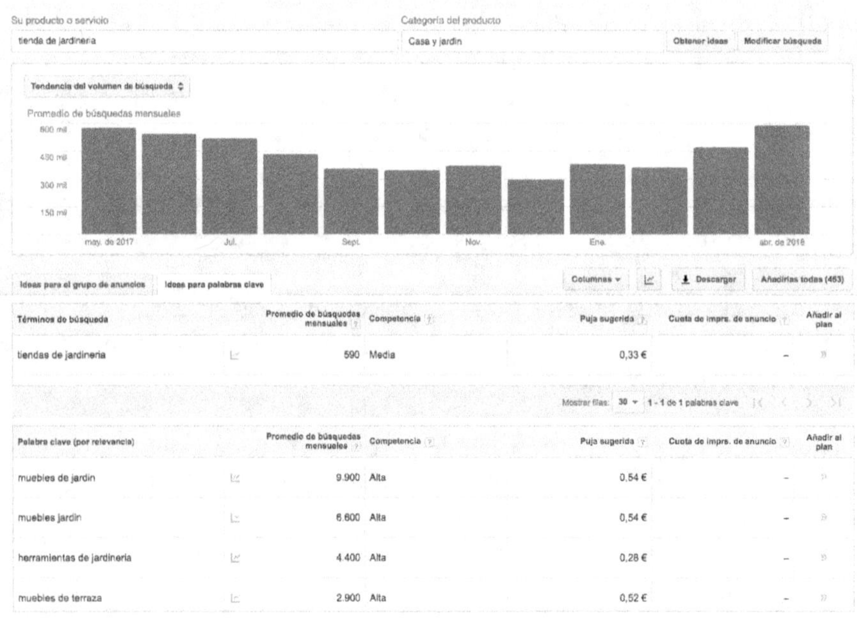

Métodos de investigación de palabras clave de Rank Tracker

3.5 MARKETING DE CONTENIDOS EN EL SEO ¿EL CONTENIDO ES EL REY?

Marketing de contenidos en el SEO ¿Qué es?

El marketing de contenidos o Content marketing es un concepto relacionado con la generación de contenidos que deben ser interesantes y útiles para los usuarios que visitan tu web, con el claro objetivo de convertirlos en clientes.

Como hemos comentado en algunos puntos de este curso, conocer a nuestra audiencia es muy importante para identificar sus necesidades y, en consecuencia, poder generar el contenido adecuado que nos permita conectar con ella.

Pero el marketing de contenidos no podemos enmarcarlo únicamente en la generación del contenido. También debemos saber distribuirlo a través de blogs, redes sociales, newsletter, guías, ebooks, vídeos, etc.

¿Qué puedes conseguir gracias al marketing de contenidos en SEO?

Con contenido de calidad, vas a conseguir grandes beneficios como los que te enumeramos a continuación:

- **Conseguirás tráfico cualificado para tu web**: El contenido original y de calidad, va a permitirte conectar de una forma directa con tus clientes en Internet.

- **Conseguirás un mejor SEO**: Una acertada generación del contenido que ofreces a tus usuarios va a tener una consecuencia directa; será compartido en diferentes sitios como: blogs, redes sociales, etc. Más enlaces para tu web, más autoridad, mejor SEO.

- **Mayor reputación para tu marca**: Compartir contenido de calidad y de interés, repercute positivamente en la imagen que se crea el usuario de tu marca.

¿EL CONTENIDO ES EL REY DEL SEO?

Llevamos muchos años escuchando y leyendo que "Content is king of SEO" (El contenido es el rey del SEO). Y todos lo creíamos. Pero no es así. El rey del SEO es el usuario. Nada de lo que hagas tendrá sentido si no consigues que una persona esté dispuesta a usarlo o consumirlo. ¿Es importante el contenido? Muchísimo. Es lo que te permite disponer de comunicación directa con tu público, el usuario.

¿Cómo crear contenido de calidad?

A veces puede resultarnos muy difícil crear contenido para un blog. Por ejemplo, cuándo debemos publicar diariamente. Hasta a la persona más creativa se le terminarían los temas a tratar. No solo debemos pensar en crear mucho contenido para cumplir con un calendario de publicaciones, si no que también debemos ofrecer un buen nivel de contenido para que nuestros usuarios se "enganchen" a ese contenido, estén dispuestos a suscribirse, compartirlo en las redes, etc.

Podemos crear mucho contenido pero si al final este no nos genera tráfico ni conversiones en la web, estamos tirando el tiempo empleado en crear tanto contenido que al fin y al cabo no lleva a ningún lado.

¿Cómo crear contenido interesante para los usuarios?

El primer paso que debemos saber para poder continuar desarrollando nuestro contenido es el tema a tratar. Podemos consultar en las comunidades o sitios de noticias cuáles son los temas más virales o influyentes del momento. Siempre relacionado con nuestro nicho de mercado (de nada nos sirve si el tema viral trata sobre muebles y tú quieres hablar sobre SEO).

Otra opción recomendable y que también nos ayudará a la hora de elegir el título, es el autocompletar de Google. Con esto, podemos introducir nuestra palabra clave acompañada de términos como: tips/consejos para "palabra clave", tendencias en "palabra clave", cómo hacer "palabra clave". Obteniendo con esto, el contenido que al usuario le resulta interesante. Luego, estas long tails podemos analizarlas con el planificador de palabras clave de Google AdWords para saber cuál es la que generará más búsquedas mensuales.

Una vez que tenemos la idea clar, ebemos investigar y buscar más información sobre nuestro tema, para poder ofrecer el mejor contenido de valor que el usuario pueda encontrar. Con esto no estamos diciendo que se copie el contenido, simplemente investigar en diferentes sitios para sacar tus propias conclusiones y mejorar el contenido que hay en la red, para que al usuario le resulte el tuyo como el más útil.

Es útil que añadas contenido visual y datos que apoyen tus estudios; que el usuario se sienta inteligente leyendo tu artículo y le generan ganas de compartirlos en las redes, para mostrarle a sus usuarios lo útil que son el contenido que lee. Esto generará más tráfico a la web desde diferentes fuentes, muy importante a los ojos de Google.

Y lo más importante optimizar el contenido para el SEO.

¿CÓMO INTEGRAR UNA ESTRATEGIA DE MARKETING DE CONTENIDOS?

Integrar una estrategia de contenidos es un aspecto importante en la fase de exploración en nuestro **funnel de venta**. En el documento de estrategia SEO, debe aparecer un módulo en el que se explique de forma detallada cómo proceder.

Te pongo un ejemplo de cómo desglosamos parte de la integración de marketing de contenidos en la estrategia SEO de un proyecto:

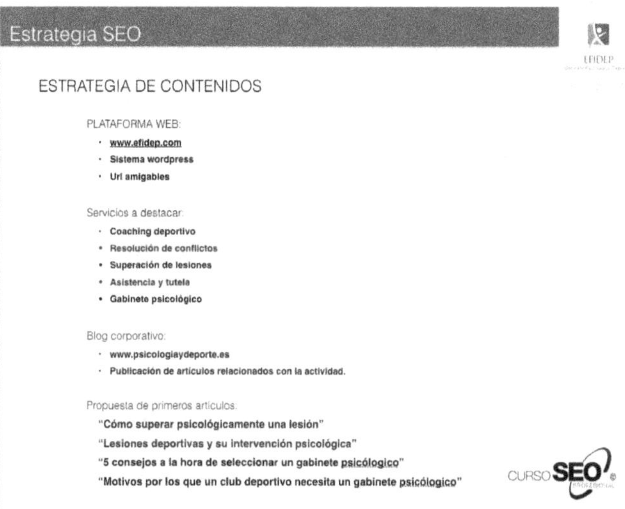

¿Por qué es tan importante el contenido en un proyecto de SEO?

El SEO basa su funcionamiento técnico en la semántica. Por ello, nuestro proyecto debe disponer de los recursos adecuados para poder trabajar correctamente a través de contenido adecuado.

- **La teoría de especialización del usuario:** Los usuarios están cada vez más capacitados para usar unos buscadores que cada vez son más avanzados y ofrecen una experiencia más "humana" en su uso.

- **"Long tail" o palabras claves de "cola larga":** Son términos que se componen una frase y que está directamente relacionado con las consultas que realizan los usuarios en la "relación humana" que tienen con el buscador. Si observas la imagen anterior, en la propuesta de artículos que realizamos en la estrategia SEO, proponemos artículos cuyo título se corresponde con este tipo de cadenas clave.

  - ¿Quién es nuestro público? Deportistas que han sufrido una lesión y psicológicamente no la superan.
  - ¿Qué buscará? Términos como "Superar psicológicamente una lesión", "Consejos para superar psicológicamente una lesión", etc.

- ¿Dónde "aterrizarám"? En nuestra página o blog, donde conseguiremos conectar con ellos y convertir.

¿Qué aspectos fundamentales intervienen en una estrategia de marketing de contenidos?

- **La creación**: ¿Por qué la creas?

- **Objetivos**: ¿Qué quieres conseguir?

- **Público**: ¿A quién va dirigida?

- **Comunicación**: ¿Cómo lo vas a transmitir? (Vídeo, texto, imagen…)

- **Medición**: ¿Cómo vas a medir los resultados?

- **Programación**: ¿Qué día?¿A qué hora?¿Con qué frecuencia?

- **Infraestructura** ¿Dónde la voy a publicar?

Estas son las principales preguntas que debes hacerte a la hora de planificar tu estrategia de marketing de contenidos.

CONTENIDO EXTRA

Video tareas estrategia SEO

Masterclass SEO es influencia

Modelo de estrategia SEO abreviada

Estrategia de marketing de contenidos

4. IMPLANTACIÓN SEO

4.1 PROCESO DE INDEXACIÓN DE UN SITIO WEB

PROCESO DE INDEXACIÓN DE UN SITIO WEB EN BUSCADORES

Cuando creas una página web o publicas un nuevo contenido en tu web existente, uno de los primeros objetivos que te debes marcar es, que Google y los demás buscadores indexen tu contenido. Pero vayamos por partes:

Indexación ¿Qué es?

El proceso de indexación es la tarea relacionada con la recogida de información que Google hace de un sitio web para almacenarlo en su base datos. Como pudiste comprobar en el capítulo de introducción **¿qué es un buscador?**, Google dispone de un robot (Googlebot) que rastrea todo el contenido de la red para almacenarlo y, posteriormente, mostrarlo en sus resultados a través de la aplicación de sus algoritmos. El proceso de indexación comprende la tarea relacionada desde la publicación del nuevo contenido, hasta que este es almacenado y mostrado en las SERPs por Google.

¿Cómo consigo que Google indexe mi página web?

Existen numerosas opciones para conseguir que Google indexe el contenido de tu página y lo muestre en sus resultados:

1. **Creando un sitemap "xml" del sitio**: El sitemap es un documento que muestra el listado de todas las páginas que componen un sitio web. Normalmente se encuentra en la raíz del dominio www. tuweb.com/sitemap.xml y es la manera con la que la mayoría de sitios web informan de todo el contenido de la página a los rastreadores de los buscadores.

2. **Enviando tu sitemap** desde la consola de Google, Google Search Console. Una vez que tengas el sitemap creado en tu página web, debes proceder creando la propiedad en GSC (Google Search Console) y enviando la URL de tu sitemap para que Google visite tu sitio. Es una forma de acelerar todo este proceso.

3. **Consiguiendo que tu página web sea enlazada** desde redes sociales o sitios web que ya han sido indexados.

4. **Enviando la URL de tu página web** directamente a los buscadores.

¿CÓMO FORZAR LA INDEXACIÓN DE UNA NUEVA PÁGINA EN LOS BUSCADORES EN MINUTOS?

A nadie le gusta esperar para que su página aparezca en Google. Así que, para acelerar el proceso, en este capítulo vamos a ver cómo conseguir que los buscadores indexen nuestra página en cuestión de minutos.

Explorar como Google

Una vez tengamos nuestra propiedad verificada en Search Console, podemos pedirle al robot de Google que pase por una URL concreta en tiempo real y la indexe instantáneamente. Esta opción de Search Console es muy útil pues no sólo indexa la página si no que nos da un informe de la información que ha extraído el Crawler. Esta opción es la más rápida.

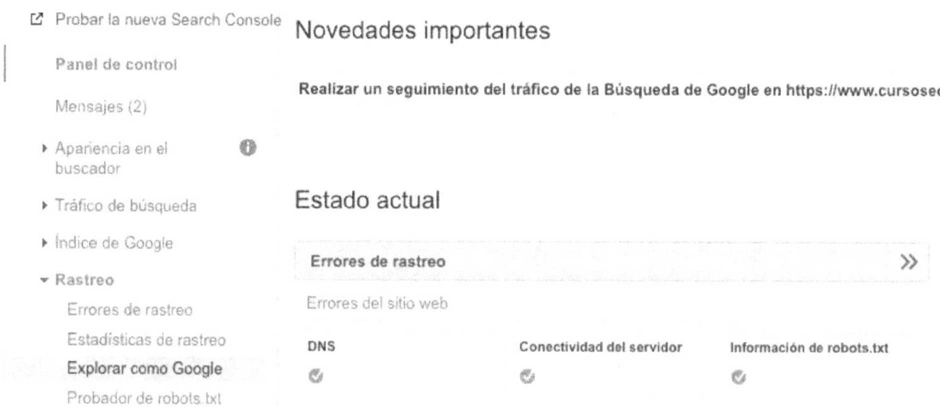

Si tienes un WordPress, lo realiza solo

Para WordPress existe una función que podemos encontrar en Ajustes/Escritura en la que listamos varios servidores de ping, al publicar un nuevo contenido, WordPress envía la URL a todos esos servidores, los cuales automáticamente se encargan de enviarlos a los diferentes buscadores para que inicien el proceso de indexación.

Enviar la URL a Google

También podemos enviar la URL a Google a través de este link, aunque se parece, esta opción no es la misma que "Explorar como Google", puesto que para realizar este último necesitamos identificarnos como propietario de la web en Search Console y enviando la URL desde este link no.

Usando servicios de Ping

Puedes usar servicios específicos de ping para enviar tu URL a los buscadores tales como: Pingomatic o Pingler así como la extensión de Chrome Mass Fast Pinger.

Conclusión

Podemos ver que existe más de un modo de mandar una URL a los buscadores para que la indexen. La lógica nos dice que enviarlo por Search Console hará que se indexe en menos tiempo puesto que Google nos identifica como propietarios de la web y la solicitud es única.

Si, en cambio, lo enviamos a Google sin ser propietarios de la web, tardará más tiempo en indexarla. Del mismo modo si usamos un servicio de Ping que envía varios miles de solicitudes al día, esto será menos relevante para los buscadores.

Si la solicitud es enviada por los servidores de Ping que tienen cada uno de los WordPress (pues viene preinstalado), probablemente pueda tomarse incluso varias horas en ser procesado pero igualmente nos es de gran utilidad a los Webmasters, ya que automatiza procesos; permitiéndonos usar ese tiempo en otros asuntos.

4.2 PROBLEMAS DE INDEXACIÓN EN SEO

PROBLEMAS COMUNES DE INDEXACIÓN

Es realmente doloroso comprobar cómo una página que tienes posicionada con alta visibilidad en el buscador, desaparece de repente. En este tema, vamos a ver los casos comunes de problemas de indexación del contenido, para identificar aquellos motivos por los que nuestra página no se muestra en la **SERP** del buscador.

Configuración del archivo Robots.txt.

El archivo Robots.txt nos ayuda a indicarle a los rastreadores que visitan nuestro sitio, aquellas páginas a las que pueden y no pueden acceder, qué contenido indexar y cuál no. Deberías asegurarte de que tu archivo robots.txt está bien configurado para evitar que los buscadores eliminen contenido esencial de tu página en los resultados.

Desde la consola de Google, puedes comprobar el contenido bloqueado por Google a través de la versión del archivo robots.txt que está cargando.

Configuración del servidor (.htaccess)

La mayoría de servidores de alojamiento, usan la tecnología Linux y manejan desde Apache las redirecciones y reescrituras de las URL dinámicas. Debes asegurarte de que tu servidor está bien configurado y no incluye redirecciones con varios saltos (de una a otra URL), redirecciones de páginas que queremos mantener, etc.

Tu contenido ha sido baneado o eliminado por Spam

Directamente relacionado con el punto 8 de este tema. Google bloquea el contenido de páginas web que hacen spam. Puedes hacer spam sin tener conocimiento de ello si tu página web ha sido hackeada.

La URL no se encuentra (error 404)

Este es un problema habitual en sitios web que son migrados de un servidor a otro, o bien cuando se publica una nueva página web que no mantiene la misma nomenclatura de las URL que lo contienen. La consola de Google te ayudará a identificar las URL no encontradas para darle solución.

Carga de la Página

Vamos a hablar de este asunto en reiteradas ocasiones. La carga de la página es un factor fundamental a la hora de indexar el contenido y, en consecuencia, el posicionamiento SEO de la página.

Tiempo medio de carga de la página (s)	Tiempo medio de redirección (s)	Tiempo medio de búsqueda de dominio (s)	Tiempo medio de conexión de servidor (es)	Tiempo medio de respuesta de servidor (es)	Tiempo medio de descarga de la página (s)
4,05	0,27	0,04	0,11	0,76	0,15

Tiempos de cargas que se recogen en los informes de Google Analytics

Rel=Canonical mal configurada

La etiqueta "rel=canonical" te ayuda a marcar el contenido original de tu sitio web. En ocasiones, al usar CMS como WordPress y plugins como Yoast SEO, puedes configurar por error como canonical una url que no lo es, la consecuencia es que la página original es eliminada.

Contenido irrelevante

La calidad marca la pauta. Es el comienzo de todo. Si publicas contenido irrelevante o duplicado en tu web, es probable que no sea indexado.

Tu web ha sido hackeada

Este va a ser el más común de los problemas de indexación. Sobre todo si usas un CMS y no lo tienes actualizado. Los hackers elaboran scripts para acceder a tu sitio web, cambiar tu archivo .htaccess, robots.txt, etc. con el objetivo de perjudicar tu sitio web, incluso obtener beneficios por ello.

- **Caso real del hackeo de una web**

A veces, el hackeo de una web puede tardar en percibirse si este no se ve reflejado en la parte pública.

Si un sitio web no ha sido penalizado manualmente, el único indicador que te hará saber de su castigo, será la invisibilidad total del mismo (aparece más allá de la quinta página de las SERP).

Este fue el caso de uno de nuestros clientes de SEO, nos contrató para realizar **un nuevo diseño web y llevar a cabo una estrategia seo**. Una vez creada la nueva web y optimizada según la estrategia SEO (llevando a cabo la optimización On-Page y Off-Page), comprobamos cómo iban transcurriendo las semanas y la página no aparecía en los resultados de búsquedas. Sin penalización aparente, una web totalmente "saneada" en código. El motivo no nos lo imaginábamos, pero más tarde descubrimos que nos encontrábamos frente a una acción manual y una penalización algorítmica por parte de **GOOGLE PENGUIN**, existiendo incluso la posibilidad de haber sido penalizados por **PANDA**. Hasta que detectamos esto, se convirtieron en las semanas más amargas para la labor del SEO.

Esto fue más difícil de detectar, debido a que la web se realizó nueva en otro CMS diferente. Anteriormente usaban Joomla! y en la agencia creamos su nueva web con WordPress. Por lo que nada de lo anterior debía afectar al sitio web nuevo. Pero el sitio web ya venía con las penalizaciones aplicadas cosa que desconocíamos. Además, existía una copia de la web antigua en un dominio diferente.

¿Cómo detectar una penalización?

En ocasiones, es muy fácil detectar una penalización, pero esto dependerá del tipo de penalización que haya recibido tu sitio web.

En el caso de nuestro cliente, fue un poco más difícil, ya que tenía varias penalizaciones. Dos de ellas algorítmicas, que son las más difíciles de detectar, ya que Google no muestra notificación alguna sobre esto. Las penalizaciones algorítmicas aunque son las más difíciles de detectar no son muy difíciles de solventar. Lo veremos en el capítulo 8, que está dedicado completamente a las PENALIZACIONES.

Las acciones manuales son más fáciles de detectar, ya que Google si notifica a través de Google Search Console, que se ha procedido a la eliminación de la página de los resultados de búsquedas de Google basada en la DCMA. Por eso es tan importante tener bien configurados los mensajes y notificaciones de nuestra cuenta de Webmasters de Google de todas las propiedades (con y sin www y con y sin SSL).

Posiciones en los resultados

En nuestro caso, la **primera alarma** fue que el sitio web, después de dos meses de trabajo de SEO, no había conseguido entrar entre los primeros 50 resultados.

Entonces empezamos a analizar exhaustivamente los datos recogidos en Analytics, donde nos encontramos que la mayoría de los usuarios que visitaban el sitio, no era el público objetivo al que el sitio web se dirigía; si no tráfico de Rusia, Irlanda, China, etc. Tráfico que a todo profesional SEO pone en alerta (si el sitio web no tiene esos usuarios como público objetivo).

La segunda alerta y clara prueba de que algo no estaba yendo bien, la encontramos también en Analytics cuando entre las páginas que se visitaban del sitio, aparecían URLs que realmente no existían en el sitio web. Todas las URLs empezaban por la misma estructura: /?option=com_k2&view=itemlist&task=..../ y se redirigían a la home del sitio.

Estos enlaces son de un plugin de Joomla que se vuelve muy vulnerable si no se mantiene actualizado, por lo que los hackers aprovecharon el agujero de seguridad para inyectar código y crear páginas autogeneradas que incluían palabras como "viagra", "download Song…" etc.. Además estas páginas fueron procesadas e indexadas por Google. Esto lo podemos comprobar introduciendo en el buscador el comando **"site:nuestrodominio.com"** a través del cual se nos mostrará en los resultados de búsqueda solo el contenido procesado por el buscador que pertenezca a nuestro dominio.

En el departamento de SEO no pudimos detectar nada de esto, ya que procedimos a migrar la web a WordPress conforme estuvo en nuestras manos, además, la notificación de penalización de Google Search Console fué mostrada antes de tener nosotros acceso a la propiedad en la misma haciendo que comenzásemos a realizar SEO en una web penalizada y por lo tanto malgastando recursos y tiempo sin ver resultados, en vez de emplearlo en enmendar dichas penalizaciones.

En Google Search Console si encontramos otra clara prueba del motivo por el que el posicionamiento SEO no mejoraba: enlaces entrantes de diferentes países, todos de una calidad bastante mala. Y en el apartado de acciones manuales, encontramos la notificación de una acción manual.

Otras de las penalizaciones que sufría el sitio, era una penalización algorítmica por parte de Panda, ya que los enlaces como hemos comentado antes contenían palabras tabú para Google, y por si eso fuera poco, a través de los enlaces entrantes descubrimos que en otro de los dominios que pertenecía al cliente, había una copia exacta de la web antigua (contenido muy similar, prácticamente duplicado).

Cómo recuperar el SEO después de que tu web haya sido hackeada
Una vez detectado todos los problemas, nos ponemos manos a la obra para solucionarlo. En el caso del sitio web de nuestro cliente, debíamos llevar a cabo las siguientes tareas:

* **1.Acción manual**

Presentar una contra-notificación basada en la DMCA demostrando que el sitio web no incumplía los derechos de autor de otros usuarios.

Esta acción debe ser revisada y aprobada por un trabajador de Google, por lo que tienen unos plazos un poco más lentos de respuesta. Además hay que tener en cuenta que esto no significa que la página aparezca en las SERPs nuevamente, debemos esperar a que Google rastree y califique el sitio de nuevo. Ya hemos visto en capítulos anteriores cómo FORZAR LA INDEXACIÓN DE UN SITIO.

* **2.Desautorización enlaces entrantes**

Con SEO SpyGlass podemos detectar todos los enlaces entrantes que tiene nuestro sitio web. En esta misma aplicación podemos crear una lista negra con los enlaces entrantes de mala calidad que estén afectando a la autoridad de nuestro sitio. Esta lista podemos exportarla y mandarla a Google a través de la **Herramienta de desautorización de enlaces**, para que estos enlaces no perjudiquen al sitio web.

Antes, podemos intentar contactar con el autor del sitio web, para que este retire nuestro enlace de su sitio, a veces el propio dueño del sitio desconoce que esto haya sucedido, otras veces es imposible contactar con el sitio, por lo que se acude a la herramienta para que estos enlaces sean ignorados.

- **3.Eliminación de URLs**

En este caso como se generaron los enlaces que vimos más arriba, había que proceder a eliminar dichas URLs de las SERPs. Para conocer todos los enlaces que Google ha rastreado, en la caja de búqueda de Google ejecutamos el comando site:dominio.com y nos mostrará todas las URLs del sitio web que estemos analizando, que Google haya rastreado e indexado.

Con la herramienta de eliminación de URLs de Google Search Console, vamos eliminando las URLs encontradas que no deban aparecer en los resultados de búsquedas. Es importante saber que la eliminación de las URLs tienen un periodo de duración de 90 días, a los 90 días esta eliminación caduca y si Google la vuelve a detectar y a rastrear, la volverá a incluir en los índices.

Para evitar que Google vuelva a rastrear dichas URLs, estas deben devolver un error 410. Un error 410 es un código de estado que indica que esa página ha sido eliminada y no volverá a existir, por lo que le indica a Google que no debe volver a rastrearla.

- **4.Forzado de indexación del sitio**

Una vez eliminados todos los enlaces entrantes y URLs de las SERPs, debemos volver a forzar la indexación de Google para así acelerar el proceso de rastreo y calificación.

Un final feliz

Poco a poco con todas las tareas anteriores realizadas pudimos conseguir que nuestro sitio web alcanzara la segunda posición por su principal palabra clave en los resultados de búsqueda. Debemos saber que recuperarse de una, o como en nuestro caso, varias penalizaciones, lleva un largo periodo de tiempo y volver a un estado de posicionamiento SEO normal puede costar incluso meses.

Cómo habrás podido comprobar, tener un sitio desactualizado puede acarrear consecuencias desastrosas al posicionamiento de un sitio web, por lo que debemos tomar todas las medidas de seguridad necesarias.

4.3 SITEMAPS & SEO

¿Qué es un Sitemap?

Hasta hace poco tiempo, un Sitemap o Mapa del sitio era un apartado que había en un gran número de páginas web desde el que se podía ver y acceder casi a cualquier apartado de la página que estábamos visitando. Era como un directorio que incluye acceso a todos los apartados de la web.

Hoy el sitemap fundamentalmente es un archivo .xml que contiene todas las url que componen el sitio web. Aunque aún se suelen incluir en la zona inferior de las páginas web.

¿Por qué debemos crear un sitemap?

Los sitemaps se generan con el objetivo de ofrecer a los robots de los motores de búsqueda, como por ejemplo el robot de Google, todas las direcciones URL del sitio web; para que puedan proceder a la indexación o rastreo de todo el contenido de la página web en cuestión.

El sitemap de un sitio web se crea a través de un archivo "XML" que incluye todas las URL´s del sitio. Normalmente se suele ubicar en la raíz del dominio de esta manera *www.tudominio.com/sitemap.xml.*

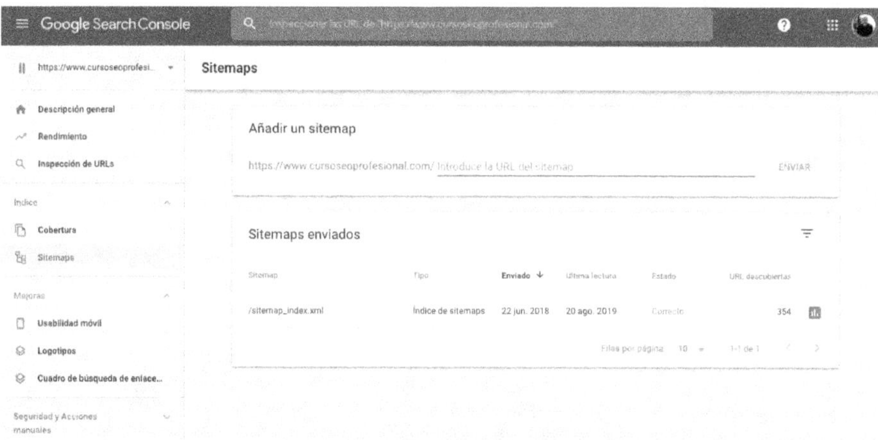

Cuando das de alta tu sitio web en la consola de Google, puedes enviar tu sitemap.

¿Cómo podemos generar un Sitemap de nuestro sitio?

El sitemap.xml sigue una estructura estándar, para informar de una forma clara a los robots cuál es la estructura y jerarquía del sitio web. Se puede crear el sitemap de forma manual, si tu web tiene pocos apartados, pero lo óptimo es que consigas que su generación se haga de forma automática.

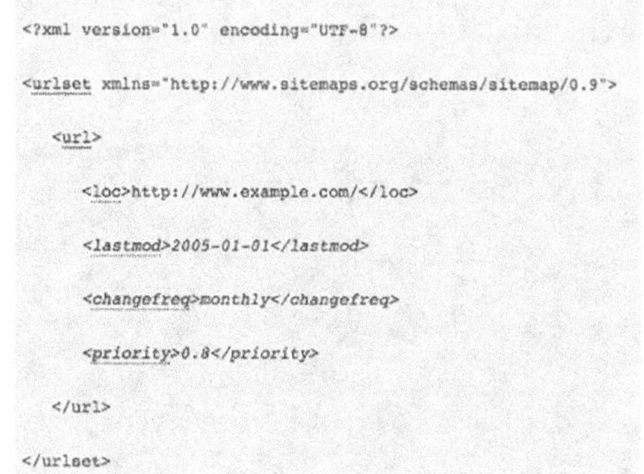

```xml
<?xml version="1.0" encoding="UTF-8"?>

<urlset xmlns="http://www.sitemaps.org/schemas/sitemap/0.9">

    <url>

        <loc>http://www.example.com/</loc>

        <lastmod>2005-01-01</lastmod>

        <changefreq>monthly</changefreq>

        <priority>0.8</priority>

    </url>

</urlset>
```

Ejemplo de estructura XML de Sitemap. Fuente: www.sitemaps.org

1. **Si usas un CMS como WordPress**, tienes el plugin por excelencia SEO: Yoast SEO, que generará y enviará tu sitemap diariamente una vez que lo configures (muy fácil de usar).

2. **A través de una herramienta on/offline:** Existen bastantes herramientas para la generación de Sitemaps. Nosotros te recomendamos **Website Auditor** *www.seopowersuite.es*

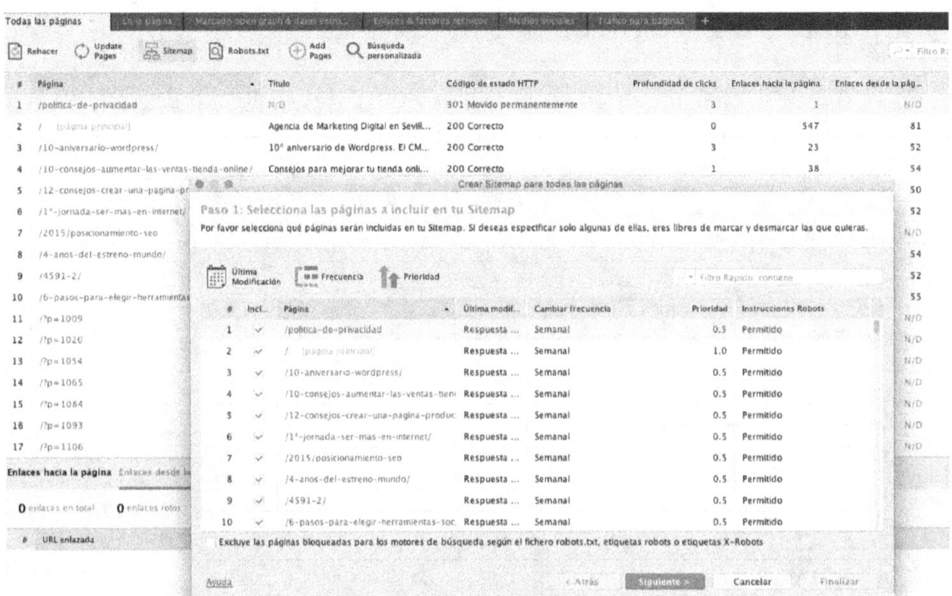

Captura de la aplicación WebSite Auditor de SEO PowerSuite

Puedes considerar el sitemap de tu sitio web como el mensajero que está enviando continuamente el contenido que generas a Google. Acelerarás la visibilidad de cada artículo del blog, cada noticia, gracias al sitemap.

¿Cómo crear un Sitemap online?

Si nuestra web tiene menos de 500 URLs podemos generar nuestro Sitemap de manera automática con esta herramienta online llamada XML Sitemaps.

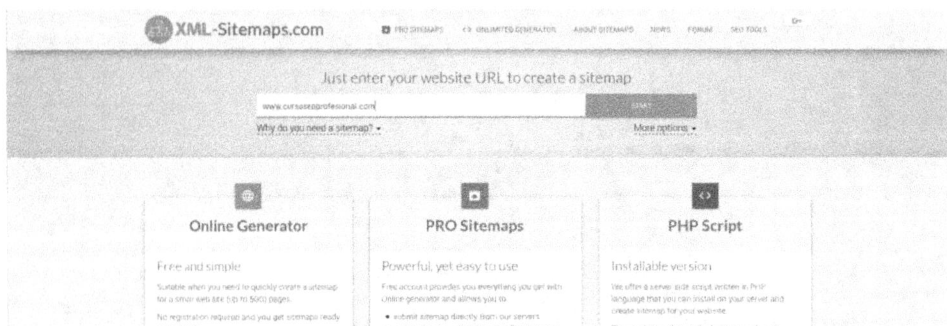

Sólo es necesario introducir el dominio, hacer clic en "Start" y dejar que procese nuestra web. Una vez hecho esto, tendremos nuestro Sitemap descargable que podremos **subir mediante FTP**. Debemos tener en cuenta que cada vez que actualicemos contenidos sería conveniente **actualizar el Sitemap**. Por estos motivos recomendamos siempre el uso de CMS como WordPress, por la facilidad que te ofrece para enviar el Sitemap a Google.

CÓMO SOLUCIONAR PROBLEMAS DE INDEXACIÓN DESDE SEARCH CONSOLE

Cuando se envía un Sitemap a Google a través de Google Search Console, éste toma un tiempo en indexar y procesar todas las páginas pero a veces hay páginas que no se indexan.

Esto puede deberse a diferentes tipos de errores. Desde Google Search Console podemos ver qué páginas están dando problemas a la hora de indexarse y cuál es ese problema.

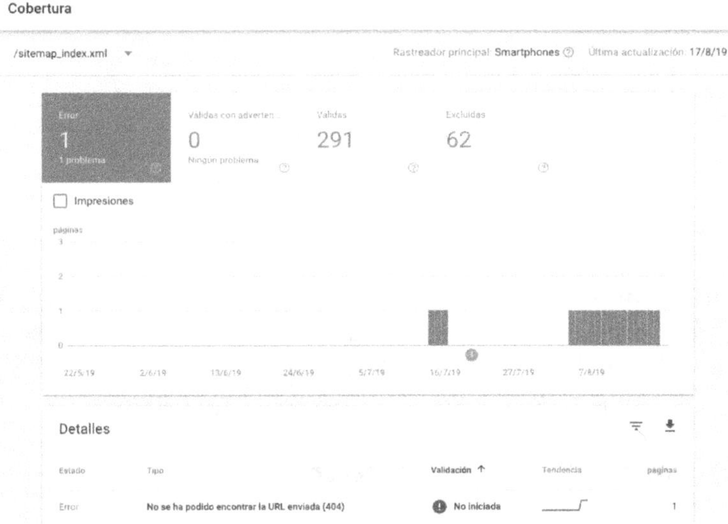

Primero, debemos dirigirnos a la sección de sitemaps y allí nos mostrarán si existe algún error al rastrear alguna de las URLs que el Sitemap incluye, y cuál es ese error.

Errores de indexación

Podemos tener varios tipos de errores:

- ### *Error 404*

  Si nuestro sitemap es estático, es posible que alguna página se haya cambiado de URL o modificado. Debemos actualizarlo mediante FTP y enviarlo a Google de nuevo.

- ***Error 502***

El servidor tuvo una caída temporal al momento de pasar la araña de Google. No debemos darle mayor importancia.

- ***Una URL tiene la etiqueta Noindex***

Google Search Console detecta que hay un problema de cobertura del índice de tu sitio web y te indica que debes revisar y solucionar este problema. Es decir, nos indica que estamos enviándole a Google, a través de nuestro sitemap, urls para revisar al mismo tiempo que le decimos que no las indexe.

- ***Una URL está bloqueada por robots.txt***

Ante estos errores, debemos revisar si queremos indexar esa página o no, y entonces permitir el acceso/indexación de la URL o eliminarla del Sitemap.

Páginas excluidas

Sin embargo, a pesar de no existir error, es posible que Google excluya algunas páginas, esto puede deberse a varios motivos que vamos a tratar a continuación:

- ***Anomalía en el rastreo***

Sucede cuando se ha producido un error que no se puede identificar al rastrear la URL, eso puede darse porque el robot ha obtenido un error 4xx o un error 5xx. Para conocer más acerca del motivo por el que no se ha podido indexar la URL, podemos hacer uso de la herramienta "explorar como Google", en la que se nos indicará cuál es el motivo por el que la URL no se está indexando.

- ***La URL enviada no se ha seleccionado como canónica***

Esto hace referencia a cuando la URL forma parte de un grupo de URLs con contenido duplicado en el que no se ha especificado cuál es la URL canónica. Lo podemos solucionar marcando la URL correspondiente con una etiqueta canonical.

- ***Página alternativa con etiqueta canónica adecuada***

Sucede cuando la página tiene contenido duplicado de una página que Google ya ha detectado como canónica y esta está marcada correctamente, por lo que ante esto no debemos hacer nada ya que sería lo correcto.

- ***Google eligió una página canónica diferente al usuario***

Cuando en un grupo o conjunto de URLs con contenido duplicado hemos marcado una URL que Google detecta como duplicada, la URL que hemos marcado, no la indexa eligiendo en su lugar la URL que Google considera original según sus directrices.

Para averiguar cual es la URL que Google ha marcado como canónica debemos hacer clic en la URL y elegir "ver como resultado de búsqueda" esto nos llevará al buscador de Google con una consulta ejecutada: "info:https://www.midominio.com/url-seleccionada/" que nos mostrará como resultado la URL que se ha seleccionado como canónica.

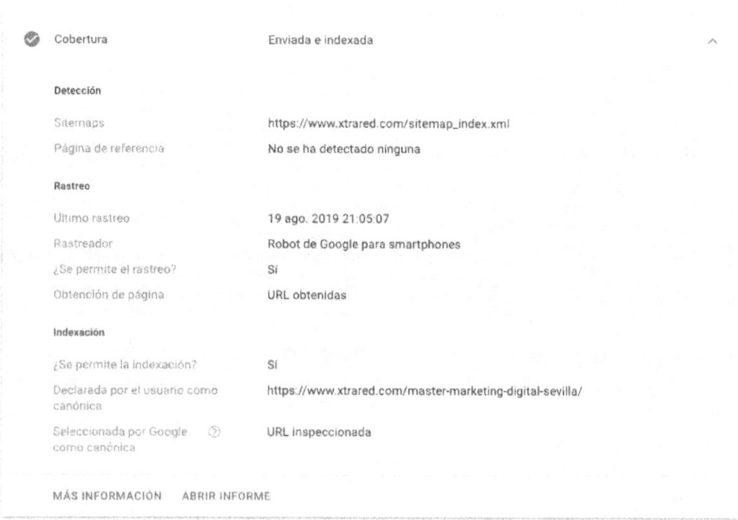

- ### *Página con redirección*

La URL que hemos enviado es una redirección hacia otra URL por lo que dicha página no se incluye en el índice.

- ### *Rastreada: actualmente sin indexar*

Quiere decir que Google ha encontrado y rastreado la URL pero aún no la ha incluido en el índice. No hay ningún problema por esto ya que Google la incluirá sin necesidad de volver a solicitarle el rastreo de la URL.

- ### *Descubierta: actualmente sin indexar*

Google ha encontrado la página pero a diferencia de la exclusión citada arriba, este no ha rastreado la página. Puede deberse a una sobrecarga del sitio web. Por lo tanto Google reprograma el rastreo de la página.

- ### *Se ha retirado la página por una reclamación legal*

Eso se debe a que la página se ha quitado de los índices de Google debido a una reclamación legal que se ha realizado a dicha página.

- ***Se ha puesto en cola para realizar su rastreo***

La página que recoge este resultado en el sitemap está pendiente de ser rastreada por los robots de Google. En pocos días vuelve a consultar el sitemaps y la página para comprobar si ya se ha llevado a cabo el rastreo de dicha página.

4.4 ROBOTS.TXT

Los buscadores quieren indexar toda la información posible de los sitios web que visitan. Por ello, cuando llegan a tu página, lo intentan rastrear todo.

Esto puede suponer un problema. Por ejemplo, cuando tu página está en producción y no quieres que aún se muestre en buscadores. Para poder controlar esto tenemos dos opciones:

1. Una etiqueta que incluimos en la cabecera del código HTML de nuestra página: la etiqueta META Robots.
2. El archivo Robots.txt.

Archivo Robots.txt ¿Qué es?

El archivo Robots.txt es un archivo de texto que se encuentra en la raíz de un dominio y sirve para indicar a los robots de los buscadores qué zonas deseas que puedan rastrear y cuáles no.

Al igual que sucede con el archivo sitemap, el archivo robots.txt sigue un estándar para que los buscadores puedan interpretar a qué zonas o archivos de la página pueden acceder.

¿Para qué sirve el archivo Robots.txt?

Como hemos indicado anteriormente, el archivo Robots.txt se usa para controlar el tráfico de rastreo. Gracias a ello conseguiremos:

- Que los rastreadores de los buscadores no sobrecarguen el servidor de nuestra web.
- Evitar que Google y otros buscadores muestren resultados de tu página que no desees mostrar en las SERPs

¿Cómo se crea un archivo Robots.txt?

Existe amplia información en Internet sobre este tema. Tienes documentación muy completa en esta página de Google (*https://support.google.com/webmasters/answer/6062596?hl=es&ref_topic=6061961*).

Si usas WordPress, automáticamente al instalarlo te genera el archivo que se ubica en *www.tudominio.com/robots.txt*

Crea tu archivo Robots.txt con Website Auditor

Con la magnífica herramienta Website Auditor de SEO Power Suite, puedes crear tus archivos Robots. txt sin problema alguno, a través de un asistente en cuestión de segundos.

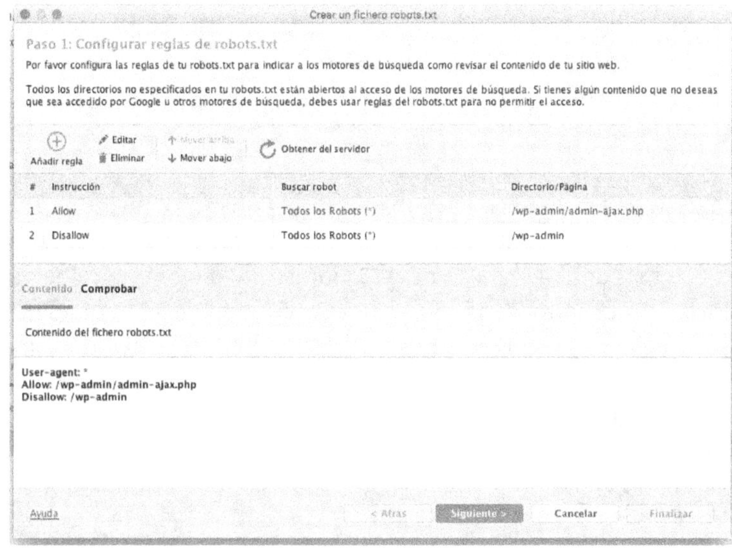

Formulario para agregar reglas de tu archivo robots.txt con WebSite Auditor

Más información sobre Robots.txt:
Guía Robots.txt de Google para webmasters:
https://support.google.com/webmasters/answer/6062608?hl=es
http://www.robotstxt.org/

Archivos robots.txt según el CMS

A continuación te facilitamos un archivo robots.txt según el CMS que use tu web, con la configuración óptima que el robots.txt debe tener para impulsar el SEO de tu sitio web. Esto ayudará a que el robot no pierda el tiempo en rastrear página del sitio web que no son relevantes, así conseguiremos optimizar el tiempo que el robot pasa en nuestro sitio, consiguiendo que éste se concentre en rastrear un mayor número de veces y más tiempo las páginas importantes de la web.

Robots.txt para WordPress (*https://www.cursoseoprofesional.com/wp-content/uploads/2017/08/robots.txt*)

Robots.txt para Prestashop (*https://www.cursoseoprofesional.com/wp-content/uploads/2018/06/robots.txt*)

4.5 VELOCIDAD DE CARGA Y COMPRESIÓN

VELOCIDAD DE CARGA EN SEO

Una rápida respuesta de carga es determinante para el buen posicionamiento de un sitio web. Como ya sabes, Google busca siempre ofrecerle los resultados de mejor calidad a sus usuarios, esto incluye contenido actualizado y de calidad, pero también otros factores como el que vamos a tratar en este capítulo, la velocidad de carga.

Que la velocidad de tu sitio web sea buena determinará que el usuario se quede en tu sitio o en cambio con una velocidad lenta lo abandone. Según los estudios que Google ha publicado, el uso del móvil para acceder a internet supera en más del 50% al uso del PC, por lo que mejorar la velocidad de carga aún se hace más vital si quieres que los usuarios visiten tu sitio y sobre todo decidan quedarse en él por la fluidez que ofrece la navegación. Y es que si el usuario que decide hacer clic en tu enlace mostrado en las SERPs obtiene una interminable carga de la web hará que vuelva atrás antes de siquiera ver el contenido que le ofrecías y que elija otro sitio web que Google le ha mostrado en sus resultados. La consecuencia de todo esto es que obtienes una elevada tasa de rebote y una disminución del CTR, poniendo en peligro la posición que habías conseguido.

Además unos de los factores que los robots analizan desde que se lanzó la actualización de algoritmo **Mobile-first**, es el tiempo de respuesta que ofrece el sitio web.

¿Cómo mejorar la velocidad de carga?

Una rápida velocidad de carga depende de varios factores:

- *Servidor / Alojamiento Web*

  Elegir un buen servidor es primordial para que la velocidad de tu sitio no se vea perjudicada. A día de hoy existe un amplío abanico de opciones a elegir pero debemos tener en cuenta aspectos como si el servidor está preparado para el SEO, donde está ubicado, o si está especializado para el CMS que tú usas. Por ejemplo si usas WordPress, un hosting que ofrezca planes para WordPress con herramientas exclusivas para un rápido desarrollo y una fácil gestión, configuración de la caché… Son aspectos destacables a la hora de decantarse por una de las opciones.

  Este punto sería fundamental para reducir el tiempo de respuesta del servidor. Si habéis realizado un test con la herramienta **PageSpeed Insights de Google** puede que en ocasiones una de las sugerencias de optimización que la herramienta os muestra sea "Reducir el tiempo de respuesta del servidor" que podremos mejorar teniendo un buen servidor entre otros aspectos que vamos a seguir tratando a lo largo del capítulo.

- ***Compresión GZIP***

Otro aspecto vinculado al servidor, es la compresión GZIP, un servicio que facilita el servidor. Con la compresión GZIP lo que se consigue es reducir el tamaño de las respuestas a solicitudes HTTP, disminuyendo a su vez el tiempo de descarga del rescurso que corresponda, y reduciendo también el tiempo de renderizado de las páginas que se cargan por primera vez. La compresión GZIP también puede habilitarse a través del htaccess de nuestro sitio pero antes debemos asegurarnos que nuestro servidor sea compatible con esto.

- ***Caché***

Antes que nada, debemos saber qué es la caché, cómo funciona y qué tipos de caché hay.

¿Qué es la caché?

La caché es un espacio (memoria) que almacena documentos web como páginas, imágenes, logotipos, etc. para reducir la carga de los servidores, las peticiones realizadas y el tiempo de descarga de dicha página y renderizado.

¿Cómo funciona la caché?

La primera vez que un usuario visita una página web, en la caché se crean copias de parte del contenido que hay en la página que no serán modificadas con frecuencia. Esto pueden ser: imágenes, logos, hojas de estilos (CSS), etc. Cuando ese mismo usuario vuelve a visitar el sitio web, es decir, es un usuario recurrente. La caché le sirve las copias anteriormente guardadas para que la carga de la página sea más rápida, mejorando con esto también la experiencia de usuario. Pero para que esto pase, y el navegador guarde archivos en caché, debemos configurarlo previamente en nuestro sitio web, para darle la orden al navegador de hacer una copia de los archivos.

La caché tiene un periodo de duración, que podemos elegir nosotros. Dependiendo del archivo, y la fecha de caducidad seleccionada, dichos archivos serán actualizados, creando nuevas copias de archivos en caché. Por ejemplo: especificamos en la caché que la copia del logo de un sitio web debe durar 12 semanas. Por lo que al pasar ese tiempo si volvemos a acceder al sitio, la caché creará una copia nueva del logo, para servirla en futuras sesiones.

Tipos de caché

- *Caché del servidor:* Como su nombre indica, esta caché se encuentra en el servidor. Sirve para que, cuando se hagan peticiones HTTP al entrar en una web, el servidor sirva la copia que tiene en caché, haciendo este proceso mucho más rápido.
- *Caché del navegador:* En este caso es el navegador quien guarda una copia de parte de la página para mostrarla al usuario cuando éste visite la web.

Ambos tipos de caché son complementarias y han de configurarse las dos para obtener mejor velocidad de carga.

Para configurar la caché debemos contactar por un lado con el servidor, en caso de que no estuviese ya en funcionamiento. Es algo que por defecto los servidores tienen configurado.

Por otro lado, mediante algún plugin, módulo o con la inserción de código directamente en htaccess podemos configurar la caché del navegador, eligiendo el tiempo de caducidad que sea conveniente en cada caso.

Nota: sólo se podrá configurar y establecer la caché para recursos internos de la web. No es posible configurar la cache de recursos de dominios externos como Google Analytics por ejemplo, un caso muy común.

- **Optimización de imágenes**

Subir a un sitio web imágenes sin optimizar repercute en el tiempo que necesita la web para ser mostrada. Esto se debe a que si se suben a un sitio imágenes con un gran peso que no han sido preparadas para web, en cuanto a tamaño y resolución, se estará cargando información innecesaria que dará como resultado más tiempo en procesar dicho sitio. Se recomienda subir imágenes con el tamaño al que se vayan a mostrar y no dejar que sea el archivo CSS el que escale la imagen al tamaño que corresponde. También se debe realizar una compresión sin pérdidas, que respetará la calidad del archivo, pero reduciendo su resolución y con ello su peso.

Esto podrá hacerse con cualquier programa de edición, incluso existen plugins y módulos que realizan dichas optimizaciones en imágenes que ya han sido previamente subidas al sitio.

- **Minificación de JavaScript, CSS y HTML**

¿Qué es la minificación de JavaScript, CSS o HTML?
La minificación de un código como JavaScript, CSS o HTML es la optimización del código, cuando se reduce el archivo quitando espacios en blanco, saltos de líneas, comentarios, etc. Con esto se consigue reducir el peso del archivo y como resultado se obtiene una velocidad de carga más rápida.

Para los programadores y desarrolladores es muy útil en cuanto a organización estructurar el archivo con saltos de líneas, comentarios o espacios, para tener una mayor claridad en el trabajo que están realizando, pero para los robots como el de Google, dicha jerarquización del contenido no le es de utilidad, y lo que va a analizar es que la carga de estos sea rápida. Esto se consigue minificando los códigos. También existen herramientas online y plugins que realizan dicha tarea.

- **CDN**

¿Qué es una CDN?
CDN por sus siglas en inglés Content Delivery Network, es un conjunto de servidores distribuidos en diferentes lugares, que tiene como función entregar de una forma más rápida y eficiente el sitio web a los usuarios. Por ejemplo: Si tu sitio web está alojado en Francia y tienes activo el servicio de CDN, al usuario que visite la web desde Nueva York, la CDN le servirá tu sitio desde un servidor de Nueva York o desde el servidor más próximo a la ubicación en la que se encuentre el usuario.

Ventajas de la CDN

Al servir el contenido de un sitio web desde el servidor más cercano al usuario, hace que la velocidad de carga que presenta el sitio sea mucho menor. Por lo tanto la usabilidad y la experiencia de usuario será mucho más positiva, consiguiendo con esto mejorar el SEO de la web.

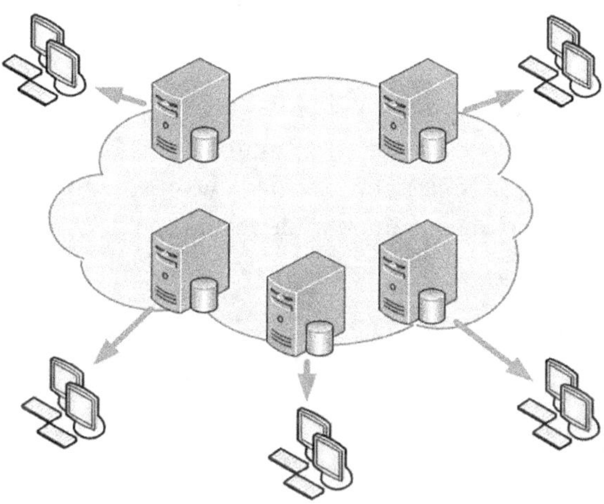

Otros aspectos a tener en cuenta

Hay ciertas cuestiones que se deben tener en cuenta a la hora de mejorar la velocidad de carga de un sitio web que son las siguientes:

- Elegir la plantilla adecuada: Ciertas plantillas cargan y añaden mucho código innecesario que hacen más lenta la carga de una web.
- Diseños recargados: Al igual que en las plantillas, un diseño recargado de un sitio conlleva a una lenta velocidad de carga.
- Número excesivo de plugins: Se debe evitar por todos los medios usar innumerables plugins en un sitio web. Esto carga el sitio web con código no optimizado que afecta a la velocidad. Es recomendable usar el menor número de plugins posibles. El uso de plugins puede sustituirse directamente por la inserción de código en el sitio web. Por ejemplo, si tenemos configurado en nuestro sitio un plugin de Google Analytics, que puede incluir otras funciones que no estemos usando, es mejor integrar el código que nos facilita Analytics en nuestra cabecera del sitio. Así evitaremos la inclusión de código innecesario. Otro aspecto a tener en cuenta es eliminar todos los plugins que no usemos y que tengamos desactivados.
- Mantener las actualizaciones al día: Tener tu sitio web actualizado al completo, además de ayudarte a proteger y mejorar la seguridad de tu web, también mejora la velocidad de carga. Ya que dichas actualizaciones se realizarán para corregir posibles errores que pudiesen ralentizar el sitio, añadir más código del necesario, etc.
- Borrar el contenido demo o de prueba: Cuando se está creando un sitio web, se suele subir contenido de prueba para ir viendo la forma que va teniendo el sitio y cómo va quedando en cuanto a

diseño. Dejar este contenido ahí no solo conlleva a que este aparezca en las SERP's, también tiene la desventaja de que el usuario tiene que esperar a que más contenido extra se cargue al visitar el sitio web.

Páginas webs para optimizar el código HTML de tu página

Norfipc.com

El funcionamiento es sencillo, introducimos el código HTML y la aplicación web lo comprime eliminando todas las anotaciones y saltos de línea que el programador hubiese incluido. Eliminar las anotaciones en código no afecta al correcto funcionamiento de la web, son notas incluidas por el desarrollador las cuales sirven de guía a las personas para entender el contenido.

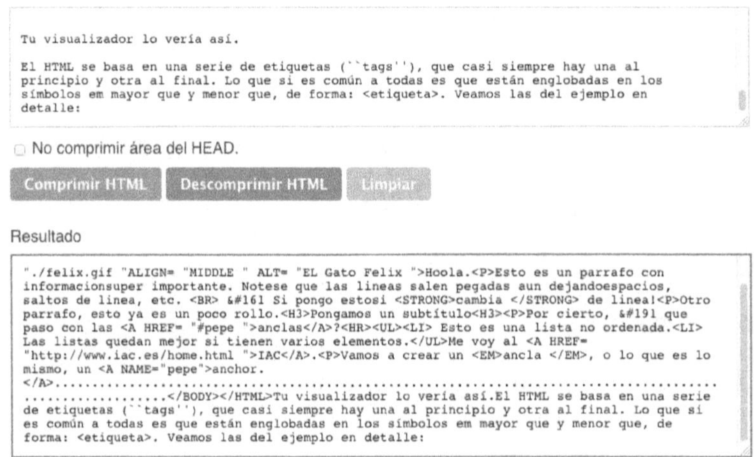

Las anotaciones son leídas por los navegadores haciendo que tarden más tiempo en mostrar la web puesto que gastan recursos que podrían estar dedicados a interpretar código HTML. Es importante hacer una copia de seguridad de los archivos antes de volverlos a subir a FTP.

Páginas web para comprimir Hojas de estilo (CSS) y JavaScript

Minifier.org

Del mismo modo que con el HTML, el código CSS y JavaScript puede (y debe) ser comprimido, es sumamente importante crear una copia de seguridad del código antes de realizar la compresión por motivos evidentes, además, si deseamos realizar una edición posteriormente en alguno de los códigos usaremos la versión sin comprimir para entender el contenido más cómodamente y luego comprimirlo de nuevo.

Una herramienta de gran utilidad es Minifier.org. Sólo copiamos nuestro código, clickeamos en "MINIFY" y nuestro código será comprimido tardando así menos tiempo en ser procesado por los navegadores.

Webs para reducir el peso de las imágenes

Como mencionamos más arriba, uno de los elementos que lastran la velocidad de carga de una página web son las imágenes. Es por ello que debemos de optimizar su peso todo lo posible. Esto lo podemos hacer mediante Photoshop, GIMP o reductores de peso online.

*   *Optimizilla.com*
    Una herramienta extremadamente simple pero a la vez útil, es recomendable pasar nuestras imágenes por aquí para quitarles peso antes de subirlas a nuestra web.

*   *Conseguir los recursos optimizados automáticamente*

Una de las últimas funciones añadidas por Google es la de descargar los recursos optimizados automáticamente desde **Page Speed Insights**.

Una vez hemos realizado el test de velocidad, en la parte inferior nos indica la opción de descargar los recursos optimizados.

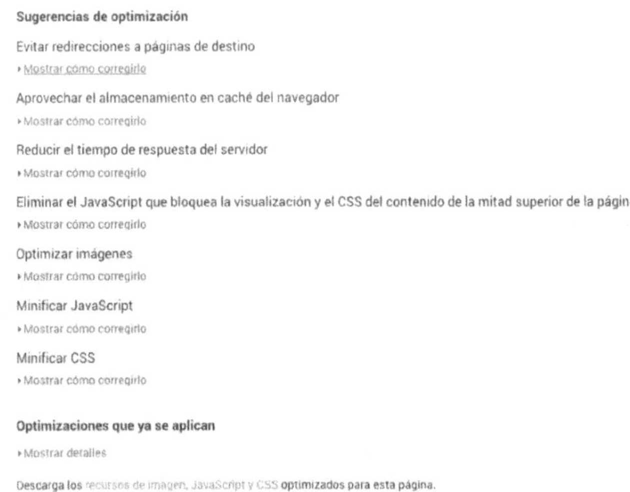

En la última línea podemos observar la opción "Descarga los recursos de imagen, JavaScript y CSS optimizados para esta página."

Luego de descargarlos solo tenemos que subirlos mediante FTP reemplazando los originales.

Configuración de caché del navegador en el sitio web

En el archivo **.htaccess** de nuestro sitio, debemos especificar el tiempo de cacheado que durarán los archivos de la web. Esto lo especificamos mediante el siguiente código, con ello como hemos explicado antes conseguimos reducir la velocidad de carga cuando el usuario entra en nuestro sitio.

Copia y pega el siguiente código (puedes hacerlo desde la web del curso www.cursoseoprofesional.com) en tu .htaccess antes de la línea de código

```
# Con esto especificamos el tiempo de cacheado

# y configuramos el tiempo que los navegadores guardan en caché los archivos planos

<IfModule mod_expires.c>

# Enable expirations

ExpiresActive On

# Default directive

ExpiresDefault "access plus 1 month"

# Favicon

ExpiresByType image/x-icon "access plus 1 year"

# Images

ExpiresByType image/gif "access plus 1 month"

ExpiresByType image/png "access plus 1 month"

ExpiresByType image/jpg "access plus 1 month"

ExpiresByType image/jpeg "access plus 1 month"

# CSS

ExpiresByType text/css "access plus 1 month"
# Javascript

ExpiresByType application/javascript "access plus 1 year"

</IfModule>

# FIN
```

Atención: El htaccess es un archivo muy delicado, por lo que un error puede hacer que nuestro sitio web no se vea. Así que, antes de editarlo se debe descargar una copia de seguridad de este y en el caso de que algo no funcione, con volverlo a subir todo funcionará correctamente.

Compresión GZIP

En htaccess también podemos forzar la compresión GZIP siempre que nuestro servidor sea compatible con esto, por ello antes debemos consultarlo en nuestro hosting.

#Para forzar la compresión GZIP

<FilesMatch "\.(css|js|ico|pdf|jpg|jpeg|png|gif|php|woff|ttf)$">

SetOutputFilter DEFLATE

</FilesMatch>

Keep Alive

Otra de las opciones que podemos activar desde htaccess es la extensión Keep Alive que permite que el navegador del usuario descargue todo el contenido de una vez. Es decir, haciendo solamente una conexión HTTP en vez realizar múltiples llamadas por cada contenido que quiera descargarse. Esto también agiliza la carga de la web.

Una vez configurada la caché, optimizados códigos e imágenes de nuestro sitio y hechos todos los cambios en nuestro archivo htaccess, podemos realizar un test con una herramienta como **Page Speed Insight de Google** o **GTmetrix** para comprobar las mejoras de puntuación que ha obtenido nuestra web.

4.6 INTEGRACIÓN DE GOOGLE ANALYTICS

¿Cómo integrar Google Analytics?

Para poder recoger datos de los usuarios que acceden a nuestra web y de cómo interactúan en nuestro sitio debemos hacer la integración de Google Analytics a este.

Al crear una cuenta y una propiedad en Google Analytics se generará un código de seguimiento que podemos encontrar en Administrar > Cuenta > Propiedad > Código de seguimiento > **Información de seguimiento**. Este código es un fragmento de código javascript que se inserta justo después de la etiqueta de apertura de **<head>** de cada página web en las que se quiera realizar el seguimiento.

```
<!-- Etiqueta global de sitio (gtag.js) de Google Analytics -->
<script async src="https://www.googletagmanager.com/gtag/js?id=-
GA_TRACKING_ID"></script>
<script>window.dataLayer = window.dataLayer || [];
function gtag(){dataLayer.push(arguments)};
gtag('js', new Date());
gtag('config', 'ID_DE_SEGUIMIENTO');
</script>
```

Este sería un ejemplo del código que habría que insertar en cada página. Sustituyendo 'ID_DE_SEGUIMIENTO'
Por el ID de seguimiento que ha generado Google para tu propiedad.

Comprobar la implementación del código de seguimiento

Para comprobar que hemos insertado bien el código y que Google Analytics está funcionando y recogiendo los datos correctamente, debemos abrir Google Analytics y dirigirnos al informe En tiempo real.
En otra pestaña abrimos la parte pública de nuestro sitio web y navegamos por ella, si en tiempo real se
registra nuestra visita y coincide la página que Google Analytics dice que estamos visitando con la que
tenemos en pantalla habremos introducido correctamente el código de seguimiento.

Cómo integrar Google Analytics en WordPress

Cuando usamos un CMS como WordPress y queremos instalar el código de seguimiento de Google
Analytics, se nos presenta un problema, el código debe ser integrado dentro (header) del tema.

Esto no sería problemático si no fuera por que cada vez que actualizamos nuestros tema de WordPress,
todas las modificaciones desaparecen, incluido nuestro código de Analytics.

Ante esto podemos hacer 2 cosas:

- ***Crear un tema hijo***

  Al crear un tema hijo podemos actualizar sin ninguna clase de problema y nuestro código de seguimiento estará ahí permanentemente. Lo mismo ocurre con las modificaciones que apliquemos en
  CSS u otros archivos.

  Una vez creado un tema hijo debemos dirigirnos a Apariencia>Editor y ahí elegir el archivo llamado
  header.php, dentro de ese archivo debemos buscar la etiqueta <head> y justo en la línea de después
  pegar el código de seguimiento copiado de Analytics.

- ***Usar un plug-in***

  El uso de plugin puede sernos de utilidad cuando no nos manejamos con soltura con el código del
  sitio web. Hay infinidad de plugins para integrar Google Analytics, algunos con más opciones que
  otros.

  Como es el caso de este plugin, que además de integrar nuestro código de Google Analytics, también nos configura eventos en nuestro panel de comportamiento directamente en la herramienta de Analytics. Eventos como envíos de formularios, clic en teléfono o email, descargas de PDF…

Lo instalamos y activamos como otro plugin cualquiera, luego en el backend de WordPress accedemos en Google Analytics / Ajustes Generales /Autorizar Plugin.

Posteriormente, hacemos clic en obtener código de acceso, iniciamos sesión con nuestra cuenta de Analytics y copiamos el código.

Una vez introducido, ya estará todo listo y podremos comprobar que todo está correcto del mismo modo que indicamos más arriba.

4.7 PROBLEMAS HABITUALES EN LA PUBLICACIÓN DE UNA NUEVA WEB RESPECTO AL SEO

La publicación de un nuevo sitio web en un dominio que alberga un sitio web bien posicionado, puede suponer un importante revés en el SEO, del mismo si no se tienen en cuenta factores determinantes en su visibilidad.

¿Cuáles son los errores SEO más frecuentes en la publicación de una nueva web?

Son variados los problemas que el SEO puede encontrar al publicar una nueva web, que pueden provocar que el proyecto SEO tenga un mal comienzo.

Permitir indexación durante el desarrollo de la web

Que el desarrollador de la web no restrinja el acceso a Google durante su labor de creación de la web, no va a agilizar el trabajo de indexación, sino todo lo contrario, permitir que Google rastree nuestro sitio web durante el desarrollo de este, puede ser un mal comienzo para el SEO ya que Google puede detectar contenido duplicado, escaso contenido, y un rastreo de multitud de páginas de pruebas que luego dejarán de existir y contarán como páginas no encontradas entre otras cosas.

URLs amigables

No dejar configuradas las URLs amigables. No está bien visto en el SEO y mucho menos por Google que lo que persigue es darle mucha información de valor al usuario que usa sus motores de búsquedas. Las palabras clave en la URL también son importantes para mejorar la optimización On-Page.

Redireccionamientos y URLs canónicas

Tener el mismo contenido por ejemplo con www y sin www, es algo que Google interpreta como contenido duplicado. Para evitarlo debemos crear redirecciones 301.

Repaso final

Creer que todo está listo y confiar en que nada falla, sin revisar si el contenido es el correcto y no tenga faltas de ortografías, no comprobar que todos los enlaces funcionan bien, no probar la usabilidad y el diseño en la versión móvil, si hubiese traducciones, comprobar que estas son correctas, que los formularios envían toda la información completa correctamente, que las páginas que sobran se han borrado, que se ha optimizado toda la web y examinado las velocidades de carga, etc.

No realizar una auditoría de SEO técnico

Con una auditoría SEO técnico sobre el sitio web podemos encontrar problemas que habíamos pasado por alto. Por eso es bueno contar con la ayuda de **herramientas de auditoría web** y analizar nuestro sitio en busca de posibles errores que pasan desapercibidos, por ejemplo páginas de peso elevado, text alt vacíos, errores 404, etc.
Siempre se nos puede escapar algún detalle, incluso si estamos optimizando página por página. Por eso es recomendable el uso de programas de auditoría SEO.

Inexistencia de Robots.txt y Sitemaps

Es común la práctica de finalizar una web y no enviar su contenido a Google a través de la herramienta Search Console. También es importante en este caso que se haya eliminado ya la restricción de indexación por los motores de búsquedas que se activó durante el desarrollo de la web.

Es importante la inclusión de estos archivos a la hora de lanzar la web puesto que estamos dando a los buscadores una idea clara y estructurada de nuestro sitio web y al mismo tiempo estamos bloqueando páginas que no queremos que sean indexadas.

No eliminar el contenido que no va a ser usado

Cuando montamos una web (sobre todo en WordPress) instalamos temas que suelen **importar gran cantidad de imágenes** o páginas de muestra que, a pesar de no ser accesibles desde el menú de navegación, están incrustadas en el sitemap y, por lo tanto, son **rastreadas por Google,** dejando que interprete qué parte de nuestro contenido es duplicado ya que otros webmaster probablemente estén cometiendo el mismo error que nosotros. Asimismo, estamos **malgastando el Crawl Budget** de nuestra web.

Caso práctico: Solución de problemas

Evitar la indexación durante el desarrollo de la web:

Desde WordPress, podemos bloquear la indexación de nuestra web de un modo muy sencillo:

Entramos en el Escritorio / Ajustes / Lectura y activamos la opción de "Disuade a los motores de búsqueda de indexar este sitio".

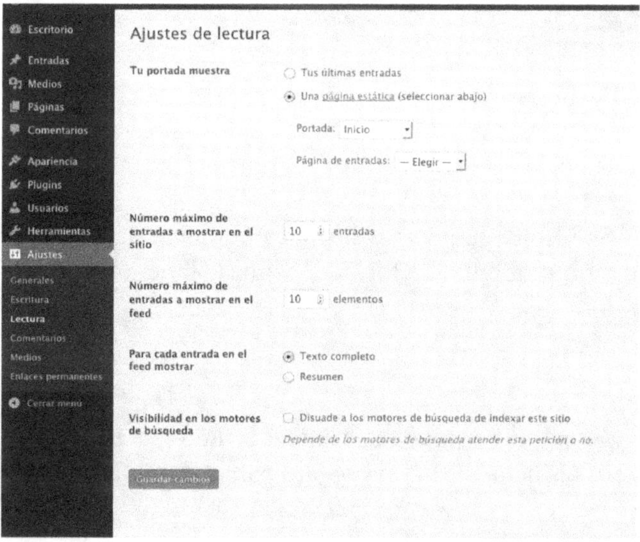

Ya podemos realizar cambios en la web sin que Google esté revisando el contenido e intentando indexarlo.

Usar URL Amigables:

Debido a que estamos usando un CMS (WordPress) este nos asigna la URL de nuestras páginas automáticamente, aunque lo podemos cambiar con facilidad, siempre se nos puede olvidar y acabar publicando una página o entrada con esta URL:

https://midominio.com/pagina-ejemplo/
Esta clase de URLs no aportan nada al usuario ya que no pueden identificar el contenido que hay en su interior. Sin embargo esto es lo que se considera una URL amigable:
https://midominio.com/pagina-ejemplo/

Podemos configurarlas de un modo muy sencillo,de nuevo, sólo tenemos que ir a Ajustes / Enlaces permanentes y seleccionar la versión que más nos guste:

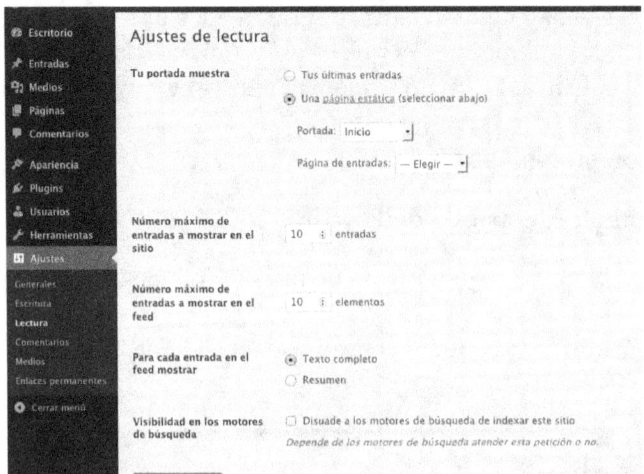

Redireccionamientos y URL canónicas:
Respecto a la versión con y sin "www", WordPress se encarga de redireccionarla automáticamente según la versión preferida que tengamos establecida. (Ajustes / Generales)

En cuanto a la versión sin SSL y con SSL podemos instalar el plugin Really Simple SSL y nos creará la redirección de todo el sitio de http a https de forma dinámica. También podemos escribir nosotros la regla en htaccess.

Realizar auditoría SEO:

Desde programas como WebSite Auditor podemos conseguir un reporte completo del estado de la web y así conocer que posibles errores hemos pasado por alto para solucionarlos antes de publicar la web.

Robots.txt y Sitemaps

Al instalar un WordPress el robots.txt es creado automáticamente y el sitemap también por el plugin de Yoast SEO. En caso de no estar usando un WordPress, podemos usar WebSite Auditor para generar ambos archivos. En el menú superior de Website auditor encontramos ambas opciones para poder generar los archivos:

Para el Sitemap: Sólo debemos hacer clic y seleccionar qué páginas queremos integrar en nuestro sitemap, elegir la frecuencia de actualización y la prioridad de cada página. Lo guardamos en nuestro escritorio y posteriormente lo subimos mediante FTP a la raíz de nuestro sitio.

Para el Robots.txt: El robots.txt se compone de reglas, lo más común es añadir reglas de Disallow para evitar el rastreo de ciertos robots, o indicar qué directorios o URLs de nuestro sitio no se deben rastrear. Aunque es importante tener en cuenta que marcar un directorio o URL con la regla Disallow no lo exime de ser rastreado, así que si lo que queremos es evitar la indexación de algún contenido debemos etiquetar este con un no-index y así nuestro contenido no aparecerá en las SERPs.

Posteriormente, hacemos clic en directorio/página y seleccionamos las carpetas que queremos bloquear. Vamos añadiendo bloqueos según necesitemos, luego lo guardamos y de nuevo, lo subimos mediante FTP a la raíz de nuestro sitio web.

No eliminar el contenido que no va a ser usado

Debemos de repasar los contenidos que tenemos en la sección de Medios (Archivos subidos) y si son archivos que no vamos a usar, es mejor eliminarlos.

Más atención aún debemos prestar a las páginas de muestra generadas por los temas y plugins de Word-Press. Éstas se deben eliminar ya que podemos estar incurriendo en contenido duplicado y malgastando el tiempo que las arañas de Google están en nuestro sitio.

Incluso nosotros mismos hemos podido crear contenido de prueba que finalmente luego no vamos a usar. Todo este tipo de contenido debe ser borrado ya que dejarlo solo traerá problemas: el usuario podrá acceder a él y confundirse durante su navegación, hace más lenta la página ya que tiene más contenido que cargar, los robots pierden más tiempo rastreando contenido irrelevante, etc.

¿Qué es Google Search Console?

Google Search Console, que antes era conocida como la herramienta para webmasters de Google, es una plataforma que permite supervisar y conocer el estado de indexación de nuestro sitio entre otras múltiples opciones. Podemos comprobar datos de los resultados de búsquedas y las consultas que los usuarios han realizado en las que nuestro sitio web aparece. Nos ayuda a entender de qué forma ve Google nuestra web y con la información recabada podremos mejorar la optimización de nuestro sitio.

Podríamos decir, que Google Search Console es la plataforma que nos conecta con Google para poder realizar una adecuada optimización de nuestro sitio web y asegurarnos que todo va bien.

Creación de propiedad en Google Search Console

El primer paso para usar Google Search Console es crear nuestra propiedad de sitio web.

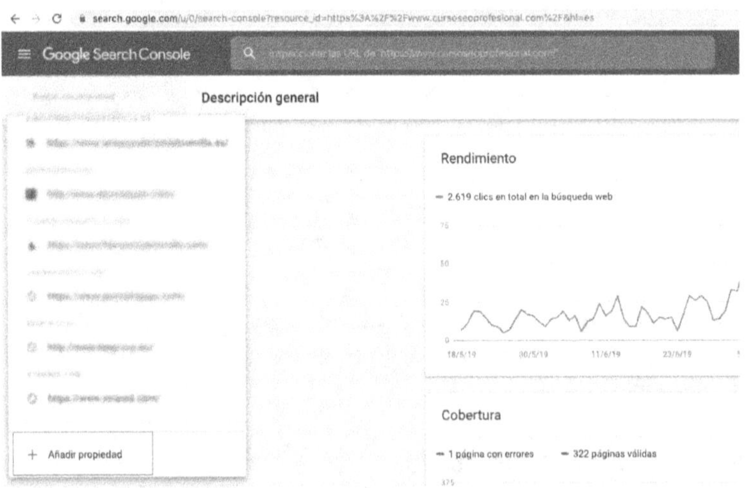

Accedemos con una cuenta de Gmail en la que podemos tener tantas propiedades como webs tengamos que supervisar. Para crear una nueva propiedad en GSC tenemos que poder demostrar que somos propietarios del sitio web. Una propiedad se puede crear en dos sencillos pasos:

1. Añadiendo la dirección de la propiedad que queremos supervisar.
2. Verificando la propiedad ya sea vinculando la propiedad con Google Analytics, mediante un archivo o una etiqueta HTML, con Google Tag Manager o accediendo a tu proveedor de nombres de dominio e insertando una entrada DNS TXT a nuestro dominio.

Verificada la cuenta ya estará creada la propiedad. Se debe crear una propiedad individual por cada

versión de la web o cada ruta que se quiera controlar. Lo recomendable sería tener una propiedad para:
- Versión https
- Versión http
- Versión con www
- Versión sin www (se debe elegir cuál será el dominio preferido)
- Versiones de los idiomas. Por ejemplo midominio.com/es
- Subdominios

Navegando por Google Search Console

Lo primero que debemos hacer al añadir nuestra propiedad a Google Search Console es enviarle a Google un Sitemaps con todas las URLs que queremos que indexe de nuestro sitio web. (El que haya URLs que no estén incluidas en el sitemap no te libra de que no sean indexadas por Google) Y crear un robots.txt indicándole a que contenido tiene acceso y que contenido está restringido para los motores de búsquedas.

Panel de control

Cuando accedemos a una propiedad de Google Search Console lo primero que nos aparece es el panel de control que muestra un resumen del estado actual de nuestro sitio. En este apartado se indica:

- **Errores de rastreo**. Muestra un acceso directo del apartado "errores de rastreo" e indica si hay errores en el sitio web, si la conectividad con el servidor, la información del robots.txt y las DNS son las correctas. También indica si hay errores de URL (páginas con error 4xx o 5xx).
- **Analítica de búsqueda**. Acceso directo al apartado de analítica de búsqueda con el número de clics totales.
- **Sitemaps**. Gráfico que muestra las URL enviadas e indexadas con acceso directo a los datos deta-

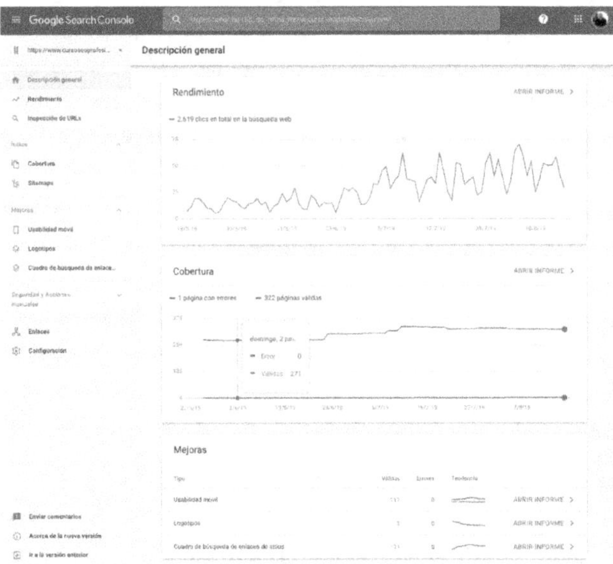

llados al sitemap. También te indica si este tiene errores o advertencias.

Cobertura

Aquí Google te notificará sobre cada cambio o problema que encuentre. Por ejemplo si la cuenta se ha asociado a Google Analytics, o si el número de errores 404 ha aumentado considerablemente.

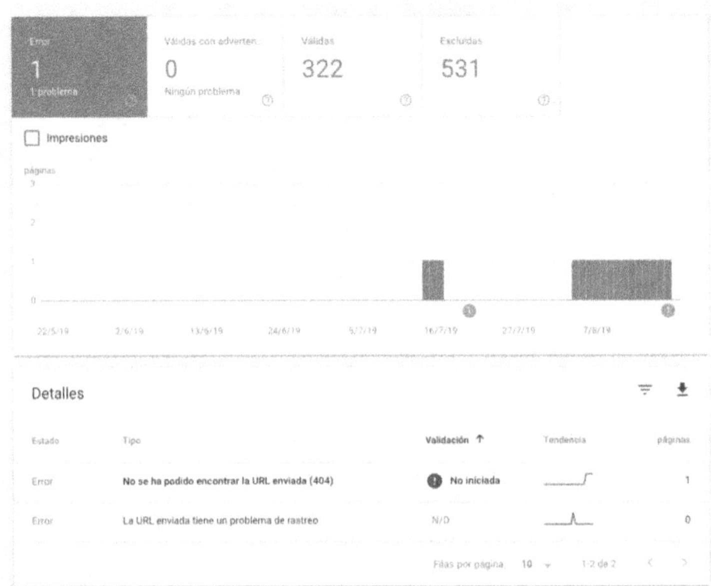

Apariencia en el buscador

Te muestra un ejemplo de cómo sería la apariencia en el buscador y explica cómo puedes configurar cada elemento para mejorarla. Los apartados a destacar de este departamento son las mejoras de HTML que te indica si la web contiene alguna incidencia en las metadescripciones, etiquetas de títulos o contenido no indexable. Si existiese algún problema por ejemplo en alguna metadrescripción te indicaría qué metadrescripción es y si está duplicada, si es corta o demasiado larga.

Otro apartado cada vez más importante es el de Accelerated Mobile Pages (AMP) que te indica si hay algún problema en las páginas de AMP. En el caso de no disponer de ninguna página AMP, Google te explica como puedes empezar a utilizarlo.

Rendimiento

Este apartado recoge datos muy valiosos sobre nuestro sitio.

- **Analítica de búsqueda**. Recoge el número de clics, de impresiones, el CTR y la posición de las palabras clave que los usuarios han usado para acceder a nuestra web. También nos muestra las consultas que los usuarios han hecho para encontrar nuestro sitio, dándonos esto una pista de qué

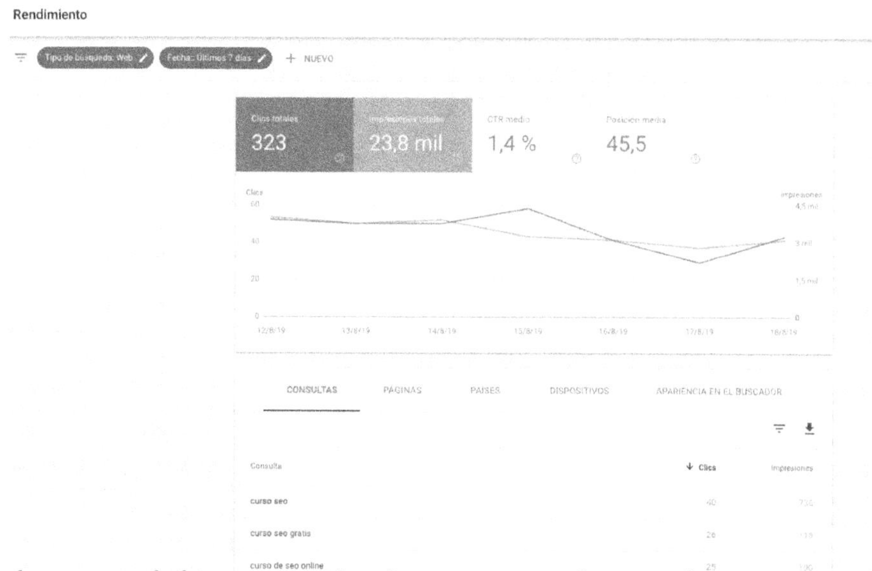

palabras clave que no habíamos considerado están generándonos tráfico a nuestra web. Estos datos se pueden filtrar y comparar.

- **Inspección de URLs**. Apartado fundamental para seguir el nivel de indexación de tu sitio web. En este apartado puedes agregar directamente una URL y te indica si está indexada o no. Y lo mejor: Aunque la página esté indexada te da la posibilidad de solicitar su indexación inmediata de forma manual. Es el apartado que sustituye en la versión anterior a la opción "explorar como Google". Podrás saber si la página está optimizada para móviles y probar la URL publicada.Son los más amigables para el usuario pues se encargan de todo, el problema reside en que puede no encajar con el estilo visual del resto de nuestra web.

- **Cobertura**. Este apartado te informa de la interpretación que el rastreador de Google hace de tu sitio web. Los errores que encuentra, problemas, las URL válidas y las que ha excluido de la indexación y el motivo.

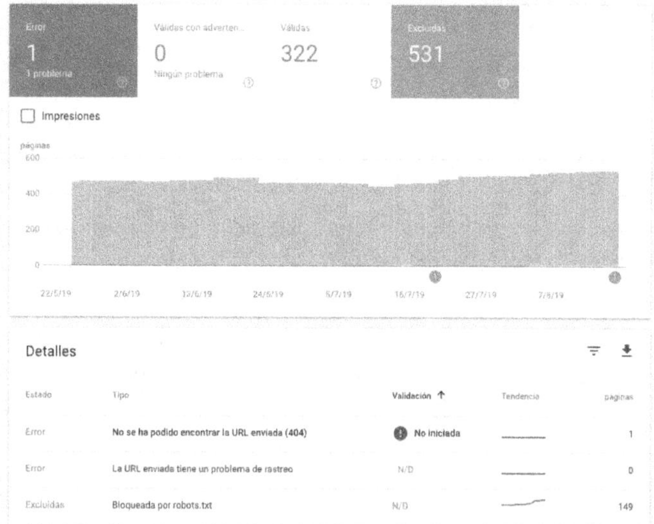

- **Sitemaps**. Te ofrece la posibilidad de agregar tu sitemaps y visualizar los sitemaps enviados.

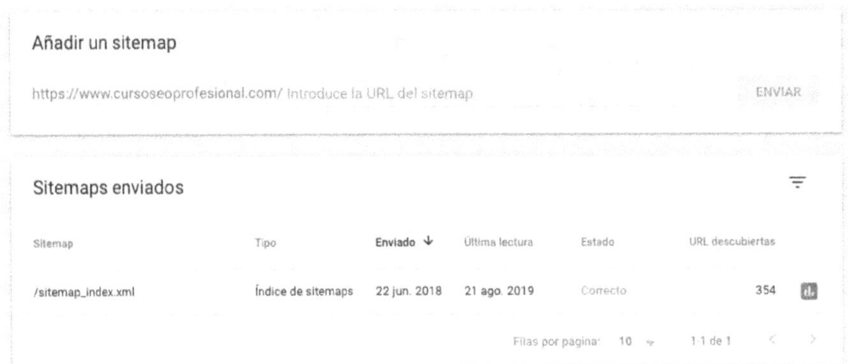

- **Usabilidad Móvil**. Desde la actualización del algoritmo para móviles llamado "Mobile first" Google da la máxima relevación a la optimización móvil de la web. En este apartado podrás comprobar si tu sitio web ofrece problemas para una correcta visualización móvil y te mostrará aquellas páginas que tengan errores de optimización móvil.

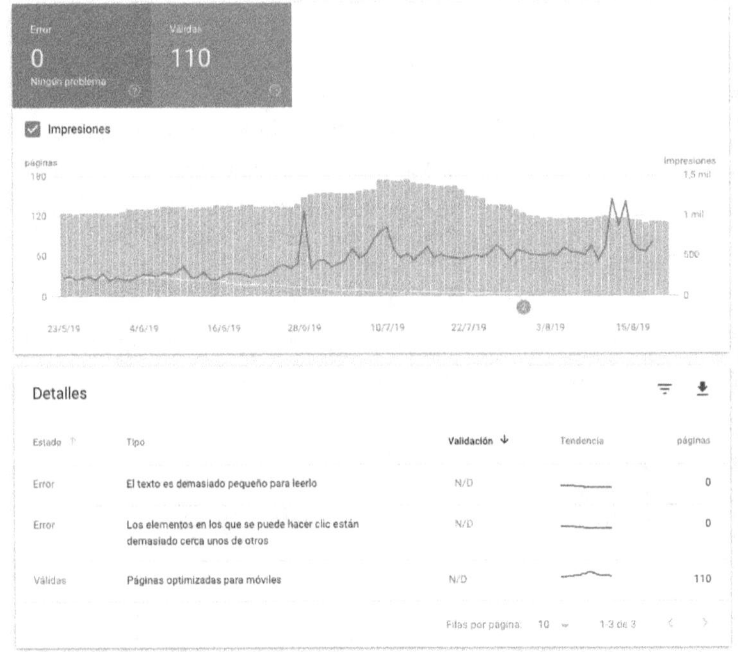

En la imagen se oberva como una adecuada usabilidad móvil aumenta el número de impresiones y , en consecuencia, su posicionamiento SEO.

- **Logotipos**. Es el apartado en el que Google te informa de aquellas páginas que son óptimas para mostrar contenido enriquecido. Estos contenidos son los que se posicionan en la denominada "posición 0". Conseguir esta posición multiplica exponencialmente la visibilidad de tu sitio web.

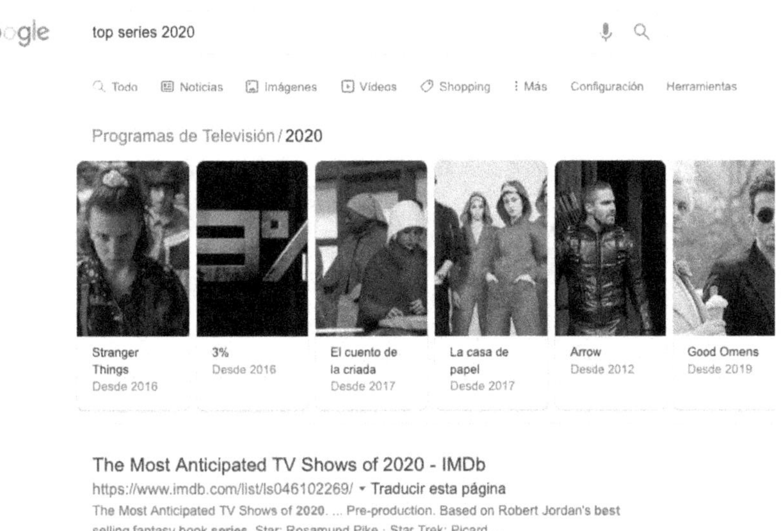

Si GSC te informa de que tienes páginas con contenido enriquecido pero no las muestra, puedes hacer un test en la herramienta de consulta de resultados enriquecidos (imagen inferior).

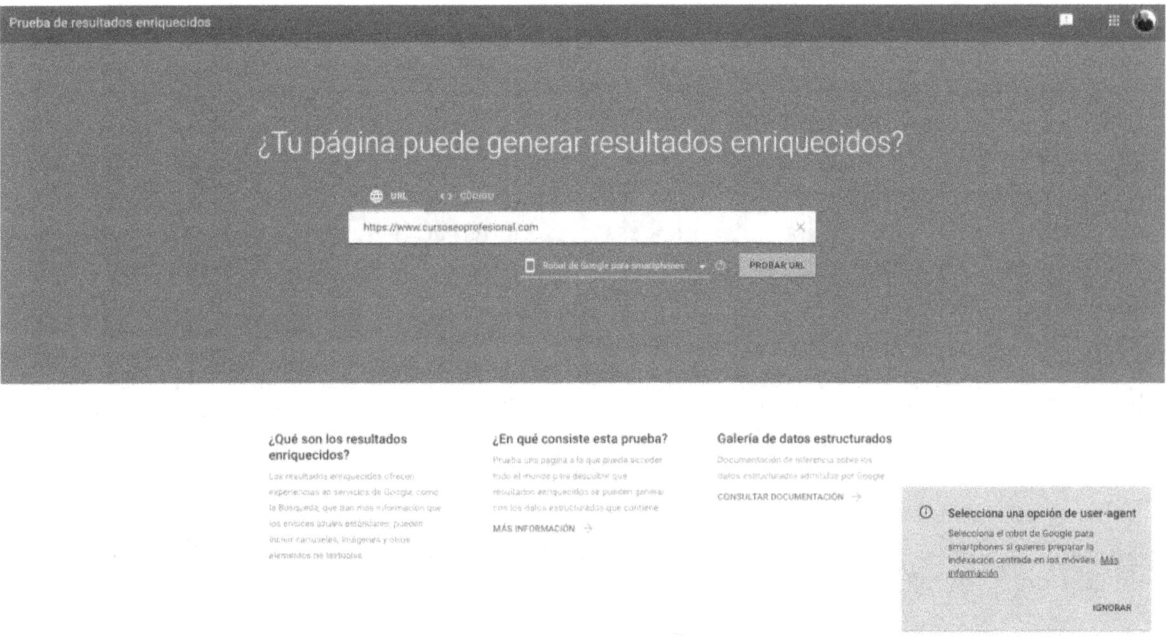

- **Cuadro de búsqueda de enlaces de de sitios**. Google puede mostrar en el propio resultado de la SERP un cuadro de búsqueda específico para que puedas buscar dentro del sitio web como puedes comprobar en la imagen inferior.

Google
pinterest
Web   Shopping   News   Images   Videos   More   Search tools
About 1,650,000,000 results (0.74 seconds)
Pinterest: Discover and save creative ideas
https://www.pinterest.com/   Pinterest
Pinterest is a visual discovery tool that you can use to find ideas for all your projects and interests.
pizza
pizza recipes
pizza ideas
pizza balls
pizza bites
pizza dip
Results for pizza
DIY & Crafts
Get inspired to do things yourself with decoration ideas, duct-tape ...
About Pinterest
Introducing Guided Search: Find what you're looking for and ...
Pinterest
1,102,223 followers on Goog
Recent posts
The easiest and
home's value: htt
on Pinterest. 7 ho

- **Acciones manuales.** Si en este apartado encontramos siempre el mensaje "no se encuentra ninguna acción contra spam web manual" podemos estar contentos. Ya que si en el apartado de acciones manuales encontramos otro mensaje distinto a ese, será motivo de "Houston, tenemos un problema" Google nos ha penalizado con una de las penalizaciones más graves que nuestro sitio web puede recibir.

- **Problemas de seguridad.** En este apartado podrás comprobar si tu sitio web está expuesto o hackeado. Google informa normalmente de problemas de "Phishing" o "software malicioso o spam" en la mayoría de casos.

- **Enlaces a tu sitio.** Muestra el número total de enlaces y el número total de dominios que apuntan a nuestro sitio web, con las páginas más vinculadas y las palabras claves que usan. Desde aquí podremos ver si están funcionado nuestra PBN y nuestra estrategia de linkbuilding.

- **Enlaces internos.** Este apartado debe indicarnos todos los enlaces de nuestro sitio web y el número de enlaces internos dirigidos a una de nuestras páginas. Esto le sirve a Google para determinar qué importancia tiene dicha página. Si vemos que alguna página importante no se encuentra en la tabla deberemos revisar la estructura de nuestros enlaces internos.

- **Segmentación internacional.** Este apartado nos sirve para segmentar nuestra audiencia según la ubicación y el idioma. Esto nos ayudará a posicionarnos mejor en los resultados de búsquedas de la ubicación y el idioma que elijamos.

Llega el momento de conocer los factores que van a influir en nuestra visibilidad orgánica.

MARCADO DE DATOS Y DATOS ESTRUCTURADOS EN GOOGLE SEARCH CONSOLE

Para que los navegadores interpreten correctamente el contenido de una web y puedan mostrar fragmentos enriquecidos en los resultados de búsqueda (SERP) tenemos dos opciones. La primera opción es más sencilla de aplicar, pero solo tiene efecto para el buscador de Google, la segunda opción es válida para todos los buscadores, pero puede tornarse difícil para ciertos usuarios.

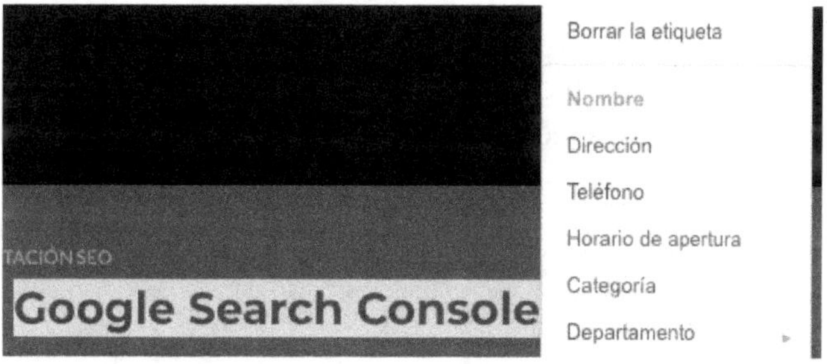

Marcado de datos en Search Console

En Search Console disponemos de una opción llamada"Marcador de datos" dentro de la sección de "Apariencia en el buscador"

Desde el marcador de datos indicamos a Google el tipo de información que se encuentra en nuestra página seleccionando el tipo de contenido y marcando el texto de una forma muy cómoda. Asimismo también marcamos las imágenes y los datos de contacto haciendo que toda esa información sea mostrada según Google considere relevante en forma de fragmentos enriquecidos. Al marcar los datos en la consola de webmasters de Google, esta información solo es válida para Google.

Marcado de datos en Schema.org

También podemos indicar los datos de nuestra web mediante código, de modo que pueda ser leído por todos los buscadores.

```
<script type="application/ld+json">
{
  "@context": "http://schema.org/",
  "@type": "NewsArticle",
  "headline": "Search Console",
  "datePublished": "2018-05-16",
  "description": "Todo sobre Search Console",
  "image": {
    "@type": "ImageObject",
    "height": "400",
    "width": "400",
    "url": "https://www.cursoseoprofesional.com/wp-content/uploads/2016/12
/logo_curso_seo_mini.png"
  },
  "author": "XTRARED",
  "publisher": {
    "@type": "Organization",
    "logo": {
      "@type": "ImageObject",
      "url": "https://www.xtrared.com/wp-content/uploads/2016/02/logo_xtrared.png"
    },
    "name": "XTRARED"
  },
  "articleBody": "Toda la información que necesitas sobre Google Search Console"
}
</script>
```

Ejemplo de código Json+ld que ofrece datos estructurados para mostrar una tarjeta enriquecida en las SERP

Schema.org es una propuesta conjunta de todos los buscadores que busca unificar el marcado de datos en un código universal.

Este código es integrado dentro de nuestro documento HTML y es completamente invisible para los usuarios. En él se indican los elementos requeridos por los buscadores para mostrar información adicional en los resultados de búsqueda.

Existen herramientas que auto generan el código Json-ld según la información que introducimos y solo debemos copiar y pegar en nuestra web para ofrecer datos estructurados a los buscadores.

La más recomendada para este fin es: **Web Code Tools**

Una vez hayamos generado nuestro código, debemos probar que todo funciona correctamente en la herramienta de prueba de datos estructurados de Google.

https://search.google.com/structured-data/testing-tool/product   1 ERROR   0 ADVERTENCIAS   ∧

ID: http://store.example.com/products/links-swift-chain

✗	@type	https://search.google.com/structured-data/testing-tool/product (Google no reconoce el tipo *https://search.google.com/structured-data/testing-tool/product.*)
	@id	http://store.example.com/products/links-swift-chain
	name	Links Swift Chain
	description	A fine chain with many links.
	category	http://store.example.com/categories/parts
	category	http://store.example.com/categories/chains
	price	10.00
	stock	10

Si la herramienta no detecta ninguna clase de error, podemos introducirlo en nuestra web y esperar a que Google procese nuestros datos estructurados.

Incrustar datos estructurados en Wordpress

Una de las mayores ventajas que presentan los CMS es la facilidad de integrar funciones adicionales a nuestra web mediante plugins, entre estas funciones se encuentran los datos estructurados.

Existen gran cantidad de plugins los cuales podemos dividir en dos clases.

Plugins que integran el código estático Json-ld en el html de nuestra web de manera cómoda

Cuando introducimos datos estructurados mediante Json-ld, estos no son visibles por los usuarios, solo es rastreado por los buscadores, lo que nos permite ayudar a estos a comprender el contenido de nuestra página web y posicionarlo correctamente sin introducir elementos no deseados en la parte visual de nuestra web.

Markup (JSON-LD) structured in schema.org

Uno de los Plugins más completos en este cometido, nos permite integrar los datos estructurados de Schema.org en cada una de las páginas de nuestra web de forma automática, una vez hayamos completado los campos requeridos, Markup Structured in Schema.org lo incrusta en cada una de las páginas de nuestra web. (También podemos elegir solo incrustar el código en los artículos del blog)

Plugins que generan el código y permiten a los usuarios interactuar con él

Son los más amigables para el usuario pues se encargan de todo, el problema reside en que puede no encajar con el estilo visual del resto de nuestra web.

KK-Star ratings

Este liviano plugin es recomendado para toda persona que posea un blog en WordPress y no haya integrado los datos estructurados todavía.

El método de empleo es súmamente sencillo, descargamos el Plugin y lo activamos, nos dirigimos a "Settings" y marcamos "Enable Rich Snippets" con el tic verde. ¡Listo!

Todos nuestros posts permiten a los usuarios valorar los artículos con estrellas las cuales se verán reflejadas las SERP y por lo tanto en nuestro CTR.

All in one Schema Rich Snippets

Para añadir los datos a estructurar en nuestra web nos dirigimos a la sección de editar página/entrada y justo debajo del editor de texto encontraremos este nuevo campo. Podemos escoger entre las diferentes categorías de Schema.org la que más se ajuste al contenido de nuestra página y luego rellenar la información requerida.

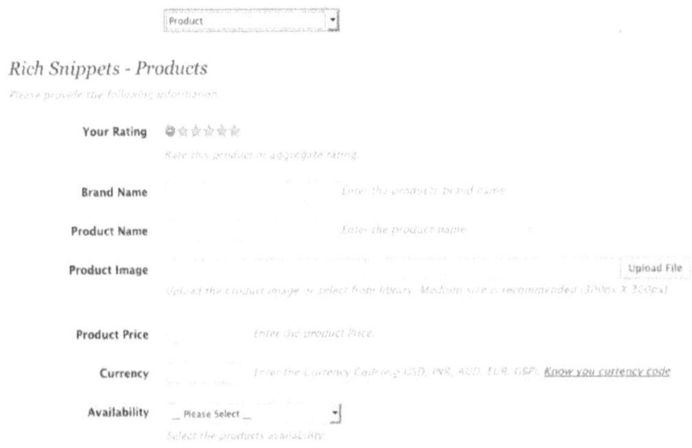

Cuando lo hayamos completado nos generará automáticamente una caja con los datos estructurados los cuales son visibles para los usuarios lo que puede llegar a empeorar el aspecto visual de la web.

Temas compatibles con Woocommerce

Si poseemos una tienda online montada sobre Woocommerce, debemos saber que ciertos temas (generalmente de pago) han sido construidos para que generen fragmentos enriquecidos de manera automática.

Por lo que conforme Google rastree cada uno de nuestros productos, va a detectar automáticamente los rich snippets y los va a comenzar a mostrar en las SERPs sin que nosotros tengamos que integrar absolutamente nada.

WP Customer Reviews

Este plugin permite a los usuarios la opción de añadir una valoración de 1 a 5 estrellas sobre aquello que se esté tratando junto con su opinión personal, las valoraciones contienen datos estructurados que luego son mostrados en los resultados de búsqueda de Google. Existe un plugin alternativo a este con las mismas funciones: Site Reviews

CONTENIDO EXTRA

Indexación de contenidos video

Ejemplo archivo robots.txt

Guía robots.txt de Google

Configurar objetivos Analytics

5. FACTORES SEO ON-PAGE

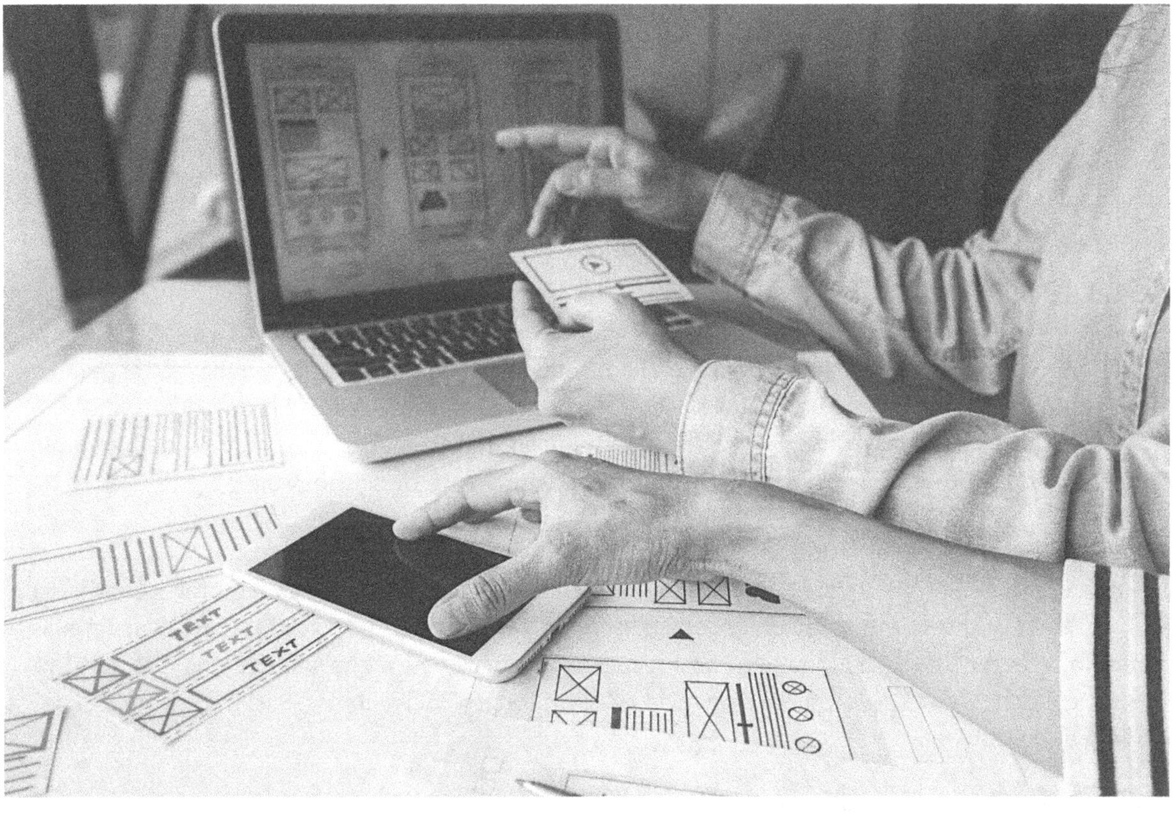

5.1 FACTORES SEO DE DOMINIO

El dominio de una web es uno de los factores más determinantes a la hora de identificar la actividad de un sitio web. Y no porque Google preste especial atención a este factor, sino porque por encima de todo, es la dirección que emplearán los usuarios para acceder a tu universo digital.

En este primer tema en el que vamos a tratar los factores on page que influyen en el posicionamiento SEO de un sitio web, vamos a comentar los factores más determinantes en cuanto al dominio que alberga la web que queremos posicionar. Vamos a listar y comentar los más determinantes:

Factores SEO de dominio

1. **Edad del dominio:**
   Google evalúa la autoridad de una web a través de varios indicadores donde la edad es uno de ellos. Un dominio con "historia" habrá superado el conocido "sandbox de Google" y el hecho de que sea mantenido durante años es un indicador de relevancia para el buscador. Lo que debes tener en cuenta sobre este factor es que siempre será mejor iniciar una estrategia SEO sobre un dominio que tiene más de un año de vida (registrado) a uno que tiene menos de seis meses.

2. **Años de renovación del dominio:**
   Aunque este es un dato que Google nunca ha confirmado, lo cierto es que los profesionales del SEO hemos podido comprobar que aquellos dominios que tienen un periodo de renovación más amplio consiguen de media un mejor posicionamiento que aquellos que son renovados anualmente. Se entiende que Google vuelve a premiar el "compromiso" del webmaster con ese dominio por mantenerlo activo.

3. **Keyword en el nombre del dominio:**
   Google analiza nuestra web de la misma manera que nosotros ojeamos un libro. Primero nos fijamos en la portada, después en el título, etc. Estos elementos explican el contenido, valor y su temática. Pues bien, si aplicamos esto a nuestra página web, nuestro dominio es el mayor indicador de relevancia de nuestra actividad, por lo tanto, disponer de la keyword principal en el nombre del dominio nos aportará un gran posicionamiento. El más claro ejemplo lo puedes ver en este curso y su dominio *www.cursoseoprofesional.com*. Cuando un dominio incluye las palabras clave que emplearía un usuario en el buscador, es lo que se llama un dominio EMD (exact macht domain).

4. **Extensión del dominio:**
   La extensión del dominio es una información muy valiosa para Google. De hecho, es un factor determinante en la clasificación de resultados que Google realiza en base a si se tratan de dominios genéricos (TLD), regionales (como el .es) u otros.

Factores avanzados de dominio

5. Whois del dominio:

El whois del dominio le aporta a Google información sobre el propietario del mismo y con ello la posibilidad de saber si se trata, por ejemplo, de una persona que tiene varios dominios que son usados para hacer spam. Es habitual que las empresas de registro de dominio te ofrezcan la posibilidad de disponer de un whois privado. Este aspecto puede provocar que tu web vaya al "sandbox" para ganarse la confianza de Google.

En caso de que poseas más de un dominio susceptible de ser penalizado en bloque por Google (P.E j: Una PBN) sería recomendable el uso de un Whois falso que a ojos de los buscadores no sea un desconocido.

6. Historial del dominio:

Google suele penalizar dominios que realizan prácticas de spam. Si en algún momento, algunos de tus dominios han sido penalizados y no solucionaste la incidencia, tu web puede estar en el limbo durante mucho tiempo.

Esta clase de aspectos deben ser estudiados antes de proceder a registrar un dominio, para ello debemos mirar si tiene enlaces entrantes, y si los tiene, comprobar si pueden perjudicarnos en el SEO por provenir de páginas spam.

También podemos usar la herramienta **Archive.org** (Wayback Machine) con la que podemos ver las versiones guardadas en caché que ese dominio ha alojado y comprobar si ha sido susceptible de penalización en algún momento.

Recuerdo un caso de este tipo en la agencia. Un dominio que estaba muy bien posicionado hace 3 años nos llegó con una penalización manual de Google. Lo arreglamos y su visibilidad aumentó en un 30%.

¿QUÉ ES EL SANDBOX DE GOOGLE?

El Sandbox es un **estado temporal de invisibilidad** (La página está indexada pero no posicionada) en el que Google induce a aquellas webs que tienen poco tiempo de vida, durante ese tiempo estudia el contenido y la interacción de los usuarios con la web hasta que calcula la relevancia de esta y su posicionamiento.

Esto nunca ha sido confirmado y de hecho, no se sabe con seguridad si existe. Pero si es cierto que durante los primeros 6 meses de vida de una web, aproximadamente, estas no tienen casi ninguna visibilidad.

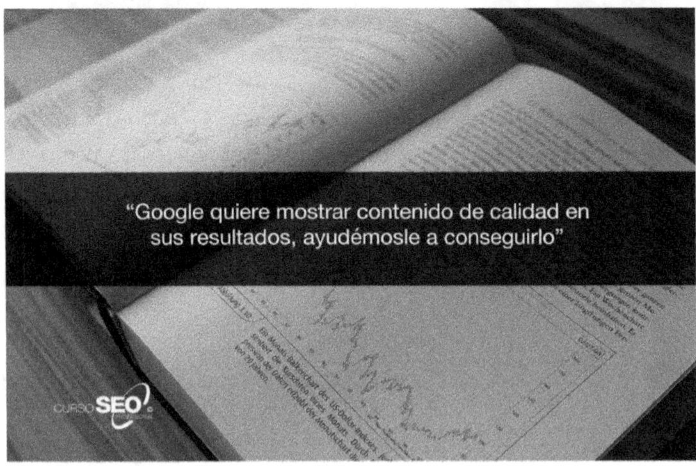

5.2 FACTORES SEO DE CONTENIDO

Hemos hablado ya largo y tendido de la importancia que tiene el **contenido** en el SEO.

En este tema, vamos a tratar cómo tenemos que optimizar ese contenido para conseguir dotar de relevancia nuestra web de cara a la optimización del mismo a los ojos de Google. Para ello tenemos que tener en cuenta los factores que vamos a listar en este artículo:

1. **Palabra clave en la etiqueta "title"**
   Es el elemento más relevante a los ojos del buscador, el que determina "de qué va esa página". Es el factor de relevancia "on page" más determinante. Tienes que titular bien todos los documentos de tu web, intentar no duplicar los títulos y así potenciar tu SEO. La palabra clave por la que quieras posicionar esa página debe ser la que aparezca al principio y su contenido debe incluir, al menos, 50 caracteres.

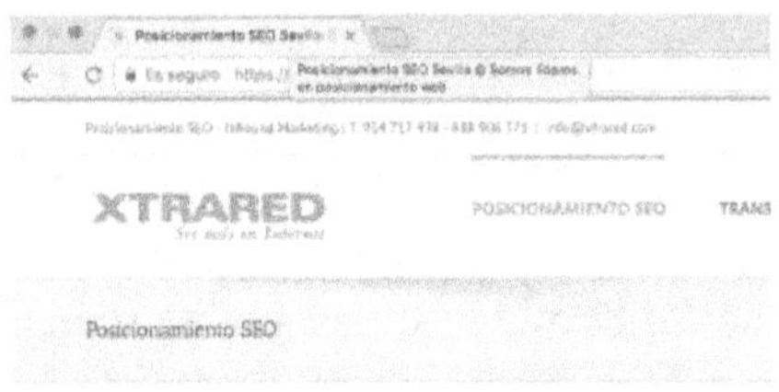

Posicionamiento SEO ¿Qué es?

2. **Palabra clave en la etiqueta "description"**
   En la cabecera de tu documento HTML, junto a la etiqueta "title" encontrarás las etiquetas "META" donde se encuentran varias etiquetas más. Ahí tendrás la etiqueta "description" que hace referencia

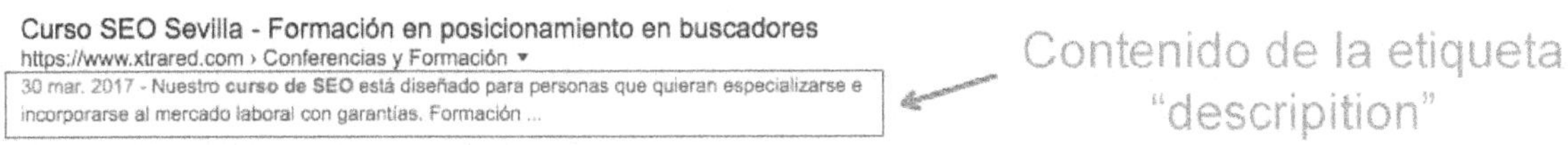

a la descripción de la página que estás visitando o vas a visitar. El contenido de esta etiqueta es el que Google muestra en las SERP de su buscador; por lo tanto, es muy importante que; por un lado sean atractivas para el usuario (para que haga click y tu CTR suba), y por otro que incluya la palabra clave por la que quieres posicionar ese contenido, tal como hemos comentado en la etiqueta "title".

3. **Palabra clave en el encabezado "H1"**

   En HTML, tenemos la posibilidad de destacar los textos de encabezado de nuestro contenido a través de las etiquetas <H1></H1>. Incluir la palabra clave al comienzo de este contenido nos va a ayudar (y a Google También) a destacar el contenido e identificar la relevancia del mismo. Tal como sucedía con las etiquetas anteriores.

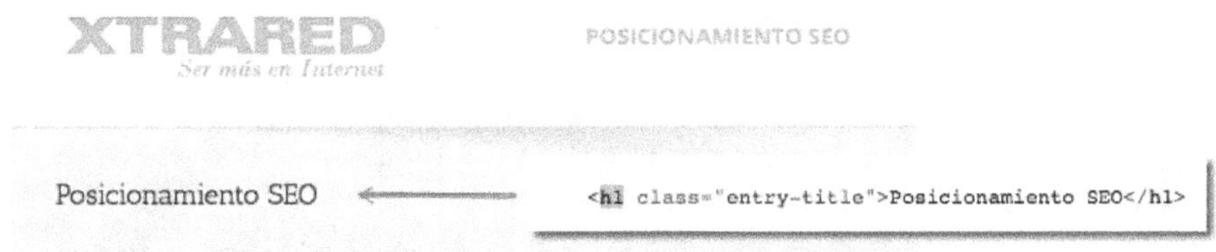

4. **Densidad de palabra clave incluida en el contenido**

   El número de veces que empleamos una palabra clave dentro del contenido de nuestra web, indica la relevancia que tiene el mismo para el término empleado.

   Hay que tener cuidado y no sobrepasar los límites que Google tiene establecidos en su algoritmo porque cuando un contenido es "Inflado" de palabras clave de forma reiterada se puede considerar "keyword Stuffing", una técnica penalizada por Google.

   Para evitar caer en una penalización de contenido (Panda), intenta que la palabra clave que quieras posicionar no sobrepase el 2% de tu contenido. **En esta herramienta** *http://tools.seobook.com/general/keyword-density/* puedes comprobar el nivel de densidad de cada palabra de tu contenido.

   Si usas WordPress, la mejor herramienta es Yoast SEO.

5. **El tamaño de los textos de tu sitio web**

   Todas las páginas que consiguen un mejor posicionamiento respecto a su competencia tienen un patrón común: Disponen de textos amplios superando **las 800 palabras** por documento HTML

6. **Contenido duplicado**

Ojo a este factor, pues es muy tenido en cuenta por el buscador a la hora de mostrar sus resultados. Disponer de contenido duplicado en nuestro sitio web tiene como consecuencia que dicho contenido no sea mostrado en las SERP. Si somos reiterativos y nuestra página web dispone de mucho contenido duplicado; podemos ser penalizados por "Panda" y nuestra web puede ser eliminada del buscador.

Herramientas como **"Similar Page Checker"** te pueden ayudar a encontrar el porcentaje de contenido duplicado que puede encontrarse en una web respecto a otra.

7. **Etiqueta Rel = canonical**

Cuando creamos contenido en nuestra página web, solemos usar etiquetas que nos permiten marcar este contenido a través de URL amigables para potenciar su SEO. El problema es que al generar este contenido, Google puede interpretarlo como contenido duplicado y eliminarlo del buscador.

Para evitar esta situación, la etiqueta "Rel = canonical" nos permite "informar" a Google de que esa página (donde aparece la etiqueta) es la página original y la que debe mostrar en sus resultados.

8. **Frecuencia de actualización del contenido**

Va a ser continua nuestra referencia hacia la calidad. Google quiere ofrecer resultados de calidad y para ello va a acogerse a indicadores de calidad del contenido para identificarlos. Y en Internet, **una actualización continua** de contenidos es un indicador de calidad.

Por este motivo, es importante que de forma periódica y constante crees nuevos contenidos para tu web. A Google le gusta el contenido relevante… y ¡fresco!

9. **Optimización de las imágenes de nuestra web**

Cuando hablamos de optimizar las imágenes de nuestra web, no hablamos únicamente de conseguir que tengan la mayor calidad al menor peso posible (que también es importante). Nos referimos a la posibilidad de etiquetar semánticamente este contenido.

Antiguamente, los buscadores no podían interpretar o leer el contenido de una imagen. Para ello, el buscador se acoge al atributo "alt" que podemos insertar en la imagen para identificar su contenido. El nombre del archivo también puede indicarnos el contenido de la misma. Te muestro captura de cómo optimizamos una imagen para SEO en WordPress.

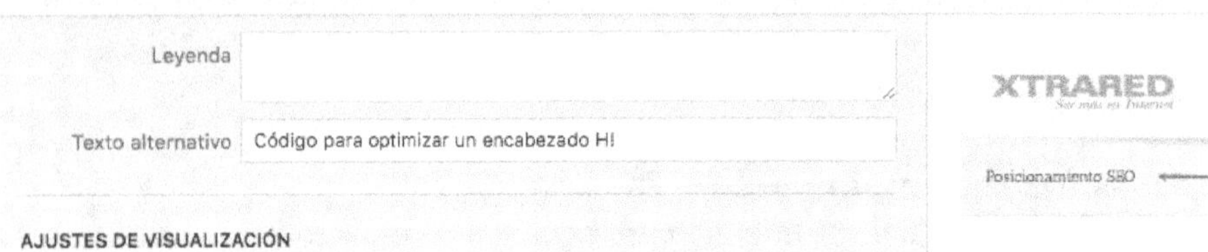

El "texto alternativo" hace referencia al atributo "alt"

10. Elementos del menú del sitio web.

El menú juega un papel importantísimo en una web. Tanto como el índice en un libro o temario. Por eso, es importante que sepamos organizar la arquitectura de la información de nuestro sitio web correctamente. Para ello ubicaremos el apartado más relevante en la primera posición de nuestro menú principal. Tal como puedes ver en la imagen.

más relevante   menos relevante

La actividad de este cliente se centra en la fabricación de "piscinas de poliéster". Por ello, el apartado "Piscinas de Poliéster" lo incluimos en el primer elemento de menú tanto en el menú principal como el menú superior.

11. Uso de migas de pan

Las migas de pan es un recurso muy útil en cuanto a usabilidad web para indicar al usuario en el lugar exacto de la página donde se encuentra. El uso de migas de pan ayuda a eliminar el aumento de páginas huérfanas de enlace en el sitio web por lo que facilitaremos su indexación. La gramática empleada para la creación del apartado en cuestión y en consecuencia, el elemento de menú; nos va a ayudar a marcar el contenido de forma relevante y optimizar nuestro sitio de una manera correcta.

12. Enlaces internos

Otra manera de potenciar el ranking de un apartado de nuestra web es el uso de **enlaces** internos apuntando hacia dicho apartado. Con ello estamos enviando señales de relevancia al buscador.

13. Enlaces Rotos

Los errores 404 (página no encontrada) hacen referencia a un enlace roto. Puede que sea porque el contenido ha sido eliminado y aún se encuentra indexado por el buscador. O más probablemente, es posible que la url haya cambiado y no se haya modificado el enlace. El aumento de enlaces rotos en un sitio web es un indicador negativo para el buscador. Si no cuidas este aspecto, es probable que tu web disminuya su ranking.

Existe una herramienta esencial para estos casos. Se llama **Broken Link Checker** *http://www.broken-linkcheck.com/*

14. Elevado número de Enlaces salientes

Si dispones de muchos enlaces salientes va a haber una consecuencia negativa para la página: su autoridad se verá disminuida al diluirse en tantos enlaces. Cada enlace de tu web debe ser "merecido". Es decir, tienes que saber seleccionar los enlaces salientes que pones en tu página.

15. Enlaces a páginas penalizadas

Debes tener precaución con los enlaces salientes que pones en tu página web. Si enlazas a una página que hace spam (venta de medicamentos prohibidos, contenido pornográfico, etc.) es posible que el apartado que incluye ese enlace sea penalizado.

16. Responsive Web Design

Este es un aspecto crucial. Teniendo en cuenta que la mayoría de usuarios acceden a Internet a través del móvil, es imprescindible que tu sitio web sea adaptativo para pantallas móviles. Google, desde abril del 2015 no muestra en su buscador móvil las páginas que no tienen sus contenidos optimizados para estos dispositivos.

17. Número de documentos de tu página web

Google también tiene en cuenta el tamaño de tu sitio web en base al número de documentos que incluye. Aunque no es un factor muy relevante.

18. Estructura de la información de la "home"

La página de inicio de una web es el documento más relevante del sitio. Por ello es importante que la información esté incluida de forma que lo más importante sea lo más visible de la página. Los enlaces de esta página son los que más valor tienen, por lo tanto no debes incluir en esta página enlaces salientes ya que estarás cediendo la autoridad de tu página a sitios externos. Emplea ese "link juice" para potenciar tus páginas internas.

19. Correcta estructuración del sitio web

La estructura web engloba a varios aspectos decisivos del SEO que se pueden englobar en "estructura web". El correcto uso de categorías y etiquetas, URLs y enlazado interno hace posible la fácil comprensión del contenido de una web consiguiendo así un mejor posicionamiento en los buscadores.

(Lecturalia.com/libros/fantasía/harry-potter/) *Ejemplo de contenido correctamente estructurado por categorías.

Dos puntos más adelante hablaremos en profundidad sobre este tema.

¿Cómo debemos tratar las páginas legales respecto al SEO?

Es una duda bastante común, desde el punto de vista del SEO ¿Cómo debemos tratar a las páginas legales?

Las páginas legales son obligatorias en cualquier página web hospedada dentro de la Unión Europea y deben de ser fácilmente accesibles para los usuarios, es por ello que se suelen colocar enlaces hacia todas las páginas legales (Política de cookies, Aviso de privacidad etc...) en el footer de nuestra web, esto implica un gran número de enlaces entrantes hacia esas páginas, disminuyendo así el PA y otorgando demasiada relevancia a las páginas legales la cual podría ser transferida a otras secciones más importantes.

Una opción que nos puede parecer la más lógica es marcar estos enlaces como Nofollow, pero en este caso **no es la práctica más recomendable** puesto que Google debe de poder acceder a estos enlaces y verificar que nuestra web contiene todas las páginas legales ya que esto nos otorga un pequeño plus en cuanto a optimización SEO.

Por lo tanto, **el método recomendado** para tratar las páginas legales es dejar los enlaces que les apuntan como Dofollow, permitiendo que las arañas puedan acceder a ellas e incluirles la etiqueta NoIndex anulando así la autoridad transmitida en los enlaces.

Cómo optimizar correctamente la home de nuestra web

La página de inicio o home es la página con mayor importancia de todo nuestro sitio web, es por ello que si queremos comenzar a optimizar nuestra página, debemos comenzar por la home puesto que es la que mantiene mayor autoridad y tráfico.

- **Contenido en la home**
  En la página de Inicio se suele tratar de modo general el contenido que podemos encontrar más extendido en el resto de nuestra web, y se suele optimizar para las palabras clave más competidas puesto que es la URL con mayor relevancia de todas.

  Una mala práctica bastante común es la de sólo cuidar el aspecto visual de la home y no incluir suficiente texto con el que conseguir un buen posicionamiento y una correcta amplitud semántica.

  Como mínimo, nuestra página de Inicio debe contener unas **1500 palabras de contenido optimizado** para las Keywords por las que queremos posicionar, este contenido debe de estar correctamente estructurado bajo h1, h2 e incluso h3 si se presta.

- **Correcta distribución del Link Juice**
  Debemos estudiar detenidamente cuáles son las principales páginas de nuestro sitio web, cuáles están relacionadas con ellas y cómo podríamos categorizarlas.

  Una vez tengamos esto claro, podremos comenzar a establecer enlaces desde la Home hacia las páginas principales con el objetivo de otorgarles correctamente link juice y autoridad.

  Asimismo, debemos evitar a toda costa situar enlaces hacia páginas externas desde la página de inicio puesto que estaremos realizando lo comentado arriba pero con una web que no es de nuestra propiedad, diluyendo así la autoridad de nuestro dominio.

- **Usa datos estructurados**
  Como dijimos antes, la página de inicio se suele usar para competir por las palabras clave más difíciles, es por ello que cualquier elemento que podamos emplear a nuestro favor nos será de gran ayuda. En este caso se trata de los datos estructurados que crean fragmentos enriquecidos. El objetivo es mejorar el CTR de nuestra página de inicio para escalar posiciones en las SERP.

ASPECTOS ON-PAGE
PARA CONSEGUIR UN SEO ÉXITOSO

FACTORES CLAVE

CONTENIDO

El contenido del sitio web es el que va a conseguir posicionarlo entre las mejores posiciones en los motores de búsquedas.

Este debe ser bueno y no sólo responder a la consulta del usuario, sino que también el usuario sienta que la información es tan útil que debe compartirla.

TITLE

Uno de los factores más importantes, ya que con él le describimos a los motores de búsqueda el contenido que hay en la página de forma clara y precisa. Esta etiqueta debe contener al menos 50 caracteres. Evita duplicar los títulos para potenciar el SEO. Esto será clave para tu CTR.

H1

Incluir nuestras palabras clave en las etiquetas H1 de nuestra página nos ayudará a destacar el contenido y que los motores de búsqueda identifiquen la relevancia de este.

OTROS ASPECTOS A TENER EN CUENTA:

URL

Es de vital importancia que la URL sea amigable, pero esta debe representar la información que vamos a encontrar en ella, para que los motores de búsquedas determinen la relevancia del sitio.

META-DESCRIPTION

Se trata de una breve descripción del sitio que se mostrará en los buscadores, Google no tiene en cuenta si está incluye la palabra clave para determinar la posición del sitio, pero está sí aparecerá en negrita por lo que llamará más la atención del usuario.

DENSIDAD DE PALABRAS CLAVE

El número de veces que usemos la palabra clave, indicará la relevancia del contenido. Evita el uso en exceso de la palabra clave para no conseguir un efecto contrario.

TEXTO ALT

Este texto es el que usan los motores de búsquedas para leer las imágenes. También podemos incluir una palabra clave aquí y en pocas palabras describir lo que se ve en la imagen. El text Alt también sirve para personas con discapacidad.

PÁGINA WEB OPTIMIZADA
El contenido de un sitio Web debe ser claro

Céntrate en el tema específico y debe estar incluido en el título, la URL, el text Alt y sobre todo y más importante el contenido.

- Crea contenido único.
- Crea enlaces internos.

CURSO SEO PROFESIONAL

5.3 FACTORES SEO DE ALOJAMIENTO WEB

Uno de los factores SEO "On-Page" a nivel técnico mas relevante es el hosting que se emplea para alojar un sitio web.

Es aconsejable no jugársela a la hora de contratar el plan de alojamiento de nuestra página. El hosting es esencial, no sólo porque influye de manera destacada en el SEO, sino porque es lo va a permitir que tu página sea visible, no tenga caídas y la experiencia de los usuarios sea óptima. Claves que influyen también en SEO. Vamos a desglosar las cuestiones que son relevantes en cuanto al servicio de alojamiento web de cara al SEO:

1. Geolocalización

Tan relevante como cierto. Google identifica la ip del servidor donde alojas tu página web. Las ip´s están geolocalizadas y si tu página está alojada en una ip Española, habrás ganado muchos puntos respecto a otras páginas que no lo estén de cara a tu posicionamiento en España.

Esto es extensible al SEO local. Es decir, si contratas tu hosting con un proveedor local que tenga su datacenter geolocalizado por ip en la provincia donde actúas. No lo dudes, contrata tu hosting ahí.

¿Cómo saber donde está geolocalizado un proveedor de hosting? puedes usar esta herramienta *www.utrace.de*

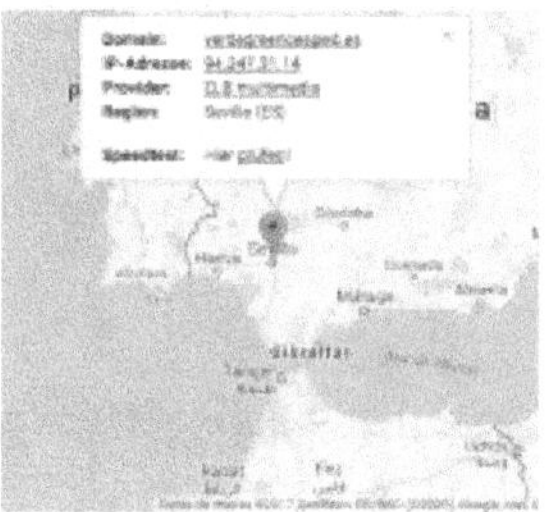

Juegas en casa, el partido lo empiezas ganando.

2. Velocidad de carga de la página web

La importancia del alojamiento web en cuanto a geolocalización también influye en otro aspecto: La velocidad de carga. Para Google, y para cualquier usuario de Internet, una experiencia de navegación fluida es síntoma de calidad. Y ahí entramos de nuevo en factores prioritarios para Google.

Las páginas que ofrecen una mayor rapidez de carga, serán mejor rankeadas. El hecho de que tu página esté alojada en un servidor geolocalizado en tu provincia o país, ofrecerá una velocidad de carga mejorada.

No cometas el error de hacer SEO en tu página web y contratar un hosting en EEUU para alojar dicha web por ahorrarte unos euros.

3. **Seguridad de tu hosting y SEO**

Con la llegada de los CMS como WordPress, Prestashop, etc; hemos encontrado grandes aliados para la gestión de sitios web robustos, seguros y fácilmente gestionables. Sin embargo, estos sistemas requieren de un mantenimiento técnico que si no se lleva a cabo, generan importantes agujeros de seguridad en nuestros sitios web para que los hackers, a través de los conocidos "malware" puedan hackear tu página y… perder tu posicionamiento SEO. Hablamos de **técnicas de SEO negativo.**

Puede darse el caso de que estés realizando un mantenimiento técnico preventivo de tu sitio web y aún así, tu página vuelva a ser hackeada. El responsable: Tu proveedor de hosting. El motivo es que no toma las medidas de seguridad necesarias a nivel de servidor.

El problema es que Google cuando identifica que tu página ha sido hackeada primero ofrece un mensaje adviertiendo que "tu sitio puede haber sido comprometido" y eso va a echar para atrás a tus visitantes. Con el paso de los días, si no solucionas el problema tu web será "baneada" o elminada de las SERP y tendrás que solicitar una reconsideración.

Un proveedor de hosting de calidad, te evitará estos dolores de cabeza.

4. **Alojamiento compartido VS servidor dedicado**

Cuando contratamos el servicio de hosting para una web, tenemos la opción de contratar hosting compartido o hosting exclusivo a través de un servidor virtual, dedicado o cloud.

- **Hosting Compartido:** compartes la ip de tu alojamiento con otras páginas. Esto quiere decir que si alguna de esas páginas hace spam y es incluida en alguna lista negra, tu web será arrastrada con ella. La consecuencia: Perjudicas tu SEO.
- **Servidor dedicado, virtual o cloud:** tienes el control de todo lo que es alojado en él, tienes una o varias ip´s. Es la opción que recomendamos.

Si te dedicas al SEO o quieres garantizar la visibilidad en buscadores de tu proyecto, es aconsejable que inviertas en un servidor virtual o dedicado. Hoy día tienen precios accesibles.

El alojamiento de la página web es crucial. No te la juegues.

FACTORES AVANZADOS DE HOSTING WEB:

Versión de PHP que usan:

Debemos conocer qué versión de PHP tienen implementada en su servidor. Si tienen una versión antigua de PHP puede derivar en problemas de seguridad o incompatibilidad con plugins o incluso CMS completos y como ya sabemos, esto perjudica nuestro SEO.

Tipo de Discos duros:

Debemos asegurarnos que usan discos SSD para conseguir una buena velocidad transferencia. (Junto con un buen ancho de banda)

IP dedicadas:

En caso de querer montar una PBN, debemos asegurarnos de que podemos modificar las direcciones IP de nuestras web para evitar penalizaciones en bloque de toda nuestra estructura web.

Soporte a compresión Gzip:

Gzip es un algortimo de compresión que aumenta la velocidad de carga de nuestra web, el problema es que no todos los hostings lo soportan, sería recomendable contar con esta tecnología que nos ayuda a ofrecer una mejor experiencia de usuario y un mejor posicionamiento en Google.

CDN:

Si tenemos un proyecto web destinado al ámbito internacional debemos barajar la posibilidad de contratar un hosting CDN. Este contiene diferentes copias de una misma web en diferentes servidores alrededor del mundo. Cuando un usuario accede a nuestra web automáticamente conecta con el servidor más cercano ofreciendo así una latencia menor y una mayor velocidad de carga. Asimismo, estamos geolocalizando nuestra web en diferentes puntos del globo de manera simultánea mejorando así nuestro posicionamiento.

5.4 MARCADO DEL CONTENIDO Y ENLACES INTERNOS

Marcado de contenido en SEO

El marcado de contenido a través del texto de la página y los enlaces internos del sitio web nos van a ayudar a mejorar el SEO de nuestra página.

Los enlaces internos nos ayudan a conducir a nuestros usuarios a través de los diferentes apartados de nuestra web. Pero también nos pueden ayudar a mejorar nuestro SEO ¿Cómo? a través de lo que se llama el "Internal Linking".

Google quiere páginas sencillas, que faciliten la navegación

Desde hace tiempo hemos sabido que la usabilidad, como parte fundamental en el uso de una web, es una cuestión relevante también para el SEO. El uso de "migas de pan" y una buena construcción de enlaces internos; nos va a permitir potenciar nuestro SEO por varias cuestiones que pasamos a enumerarte:

- Vas a facilitar la indexación del contenido de tu página web. Como ya hemos comentado, Google sigue los enlaces que hay en página web (salvo los que marcas como "no follow"); si organizas bien los enlaces internos de tu página, facilitarás a Google la labor de indexación.

- Mejorarás la experiencia de navegación de tus usuarios ofreciendo una estructura y jerarquía de contenidos adecuada.

- Aumentará el tiempo de estancia en tu web, bajarás la **tasa de abandono**

- Enriquece el contenido.

- Distribuyes adecuadamente el "**Link juice**"en tu web.

Al final, como puedes comprobar, reiteramos una y otra vez en lo mismo. **Contenido de calidad, usabilidad, experiencia del usuario… todo ello en pos de conseguir el mejor posicionamiento en buscadores.**

¿Cómo marcamos el contenido de nuestra web a ojos de Google?

Google necesita identificar la densidad semántica de tu sitio web. Si en un apartado tienes textos, imágenes y videos que usan un mismo término, el buscador potenciará tu posicionamiento por este. Pongamos un ejemplo:

Si quieres posicionar una página por el término "abanicos personalizados", este podría ser el esquema de marcación del contenido:

1. El título de la página (etiqueta title) sería "Abanicos personalizados + localidad, o información específica".
2. La URL amigable de la página: www.tuweb.com/abanicos-personalizados/
3. El encabezado o título de párrafo (h1) "Abanicos personalizados"
4. Las imágenes del apartado deberían llamarse así: "abanicos-personalizados.jpg"
5. El texto debería incluir, de forma natural, varias expresiones relacionadas con "abanicos" y "personalizados" incluyendo la cadena clave que queremos posicionar "abanicos personalizados"
6. En la estructura de enlaces internos, este apartado debería ser enlazado con el "Anchor text" (descripción del enlace) de "abanicos personalizados".
7. Debería ser enlazado por páginas externas, redes sociales haciendo referencia a la terminología

empleada. ¡Ojo! no abuses del "Anchor Text", si todos los enlaces tienen el mismo, Google puede penalizarlo.

Con todas estas directrices, marcas el contenido a los ojos del buscador y consigues destacar por ese término. Evidentemente, tu posicionamiento SEO será el resultado de múltiples factores como los que estamos comentando en este curso.

Enlazado Interno

En enlazado interno es un factor que cada día está consiguiendo más fuerza y popularidad, este factor On-page nos permite ayudar al buscador a **indexar antes y mejor nuestra web** ya que le estamos ofreciendo una estructura clara y ordenada de nuestro sitio. Con un buen enlazado interno estaremos indicando a Google qué páginas en concreto son más relevantes y por qué palabras clave así como las páginas que no deben de posicionarse con fuerza.

Técnicas de enlazado Interno

Vamos a ver técnicas específicas de enlazado interno que podemos aplicar a nuestra web para conseguir, como dijimos antes, un mejor posicionamiento.

- **Breadcrumbs:**
  Los Breadcrumbs o migas de pan indican a la araña de Google y al usuario una idea muy clara sobre el lugar exacto de nuestra web en el que se encuentra, esto ayuda a comprender nuestra estructura web de un modo más sencillo.

  Si tenemos un WordPress, la mayoría de las plantillas ya nos incluye los breadcrumbs automáticamente, hay quien no les gusta visualmente, pero son de gran ayuda para el SEO.

- **Interlinking en árbol**
  Esta técnica consiste en dividir nuestra web como si de un árbol se tratase, es la más usada para páginas de contenido o corporativas.

  La página de Inicio enlaza directamente a categorías que en este caso pueden ser por ejemplo Frutas y Verduras

  Dentro de la categoría de Frutas tenemos la página de las naranjas, las peras, las fresas… Y dentro de las naranjas encontramos las de zumo, ácidas y clementinas.

  Bueno, pues cuando la araña de Google llegue a la página de clementinas siguiendo la estructura de enlaces que hemos creado, ya sabrá que en la página clementinas estamos hablando de naranjas y que nos referimos a las naranjas de fruta.

- **Interlinking circular**

La técnica es muy sencilla, al final de cada página incluimos un enlace hacia otra de nuestras páginas creando un **círculo de enlaces** entre las secciones de nuestra web.

La efectividad y sencillez de este método está comprobada. Aunque lógicamente estructuras como el interlinking en árbol da mejores resultados, hay casos en los que sólo podremos aplicar en enlazado interno circular, ya sea porque no podemos clasificar nuestro contenido en categorías cerradas o porque no disponemos de los recursos para realizar una reestructuración de la web.

- **Interlinking en racimo**

Esta técnica se realiza junto con una tabla de excel. La idea principal es que las páginas más difíciles de posicionar reciban más enlaces y las más fáciles de posicionar reciban menos.

Para realizar esta técnica debemos descargar te facilitamos una plantilla que podrás ver en la página de "contenido extra" de este tema. Introduciremos las palabras clave que vamos a usar para cada una de las páginas junto con su número de búsquedas, luego ordenaremos de menor a mayor.

La página con el término menos buscado tendrá por norma general menor competencia para posicionar por lo que necesita menos ayuda. Esta página será la que tenga más enlaces salientes y ninguno entrante. Así vamos introduciendo los enlaces según nos indica nuestra tabla de excel y veremos cómo el **link juice tan bien repartido** impulsa el posicionamiento de esas keywords difíciles.

5.5 URL Y SEO

URL y SEO

Hablamos de otro factor determinante del SEO muy relacionado, como no puede ser de otra manera, con la términos gramaticales con los que confeccionamos nuestra web. En este caso las URL de nuestro sitio web.

- **¿Qué es una URL?**

  URL se corresponde con una sigla inglesa que significa "Uniform Resource Locator" (Localizador uniforme de recursos). Se trata de la secuencia de caracteres que sigue un estándar de dirección web para que pueda ser localizado.

  Dicho en otras palabras: una URL es la dirección exacta de un contenido en Internet.

  Por ejemplo: La URL de la web de este curso es www.cursoseoprofesional.com. Sin embargo, la URL donde puedes ver el glosario de términos SEO es *http://www.cursoseoprofesional.com/category/glosario-seo*.

Ambas direcciones son URL, la ubicación exacta del contenido. Al navegar por una web irás viendo todas sus URL en la caja de dirección web del navegador.

* **¿Qué tipos de URL podemos encontrarnos en un sitio web?**
  Las URL suelen diferenciarse en dos tipos: URL dinámicas y URL estáticas

* **¿Qué es una URL dinámica?**
  Las URL dinámicas cargan contenido de bases de datos y son generadas por lenguajes de programación dinámicos como php, asp, etc. Este tipo de URL suelen tener carácteres y signos que no permiten identificar su contenido, por ejemplo "www.cursoseoprofesional.com/post.php?post=886&action=edit". Este tipo de URL tienen dos grandes inconvenientes: una misma URL puede apuntar a diferentes tipos de contenido; y por otro lado al usuario le es muy difícil memorizarla o comprenderla.

* **¿Qué es una URL estática?**
  Una URL estática es una URL que no cambia y no tiene caracteres o parámetros de sesión, consultas, etc. Son direcciones con una nomenclatura clara. Como por ejemplo: www.cursoseoprofesional.com/contacto.

¿Cuáles son las mejores URL a emplear para conseguir un buen SEO?

La mejor opción y la más extendida en la actualidad son las "URL amigables para SEO". Un híbrido entre URL dinámica y estática. A través de de la programación de la página (normalmente con un sistema CMS) tendremos la posibilidad de dar nombre a una URL dinámica con una nomenclatura estática. Para ello emplearemos sistemas como WordPress o plugins como Yoast SEO y muchos más.

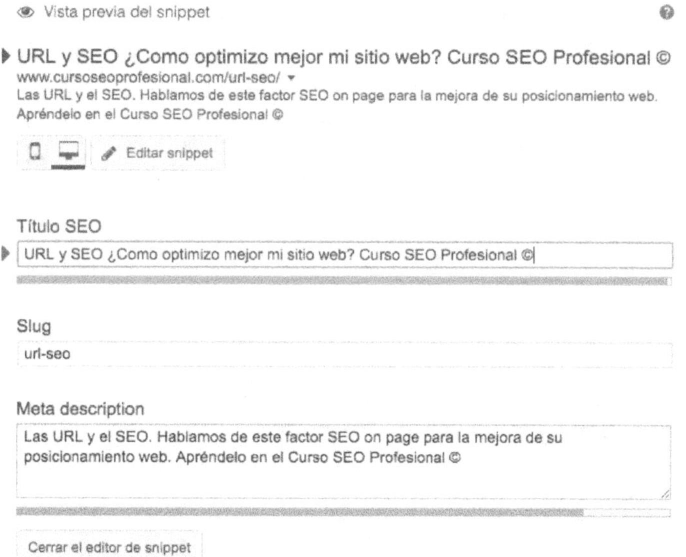

Captura de configuración de este artículo en Yoast SEO. Como puedes ver la casilla "slug" te da la opción de poder generar la URL amigable para este artículo.

¿Cómo configurar WordPress para que cree URLs amigables automáticamente?

Gracias al uso de CMS, podemos agilizar gran parte de los procesos que conlleva el desarrollo web, entre ellos se encuentra la asignación de URLs a cada uno de nuestras páginas. En el caso de WordPress, incluso podemos hacer que automáticamente cree URLs amigables, vamos a ver cómo podemos hacerlo.

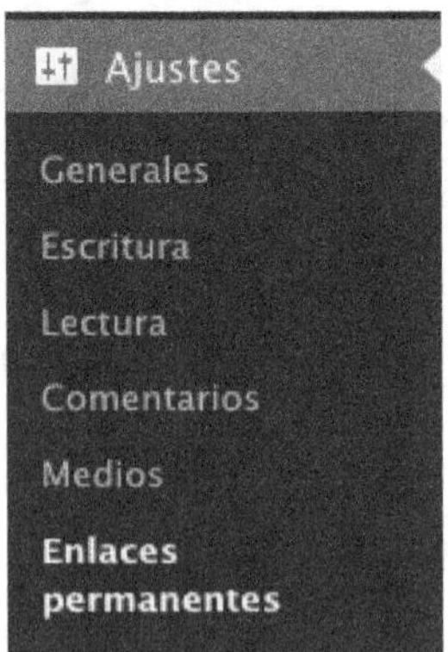

Desde Ajustes / Enlaces permanentes, accedemos a un menú en el que podremos editar la estructura de las URLs de nuestro WordPress.

En la primera sección (Ajustes comunes) es donde realizaremos el cambio, debemos marcar la opción de "Nombre de la entrada", de este modo, WordPress usará el nombre de la entrada o página que hayamos introducido para incrustarlos en la URL, dando el siguiente resultado:

Título: Cómo optimizar tu Home Page para SEO

URL: midominio.com/como-optimizar-tu-home-page-para-seo

Esto nos es de gran ayuda, pues en muchas ocasiones, pasamos por alto modificar la URL de nuestra nueva publicación.

Configurar URLs amigables desde .htaccess

Para que nuestras URLs sean fáciles de recordar por nuestros usuarios y nuestro posicionamiento SEO se vea beneficiado es recomendable que dispongamos de URLs amigables en nuestro sitio web. Esto podemos configurarlo desde el archivo .htaccess.

Para poder configurar las URLs amigables en nuestro sitio web, nuestro servidor debe funcionar con la configuración Apache, disponible en la mayoría de los alojamientos, y activar el modo reescritura de URL.

Esto se hace añadiendo a nuestro archivo .htaccess la siguiente línea:

RewriteEngine on

Una vez activado el modo de reescritura, podremos crear las redirecciones de las URLs que queremos cambiar añadiendo la siguiente línea:

RewriteRule ^seo/(.)$ /seo.php?id=$1 [L]*
^ sirve para indicar que es el inicio de la expresión regular.
(.) con esto indicamos que cualquier subcategoría o URL que venga detrás de la categoría SEO también se muestre.*

$ Con esta expresión regular marcamos donde debe acabar la URL
$1 Es donde se guarda la variable de la URL real

[L] Es para indicarle al servidor que ahí termina la regla.

Puedes crear tantas reglas de reescrituras como URLs amigables quieras configurar.

Puedes crear URL amigables más simples, si solo corresponde a cambiar el nombre de una página simple en ese caso sería de la siguiente forma:

Ejemplo 1:
RewriteRule ^contacto$ /contacto.php [L]

Ejemplo 2:
RewriteRule ^contacto$ /?p=123 [L]

5.6 LAS REDIRECCIONES EN SEO ¿QUÉ SON? ¿PARA QUÉ SIRVEN?

Redirecciones en SEO ¿Qué son?

La redirección es una opción muy útil para indicar tanto a usuarios como buscadores la ubicación en la que se encuentra en la actualidad el contenido al que se quiere acceder.

En SEO, las redirecciones forman parte activa de la optimización de un sitio web. Un uso indebido de estas puede perjudicar gravemente nuestra visibilidad.

Como comentábamos en el módulo uno del curso, existen dos tipos de redirecciones:

- **Redirección permanente (301)**: Indica que el contenido ha sido movido permanentemente a otro lugar, por lo que el buscador dejará de tomar en cuenta la URL antigua para incluir la nueva. Redirige a usuarios y buscadores trasmitiendo la autoridad SEO o SEO Score que tenía en la URL antigua hacia la nueva. Ideal cuando comienzas un nuevo proyecto pero quieres beneficiarte de la autoridad SEO que tenías en el anterior.

- **Redirección temporal (302)**: indica que el contenido ha sido movido temporalmente a otro lugar. Aunque redirige a los usuarios y buscadores al sitio nuevo, no trasmite la autoridad SEO del dominio o URL original.

¿Cuándo debemos hacer uso de una redirección?

Las redirecciones son muy importantes sobre todo cuando:

- Queremos actualizar el contenido de una URL en concreto, que ahora se encuentra en otra URL. Por ejemplo, un producto de una tienda online.

- Cuando necesitemos evitar que Google considere que un contenido es duplicado.

- Cuando cambiamos el dominio de nuestro sitio web y no queremos que pierda posicionamiento.

- Queremos cambiar la configuración URL de nuestro sitio web agregando directorios u otros.

- Deseamos aprovechar la autoridad de una URL específica para usarla en una nueva.

¿Cómo podemos agregar las redirecciones en un sitio web?

Existen diferentes formas de agregar redirecciones a nuestro sitio. Desde el propio panel de gestión del servidor, el CMS o por código a través de htaccess.

En la imagen inferior puedes ver cómo se ha implementado una redirección 301 a través de Cpanel, panel de gestión de hosting.

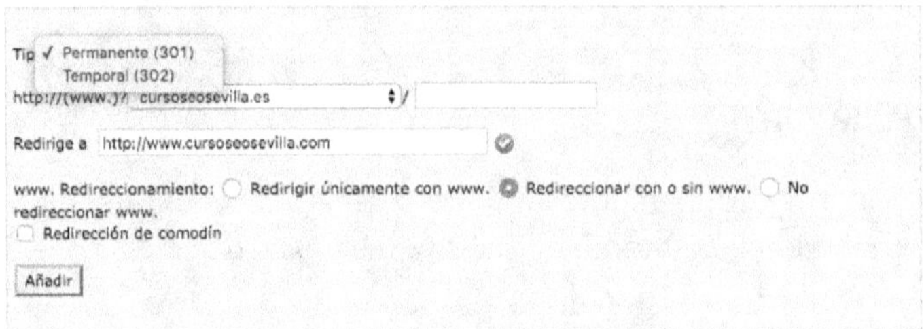

¿Cómo nos dice Google que debemos realizar las redirecciones?

Google nos recomienda realizar redirecciones 301 desde el propio servidor.

Si usas WordPress, tienes un aliado en el plugin "Redirection" que te va a ayudar a localizar páginas con error 404 para redirigirlas a donde se encuentre el contenido original. Realmente, este plugin (al igual que muchos otros) sólo agiliza un trabajo que podemos hacer a mano.

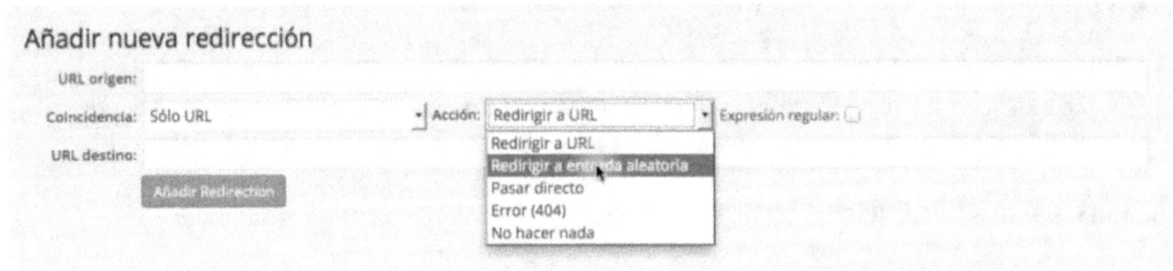

Sin embargo, cuando hacemos redirecciones en masa (P.ej: Cambiamos la URL del Blog de "midomino.com/blog" a "midominio.com/artículos") la práctica más recomendable es usar .htaccess, puesto que desde el plugin de WordPress deberíamos introducir cada redirección a mano. En cambio en .htaccess podemos introducir la url antigua y la nueva para que la redireccione junto con sus subdirectorios en sólo dos líneas.

Esta es la mejor opción por dos motivos. El primero es que nos lleva menos tiempo si tenemos muchos artículos en el blog y en segundo lugar, reducimos el número de líneas en nuestro .htaccess por lo tanto, también la velocidad de carga.

Como ves, la labor del SEO es mucho más ardua de lo que podemos imaginar en un principio. Lo importante es saber rodearse de las herramientas adecuadas para ser lo más productivos y eficientes posible.

¿Cómo resolver errores 404 de Google Search Console con redirecciones?

Desde Google Search Console podemos ver cuales son los errores de rastreo que Google ha detectado en nuestra web.

Este aspecto debe ser atendido puesto que una página con un alto número de errores 404 da a Google imagen de web descuidada. Accedemos a ellos en Rastreo / Errores de Rastreo. Ahí veremos los errores de rastreo junto con sus códigos de respuesta, en este caso nos centraremos en los 404.

Encontraremos listados en cada uno de los 404 que Google ha encontrado en nuestra web, esto podemos solucionarlo mediante una redirección como se indica más arriba, después de eso, solo debemos marcarlo como solucionado en Search Console y habremos resuelto el problema.

Para Google y todos nosotros, la seguridad es un indicador de calidad de un sitio web. Bajo esa premisa, podemos entender que todo indicador de calidad será positivo para el SEO.

En este sentido, ofrecer un sitio web seguro a nuestros usuarios será un factor determinante para mejorar nuestro SEO. Por ello, disponer de un certificado de seguridad SSL nos ayudará a ofrecer una experiencia de navegación más segura a nuestros usuarios y conseguir más puntos de cara a nuestro SEO score.

¿Qué es un certificado de seguridad SSL y para qué nos sirve?

SSL son las siglas de (Secure Socket Layer) y es un protocolo abierto de seguridad con el que conseguimos que la transmisión de información entre usuario y servidor sea encriptado ofreciendo el mayor nivel de seguridad posible.

Puedes saber que estás navegando en una web que ofrece este tipo de certificado observando que aparece un candado junto a la URL de la misma. Este tipo de certificados verifican la autenticidad de un sitio web y la empresa que está tras él, para que el usuario tenga la plena confianza de que está transmitiendo sus datos en un entorno seguro y que sólo la empresa y él podrán ver esa información.

¿Por qué es aconsejable tener un SSL en nuestra web?

En Agosto de 2014, Google informó que las páginas que ofrecieran un certificado SSL serían beneficiadas en las SERP. Desde entonces, los profesionales del SEO recomiendan instalar el certificado SSL en los sitios web. El impacto que este factor tiene en el algoritmo de Google es de un 1%. Lo suficiente para desequilibrar la balanza con tu competidor.

¿Qué debo tener en cuenta a la hora de instalar el certificado SSL en mi web en cuanto a SEO?

Es muy importante saber que para Google, una URL con "http" es diferente a una URL "https". Cuando instales tu certificado SSL, tu página pasará a ser visible tanto en "http" como "https". Esto significa que tu página ofrecerá contenido duplicado y puede darte problemas de indexación con Google. ¿Cómo solucionamos esto?

- Configura adecuadamente tu sitio, crea una redirección global permanente (redirección 301) de http hacia https.

- Adapta correctamente las "canonicals" estableciendo https.

- Cambia los enlaces externos e internos, ten en cuenta también las url de las imágenes y otros elementos.

- Genera de nuevo tu sitemap.xml

- Genera una nueva propiedad en Google Search Console.

- Crea un nuevo perfil o modifica los ajustes de Google Analytics.

- Comprueba que todas las páginas de tu sitio web ofrecen código 200 (todo ok), lo puedes hacer con WebSite Auditor de SEO Power Suite.

Si usas WordPress, puedes usar un plugin que agiliza mucho todo este proceso. Se llama **Simple SSL**.

La última actualización de Google respecto a las páginas sin certificado SSL

En algún momento Google iba a actuar respecto a las páginas sin certificado SSL puesto que siempre busca ofrecer la mejor experiencia y seguridad a sus usuarios.

En Julio del 2018 las páginas web sin certificado SSL mostrarán un aviso de pantalla completa indicando que el sitio web al que el usuario intenta acceder no es seguro. Esto disparará el porcentaje de rebote de la web y le hará perder posiciones sustancialmente.

Es por ello que hacernos con un certificado SSL se convierte en tarea vital para proyectos web serios.

El precio de un certificado SSL varía en gran medida, pudiendo contratar uno de manera gratuita, desde 25€ anuales o hasta grandes cifras como es el caso de los e-commerce más populares.

5.8 LA TASA DE REBOTE O ABANDONO Y SU INFLUENCIA EN SEO

Continuamos este módulo 5 en el que estamos analizando los factores "On-Page" que influyen en el posicionamiento SEO de tu sitio web. En esta ocasión vamos a tratar un indicador clave relacionado con la cualificación de las visitas que recibe nuestra página: La tasa de rebote.

Tasa de abandono o rebote ¿Qué es?

La tasa de abandono o porcentaje de rebote es un indicador que se refiere al porcentaje de visitas de una sola página en todo el sitio web. Es decir, visitas en las que el usuario en cuestión ha abandonado la web sin navegar en ninguna otra página del sitio sin interactuar en ella.

Este tipo de visita se considera de rebote o abandono porque se puede considerar que el usuario ha accedido al sitio esperando una información o contenido que finalmente no ha encontrado.

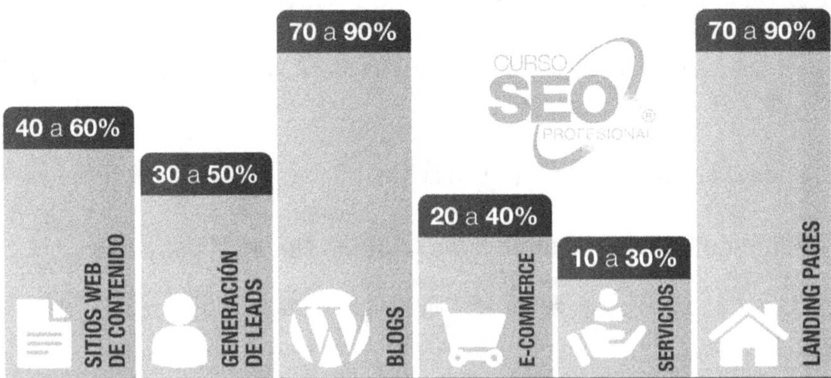

¿Por qué es importante la tasa de abandono respecto al SEO de una página web?

El algoritmo de Google, a la hora de clasificar sus resultados en las SERP tiene en cuenta muchísimos factores; tal como estás viendo en este capítulo. Pues bien, Google también tiene acceso a las estadísticas de la amplia mayoría de sitios web de Internet a través de Google Analytics con el objetivo de analizar cuestiones como número de visitas, páginas que navega cada visita, procedencia, etc.

Y uno de los indicadores que analiza para establecer sus resultados es el porcentaje de rebote o tasa de abandono.

¿Te preguntarás por qué? la respuesta es porque una elevada tasa de abandono es señal inequívoca de que el contenido del sitio web es de escaso o nulo interés para las visitas de ese sitio. Por lo tanto, una elevada tasa de rebote perjudicará tu SEO.

¿Por qué mi sitio web tiene una tasa elevada de rebote?

- Tu web no tiene una buena estructura de contenidos.
- No tiene diseño responsive.
- No has seleccionado bien el público al que vas dirigido.
- Te estás posicionando en buscadores por términos no adecuados.
- Tu web no aporta contenido o información de calidad.
- Estás siendo víctima de SEO negativo.
- Estás recibiendo visitas Spam.
- Tu web ha sido hackeada o atacada.
- Tienes páginas web antiguas o huérfanas.
- Tienes un importante número de páginas que devuelven error 404 (página no encontrada).

¿Cómo conseguimos una baja tasa de abandono o rebote?

La respuesta es lógica: ofreciendo contenido de interés a tus usuarios. Contenido que les haga navegar por diferentes páginas y eleven el tiempo de estancia en el sitio web el máximo posible. Vamos a comentar algunos aspectos que te ayudarán a mejorar la tasa de abandono de tu sitio web:

- **Tu infraestructura web**:
  Si tu página web no dispone de navegación de documento.html a documento.html (o php, etc.) tu página es lo que se llama una "Landing Page" o página de aterrizaje. El hecho de que todo el contenido de tu sitio web sea navegable en un único documento tendrá como consecuencia un alto porcentaje de rebote. Lo ideal es que tu sitio esté construido con varios documentos html. o php., usar un CMS como WordPress hoy en día se fundamental.

- **El diseño de tu página web**:
  Una página web bien diseñada y organizada invita a su navegación. Sin embargo, seguramente hayas navegado por alguna página web que te invite a salir de ahí cuanto antes (popups, publicidad, etc.). Debemos usar una tipografía clara y grande, un diseño limpio y sencillo que no contenga excesivos elementos, además de aprender a usar los encabezados H1, H2 y H3 correctamente, nos ayudarán a estructurar nuestro contenido haciendo que su presentación sea más visual e incite a los usuarios a leerlo.

- **Velocidad de carga**:
  Ya hemos comentado en los factores de alojamiento web que la velocidad del mismo es fundamental, en este caso también. Una página lenta termina por desesperar al usuario provocando su abandono. Contrata un servidor rápido.

- **Orienta adecuadamente tu público**:
  En Google Search Console podrás analizar el tráfico de búsqueda, observando los términos que emplean tus visitantes y desde Google Analytics podrás comprobar la tasa de rebote que tienes a través de cada cadena clave. Ver las cadenas clave que tienen una menor tasa de abandono te va a permitir ir definiendo mejor tu público y encontrando los términos adecuados para conectar con él.

- **Enlaza adecuadamente el contenido interno**:
  Aprovechar el contenido para enlazarlo adecuadamente te va a ayudar a generar más visitas a las diferentes páginas de tu sitio web.

- **Usar técnicas de Growth Hacking**:
  Las técnicas de Growth Hacking son acciones creativas que se ejecutan en estrategias digitales para generar interacciones con los usuarios para conseguir resultados concretos.

  Insertar llamadas a la acción en cada apartado de nuestra web, formularios de contacto y otras opciones van a potenciar una bajada de tu tasa de rebote gracias a la navegación "guiada" que vas a generar con el usuario.

- **Mejora tu contenido**:
  Nadie dijo que iba a ser fácil. Triunfar con una web supone mucho trabajo, análisis y más trabajo. A modo informativo, te dejamos esta infografía con interesantes datos del porcentaje de rebote: *https://www.cursoseoprofesional.com/tasa-de-abandono-seo/*

- **Usa una web Responsive**:
  Debido al creciente número de búsquedas web realizadas desde móvil si nuestra web no está adaptada para móviles, sufriremos una alta tasa de rebote en nuestra web ya que los usuarios accederán a una página que no posee una navegación y visibilidad cómoda para estos dispositivos. Además de una considerable bajada en el posicionamiento de nuestra web debido a la incorporación del algoritmo Mobile First.

- **Agrega vídeo a tu contenido:**
  El vídeo es un formato que ha tomado gran presencia en Internet y que es muy bien recibido por los usuarios, es por ello bastante probable que si insertamos un vídeo relevante en nuestra página, gran parte los usuarios tiendan a reproducirlo aumentando así el tiempo de estancia en nuestra página además de mejorando el engagement.

- **Añade infografías:**
  Está demostrada la efectividad de las infografías, mejoran el tiempo de estancia de los usuarios, resumen de manera cómoda lo que trata nuestro artículo y dan más credibilidad y profesionalidad al contenido.

  Las infografías son uno de los elementos multimedia más empleados en el entorno profesional.

5.9 OTROS FACTORES SEO ON-PAGE QUE DEBES TENER EN CUENTA

Factores SEO On-Page que debes tener en cuenta

Hemos hablado de los principales factores SEO On-Page. Pero debes saber que existen muchos más que en su conjunto son muy importantes para conseguir un buen SEO.

En este capítulo, vamos a tratar de forma abreviada aquellos factores **SEO On-Page** que debes tener en cuenta y que no hemos tratado anteriormente.

- **Sindicación del contenido**: El contenido sindicado es contenido que cargas en tu web desde una fuente externa, fundamentalmente a través del estándar RSS. Algunos expertos en SEO aseguran que la sindicación de contenidos favorece nuestro SEO en cuanto a la verificación de la originalidad o autoría del contenido.

- **Nivel de complejidad del contenido (texto)**: Google tiene la capacidad de identificar la complejidad de un contenido de texto. Teniendo en cuenta que los usuarios acceden al buscador para dar respuesta a sus dudas o problemas, Google beneficia de una forma destacada aquellos textos que usan una terminología educativa unido a palabras que favorecerá su comprensión. Por ejemplo: si buscas información sobre el término "Quiromasaje", Google va a potenciar el SEO de páginas que empiecen con el título con encabezado "H1" como el siguiente: "Quiromasaje ¿Qué es?".

- **Errores en el código HTML**: El robot de Google lee el contenido HTML de tu web y lo interpreta. Si nuestras páginas no siguen una programación estándar ofreciendo errores de código, nuestro SEO se verá perjudicado. La mejor manera de evitar este tipo de problemas es el uso de CMS optimizados como WordPress, o disponer de maquetadores profesionales para tu sitio web.

- **Cita páginas de referencia y poner enlaces hacia ella**: El buscador cuando rastrea nuestra página, la etiqueta y valora de forma muy positiva que páginas web de nuestra misma temática pongan enlace hacia ella. Al fin y al cabo, Internet tiene como razón de ser su carácter divulgativo y Google potencia que quieras "ayudar" a tus usuarios ofreciéndoles contenidos relacionados de otros sitios web que puedan ayudarles.

- **Enlaces "patrocinados"**: Antiguamente los profesionales del SEO y webmasters, se veían obligados a colaborar intercambiando enlaces entre sitios web para conseguir un buen pagerank que les ofrecía, en consecuencia; un mejor posicionamiento en el buscador. Estas colaboraciones en cubierto se mostraban en los sitios web a través de "enlaces patrocinados". Es posible que si empleas este término al enlazar páginas desde tu sitio web, el **Link Juice** que le aportes sea nulo.

¿Cómo geolocalizar tu página web para aprovechar el SEO local?

Ya hemos hablado con anterioridad de este aspecto, sin embargo vamos a repasar las **técnicas recomendadas para realizar SEO local**.

1. Menciona la zona geográfica en la que se va a acotar el alcance de tu web junto con la palabra clave y optimiza la web entorno a ellas (P Ej: Arreglar caja de cambio Sevilla).

2. Crea una ficha en Google My Business de manera inmediata. Esta aporta gran cantidad de beneficios para el SEO Local, es posible que Google haya creado automáticamente tu ficha, en ese caso debes reclamar la propiedad.
   - Las fichas de **Google My Business** nos ayuda a que Google conozca dónde se sitúa el área de acción de esa web.
   - Muestran resultados en los **Local Pack**
   - En caso de que alguien busque en Google el nombre de la empresa, le mostrará nuestra Ficha de My Business completa.
   - Integra las **geo-meta-tags**. Estas etiquetas son una clase de datos estructurados que sirven para indicar la ubicación exacta del negocio que gestiona esa web.

A pesar de parecer excesivo, Google premia el SEO local en mayor medida cuando realizamos todas estas técnicas juntas, de hecho, sólo con crear la ficha en Google My Business ya estamos indicando la dirección exacta, sin embargo Google quiere veracidad en la información que muestra, es por ello que para realizar SEO Local debemos de indicar por todos los medios que estén en nuestra mano la ubicación, zona de acción e información de contacto de esa página web.

¿Cómo optimizar los artículos de tu blog para aparecer en las búsquedas por voz?

Los comandos por voz son una tecnología que cada vez cobra más popularidad, de hecho grandes empresas como Amazon o Google están apostando fuertemente por ellas.

Una de las funcionalidades de los comandos por voz son las búsquedas por voz las cuales poco a poco cada vez están tomando más relevancia para los usuarios. Es por ello, que los profesionales del SEO deben adaptarse a esta nueva tendencia cuanto antes y empezar a optimizar sus contenidos con este nuevo método de búsqueda en mente.

Factores a tener en cuenta para hacer SEO por voz

- **Optimiza la velocidad de carga**
  Una de las mayores ventajas que ofrecen las búsquedas por voz es la inmediatez en la respuesta, si el asistente de voz quiere cargar el contenido de tu web y este tarda demasiado tiempo simplemente abandonará tu web y esta dejará de ser un resultado relevante para las búsqueda por voz del asistente.

- **Crea contenido basado en un sistema de preguntas y respuestas**
  Es la manera más sencilla de aparecer por las búsquedas por voz, si realizamos artículos en un formato de preguntas y respuestas cortas Google tomará la información del artículo y la interpretará con mayor facilidad haciendo mucho más probable que nuestro contenido aparezca como resultado en las búsquedas por voz aunque como ya sabemos, nada está asegurado en el mundo del SEO.

- **Debemos de marcar las preguntas con H2 e incluir su respuesta inmediatamente debajo.**
  Ésta debe tener una extensión no superior a una frase y que no exceda las 29 palabras. De este modo nuestro contenido será respondido en voz alta por el asistente de voz.

- **El contenido que ha sido compartido en redes sociales** tiende a aparecer más frecuentemente en las búsquedas por voz.

- **Evita por todos los medios el uso de tecnicismos**
  Google siempre busca ofrecer la mejor información a sus usuarios por ello premia el contenido redactado con una gramática sencilla y comprensible con todos, en el caso de las búsquedas por voz lo es en mayor medida.

CONTENIDO EXTRA

Factores onpage contenido actualizados

SEO para busquedas por voz

Infografía factores on y offpage

6. FACTORES DE SEO OFF-PAGE

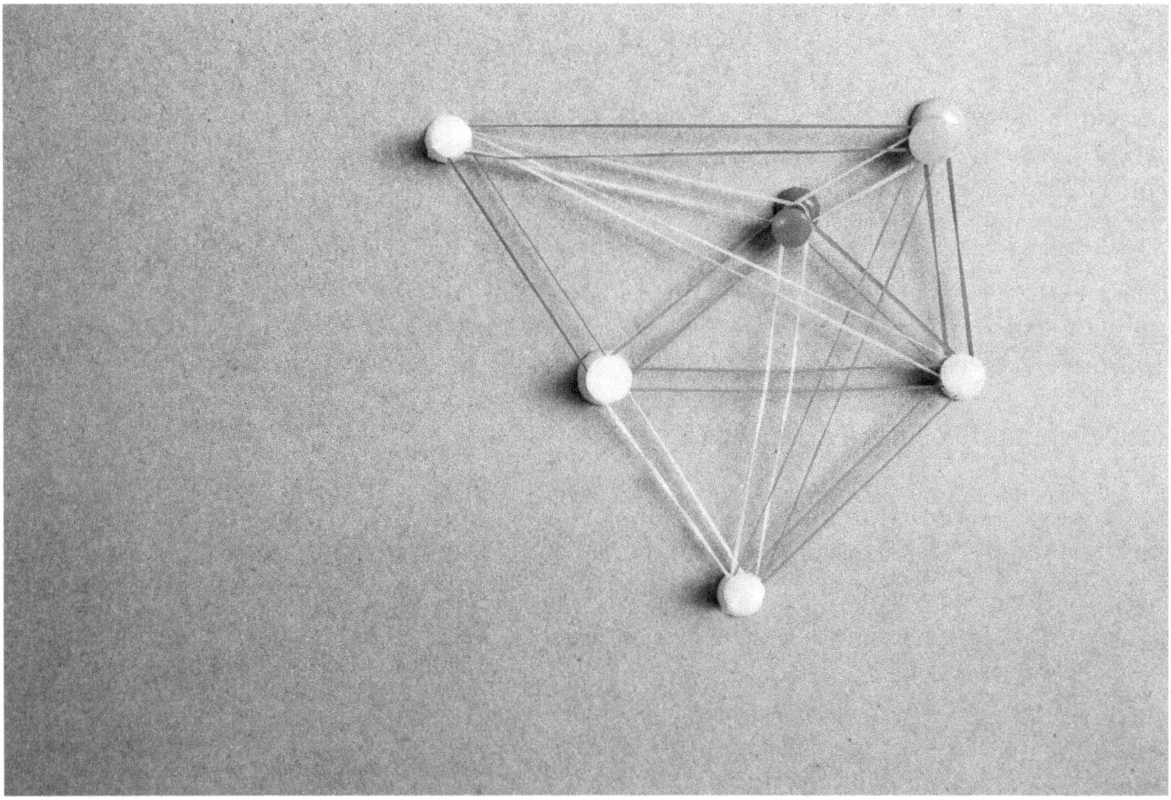

6.1 AUTORIDAD EN SEO

Iniciamos el módulo 6 de este curso en el que vamos a tratar los factores externos (Off-Page) que influyen en el posicionamiento SEO de nuestra página web. Y por supuesto, tenemos que empezar hablando de la autoridad y popularidad de nuestro sitio, clave para poder posicionar todos los documentos que se encuentren en él.

Autoridad SEO

La autoridad SEO de un sitio web se obtiene a través de la popularidad de la misma gracias al número y la cualificación de los enlaces (backlinks) que apuntan hacia ella. Google analiza todos los enlaces que apuntan hacia una web y determina la popularidad de tu página en base a la propia popularidad que tienen las páginas que la enlaza.

Gracias a este sistema de calificación de sitios web, Google ha conseguido ofrecer a los usuarios lo que buscan: sitios web de calidad; a través de las "señales" que otros sitios web le muestran mediante los enlaces que ponen en sus páginas.

¿Cómo interpreta Google la autoridad de una web?

Cuando haces una búsqueda, Google sigue estos patrones a la hora de mostrarte su clasificación en la SERP:

1. Mayor autoridad
2. Sitio más próximo al usuario que lo busca (on-Page)
3. Mejor optimizado (on-Page)
4. Valorado por los usuarios en RRSS y otros sitios 2.0 (reseñas, etc.)

La consecuencia de esta fórmula es el primer resultado (página en primera posición) que encuentras en una SERP. Por lo tanto, queda claro que para conseguir un buen SEO, lo más importante es obtener autoridad.

Diferencia entre Autoridad de dominio y autoridad de página

Tenemos que hacer una diferenciación entre la autoridad que tiene un dominio y la autoridad de la página.

- **Autoridad de dominio (DA)**: es la autoridad que el dominio obtiene de la suma de la autoridad de todas las páginas que componen el sitio web.

- **Autoridad de página (PA)**: es la autoridad que tiene un documento dentro del dominio, que puede ser diferente a la autoridad que pueda tener otro documento dentro de la página. Por ejemplo, normalmente la página de inicio de una web suele tener más autoridad que las páginas interiores.

La importancia del dominio en la autoridad SEO

Dentro de los indicadores de autoridad SEO de una web, encontramos en primer lugar la autoridad de dominio. Es un indicador mostrado por la mayoría de herramientas de analítica SEO como "Domain Authority (DA)".

Principales métricas para medir la autoridad de un dominio

- **MOzRAnk (MR)**: Métrica creada por MOZ, empresa especializada en desarrollo de software y recursos para SEO. Muestra un valor de 1 a 100 para medir la autoridad de un sitio web. Para medir los datos, MOzRank se basa en la cantidad de enlaces y la calidad de estos. A mayor calidad, mejor puntuación. Para poder comprobar la autoridad de tu dominio con MOzRank debes visitar esta página: *https://moz.com/researchtools/ose*

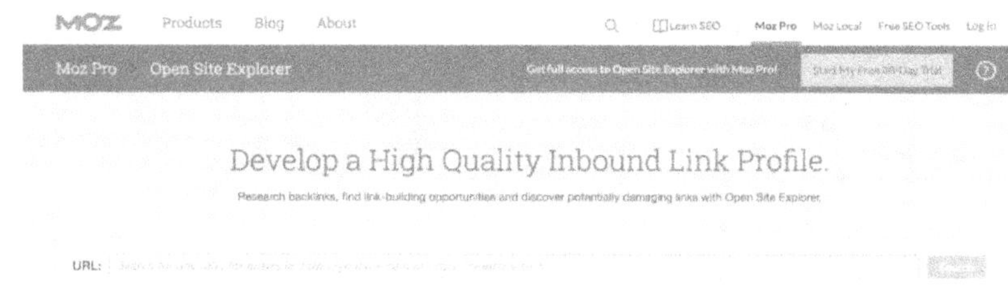

Así muestra MOzRank sus resultados:

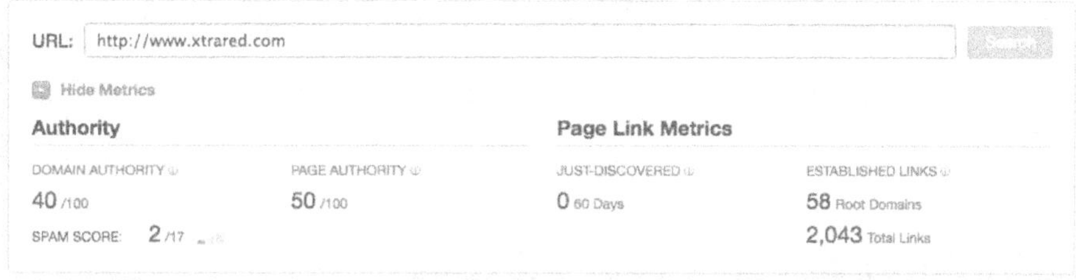

El promedio de autoridad de un dominio suele estar en 30. A partir de esa cifra puedes considerar que tu dominio tiene buena autoridad.

- **Ahrefs Rank (AR)**: Esta es una herramienta de análisis muy popular entre los profesionales del SEO. Dispone de un ranking propio para evaluar la autoridad de un dominio o sitio web. Al igual que la herramienta de MozRank ofrece sus métricas en valores de 0 a 100.

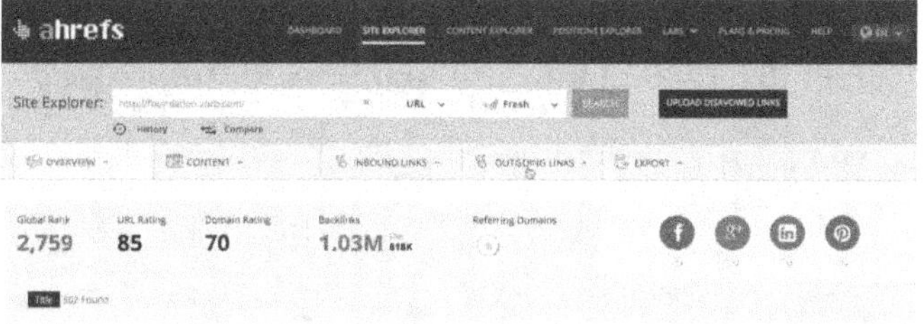

- **Alexa Rank**: Una de las más relevantes y usadas. Adquirida por Amazon, basa su criterio en el tráfico de sitios web a través de millones de usuarios que tienen instalada su barra en el navegador (Alexa ToolBar). En base a ese tráfico realizan una clasificación por países y a nivel mundial de sitios web. Se supone que este indicador lo utiliza Google para evaluar la autoridad y popularidad de tu dominio. Cuanto más próximo estés al 1, mejor autoridad SEO tendrás.

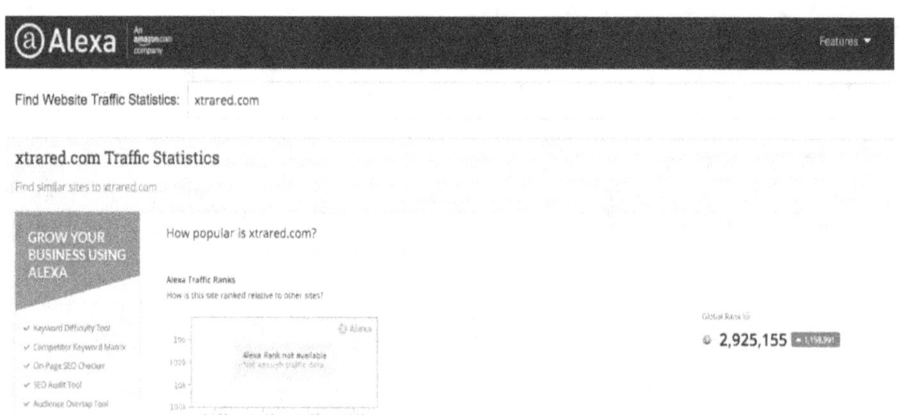

- **Page Rank (PR)**: Dejamos para el final la métrica más determinante. El Pagerank de Google. Hace años, esta métrica era muy popular ya que Google la actualizaba, estableciendo el ranking de popularidad que tenía cada web con valores de 0 a 10. El Pagerank medía (o mide según muchos todavía) la importancia o valor de una página web en base a los enlaces que apuntan hacia ella, y el pagerank que tienen las páginas desde donde están puestos dichos enlaces. En diciembre de 2013 Google anunció que iba a dejar de realizar actualizaciones de pagerank, sin embargo, muchas voces aseguran que el Pagerank se actualiza a diario, aunque los usuarios no podamos verlo.

Conocer la autoridad SEO del dominio gracias a SEO SpyGlass

SEO Power Suite nos ofrece una herramienta llamada **SEO SpyGlass** de la que hablaremos con detalle más adelante. Gracias a esta herramienta, podemos obtener valores de fuerza de dominio que podemos incluir en nuestros informes para ir realizando una valoración progresiva.

SEO SpyGlass evalúa la fuerza de dominio en base a diferentes criterios SEO como edad del dominio, enlaces entrantes, señales sociales, etc.

Caso real: Comparación de un mismo dominio en diferentes herramientas

Vamos a extraer el **DA** del dominio *javirodriguez.com* con diferentes herramientas para ver los resultados que nos ofrece cada una.

Alexa rank:

MOzRAnk:

SEO Spyglass:

SEMRush:

Total Backlinks	Referring Domains	Referring IPs	Authority Score
283 +16 -18	51	63	20 ⌄ -9

Como podemos observar, **la autoridad de un mismo dominio varía según la herramienta que usemos y ninguna de ellas es infalible**, la que más valor tiene para nosotros es la que detecte Google, pero esta ya no es visible.

6.2 BACKLINKS: ENLACES Y SEO

Enlaces y SEO, factor fundamental.

Debes prestar especial atención a este tema porque es clave. Vamos a ver un tema fundamental cuando tengamos en mente proyectos web: Backlinks y su influencia en el posicionamiento SEO.

¿Qué son los backlinks?

Los backlinks son los enlaces que apuntan desde otros sitios web hacia tu página. En términos SEO, este factor es muy importante, porque para Google un enlace desde una web a otra supone como un "voto" positivo hacia la web que es enlazada. Esta cuestión tan relevante en SEO tiene muchísimos matices que vamos a desgranar de la forma más simple posible.

Partiendo de la base, debemos saber que existen dos tipos de enlaces que ya hemos comentado con anterioridad:

Enlaces DoFollow

Son los enlaces por defecto. Los enlaces DoFollow indican al buscador que pueden seguir el rastro de ese enlace, visitando la web que ha sido enlazada y cediendo parte de su **link juice** *https://www.curso-seoprofesional.com/link-juice/* o autoridad a la página enlazada.

Enlaces NoFollow

Son los enlaces donde indicamos al buscador (mediante el código HTML) que no queremos que siga ese enlace. Por lo tanto, no estamos cediendo **autoridad** *https://www.cursoseoprofesional.com/autoridad-seo/* a la página que hemos enlazado.

Los enlaces NoFollow nos permiten combatir contra el SpamSEO. Por ejemplo: hace años, los SEO se lanzaron a conseguir enlaces a toda costa en foros, libros de visitas y el máximo exponente de lo que es la web 2.0, hablamos de wikipedia. Wikipedia es una de las páginas con mayor autoridad del mundo y cualquier usuario podía agregar contenido y enlaces. Con el boom del SEO y el conocimiento de que un enlace aportaba valor para un buen posicionamiento, muchos comenzaron a incluir enlaces en los artículos de la enciclopedia mundial. Todo esto se acabó cuando Wikipedia usó la etiqueta NoFollow para todos los enlaces incluidos en la misma.

El 10 de septiembre de 2019, Google anuncia en Twitter que cambia la especificación del rel=nofollow, y se añaden dos nuevas especificaciones de atributos para enlaces:

- Para marcar publicidad: rel="sponsored"
- Para contenido descontrolado de usuarios en el site (de terceros): rel="ugc"
- Para negar traspaso de autoridad voluntariamente: rel="nofollow

Teniendo claro que los backlinks son piezas clave del SEO, es muy importante que nos sepamos rodear de herramientas para conocer el estado actual de nuestra web en cuanto al número de páginas que la enlazan y la cualificación de las mismas.

¿Cómo puedo saber el número de backlinks que tiene mi página?

Para saber cuantos enlaces apuntan a tu página dispones de múltiples opciones que pueden ayudarte. Te aporto las mejores:

SEO SpyGlass:

La herramienta líder SEO Power Suite nos ofrece "SEO Spyglass" con la que podemos obtener información amplia de los enlaces que apuntan hacia nuestra página. Comparto captura de la misma.

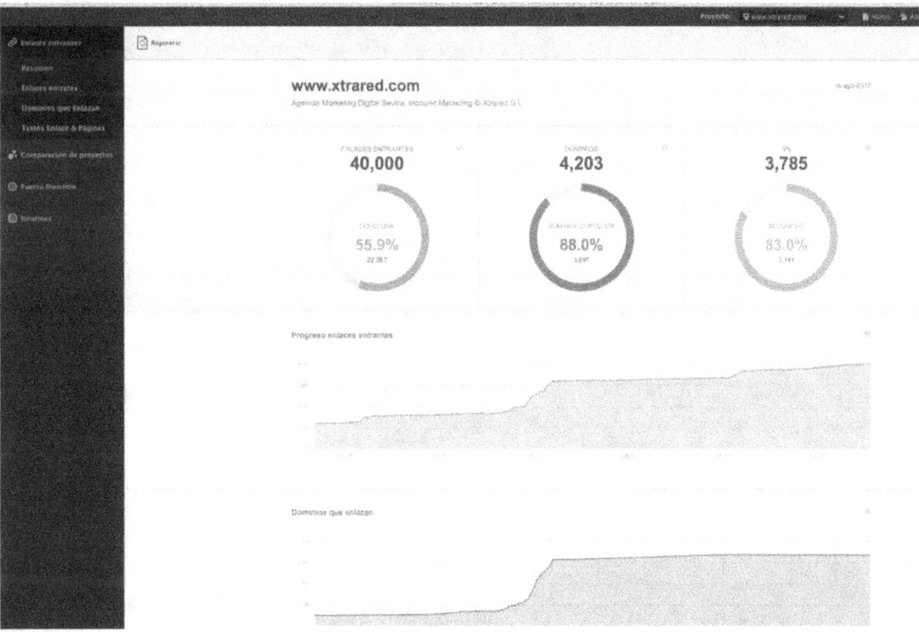

Esta herramienta nos resulta muy útil en la agencia por estos motivos:

*   Identificas número de enlaces, dominios e IPs que apuntan a tu sitio.
*   Haces un seguimiento del progreso que vas teniendo.
*   Puedes ver los backlinks que tienes desde la página principal de los sitios que te enlazan (mayor autoridad).
*   Sabes los países de procedencia de los enlaces.
*   Puedes conocer el anchor text de los enlaces, cuáles son de imágenes, de texto, etc.
*   Número de páginas enlazadas.
*   Si son enlaces Dofollow o Nofollow.
*   Riesgo de sanción del enlace, para saber si son sitios de calidad o no (enlaces tóxicos).

Y una de las funcionalidades más útiles que podemos encontrar. Con SEO Spyglass podemos identificar enlaces tóxicos y desautorizarlos en Google Search Console para evitar penalizaciones por SEO Negativo.

OpenLinkProfiler:

OpenLinkProfiler es otra de las herramientas gratuitas con las que puedes obtener información de los enlaces que apuntan hacia tu página. Puedes probarla en esta url: *http://openlinkprofiler.org/*

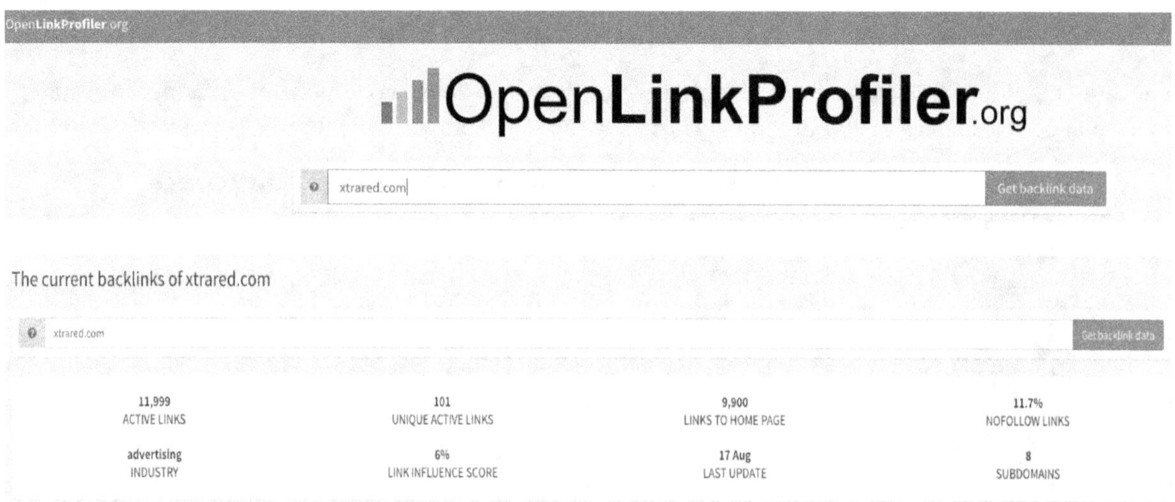

La información que te ofrece es similar a SEO SpyGlass con las limitaciones que tiene una herramienta gratuita.

¿Cómo no perder ningún enlace entrante?

- **Alertas de Google**

Debido a la gran presencia que posee Google en el entorno digital, puede controlar gran parte del contenido que en este se indexa y crear avisos sobre las novedades publicadas sobre un término de búsqueda, un nombre o una marca concreta a través de las alertas de Google.

Esta herramienta nos es de gran utilidad para controlar las posibles menciones que realicen a nuestra marca o nombre personal, cuando detectemos que alguien ha escrito sobre nosotros, sólo debemos de pedirle que incluya un enlace hacia nuestra web.

- **Google Search Console (Enlaces a tu sitio)**

Controlar los enlaces entrantes es algo prioritario para cutalquier webmaster. Search Console ayudarte a saber si estás sufriendo de un ataque de SEO negativo o para simplemente comprobar el origen de los enlaces hacia tu sitio.

Utilizando la herramienta Google Search Console, en el apartado "Tráfico de búsqueda" abajo encontramos la sección "Enlaces a tu sitio".

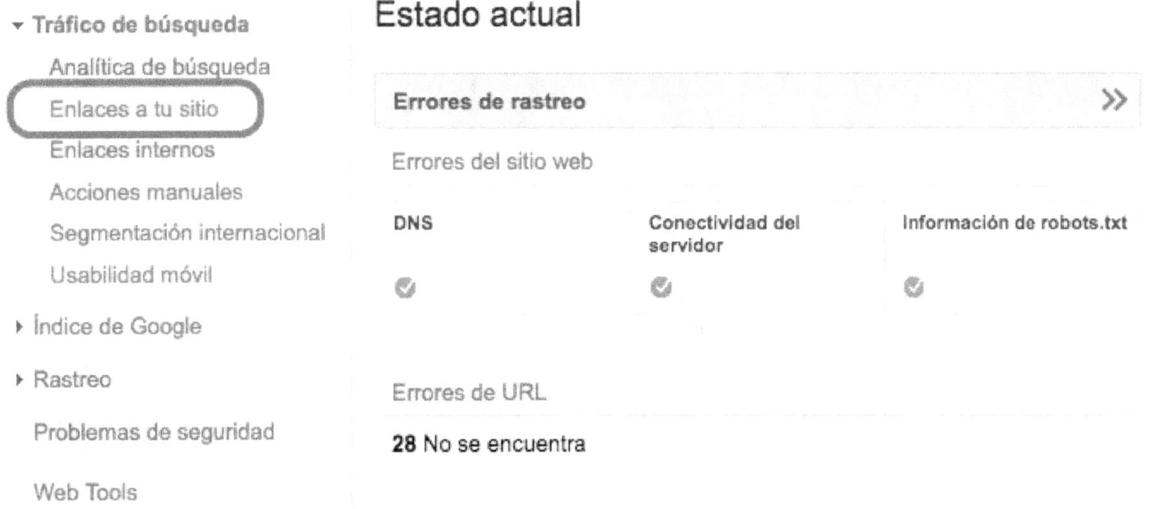

Aquí puedes conocer los dominios que te enlazan, cuáles de tus páginas reciben los enlaces, y el texto "anchor text" con el que lo están realizando.

Hacer clic en los datos de cada apartado te da acceso a los detalles, por ejemplo haz clic en uno de los dominios que te enlaza te mostrará a qué URL concreta están apuntando esos dominios.

- **Google Search Console (Enlaces entrantes rotos)**

La herramienta Search Console de Google nos puede ayudar a detectar los enlaces entrantes rotos. Para ver esta información debemos realizar lo siguiente.

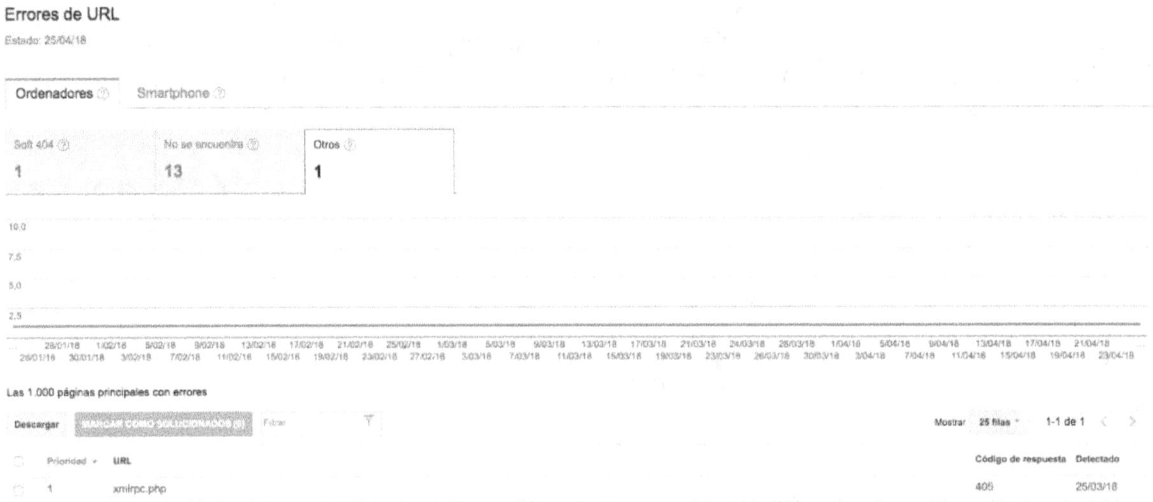

1. En la sección de Rastreo / Errores de rastreo veremos cuales son los errores 404 detectados por Google en nuestra web. Si hacemos click en uno de los links rotos se nos abrirá la siguiente pestaña:

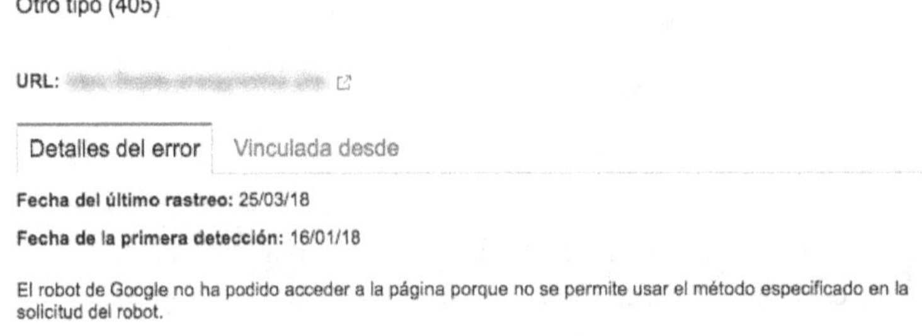

2. Si nos muestra la sección de "Vinculada desde" podremos ver dónde ha detectado Google ese enlace que lleva a un error en nuestra web.

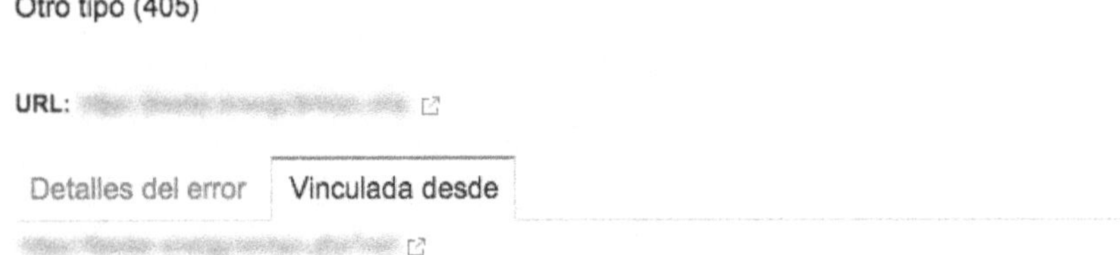

Una vez tenemos identificado los enlaces rotos, debemos valorar si nos interesa que apunten hacia nuestras páginas, en caso afirmativo sólo debemos buscar la forma de resolverlos, pidiendo a la web de origen que corrija los enlaces, o estableciendo redirecciones 301.

Por último, una de las técnicas que es también fundamental dentro de la estrategia de link building es la creación de enlaces internos dentro de la propia web.

Por ejemplo: dentro de este mismo artículo, hacemos referencia aquí a nuestra entrada sobre **Cómo afectan las redes sociales al SEO**, lo que hace que dentro de la misma web, el usuario se dirija a otro apartado de la página web.

Cuanto más tiempo pasen los usuarios dentro de la web, nuestra página será considerada para Google como un sitio de alta calidad que ofrece contenido de interés para los usuarios.

6.3 LINK BUILDING

Link building: Cualificación de enlaces: ¿Qué es el Link Building?

Vista la importancia que los backlinks tienen en el SEO, sobra decir que una de las bases de una estrategia de posicionamiento SEO esta orientada a la captación de enlaces cualificados. El objetivo es obtener autoridad gracias a esos enlaces.

Pues bien. Toda estrategia SEO debe plantear una estrategia de Link Building que permita captar enlaces cualificados. Y de esto tenemos que hablar.

¿Qué es un enlace cualificado?

Básicamente, un enlace cualificado es un enlace que consigues sin tener que solicitarlo. Pero además de esto, influyen los siguientes factores:

Enlace de Texto
El mejor enlace para un proyecto en términos SEO es el de texto (HTML) permite incluir descripción y tiene mayor potencial.

Enlace no recíproco
Un enlace no recíproco entre dos dominios tiene mucho más potencial que uno recíproco. La reciprocidad para Google es "trato entre webmasters o profesionales SEO" para conseguir un mejor posicionamiento. No hagas enlaces 1 a 1. Gestiona tu PBN.

Enlace desde la "home" de un sitio web

Un enlace desde la página principal de un sitio web suele tener mayor relevancia que desde otro apartado ¿por qué? básicamente porque la página "home" suele ser la que tiene mayor autoridad SEO y por lo tanto el jugo de enlace será mejor.

Enlace "Dofollow"

Un enlace "NoFollow" vale lo mismo que un billete de dos euros.

Link desde una web con la misma temática

Para Google, un enlace entre webs de la misma temática supone una señal de calidad. Contenido relacionado pero original. Aporta más valor al enlace.

Vínculo que se abre en la misma ventana

Si un webmaster está dispuesto a perder una visita por un vínculo en su web, es que ese vínculo vale realmente la pena. Así lo entiende el buscador y así lo dota de relevancia.

Desde una página geolocalizada en nuestro ámbito de actuación

Efectivamente, si la web que nos enlaza, además de tener nuestra misma temática, se encuentra geolocalizada en nuestro ámbito… La cualificación del enlace se dispara.

Con estas directrices conseguirás un enlace cualificado.

Generar contenido de calidad

Es la base. Lo comentamos en la estrategia de contenidos. Pero es la vía más rápida. Si generas contenido de calidad y consigues difundirlo, ese contenido será compartido y generarás enlaces cualificados.

Participación en foros y blogs

La participación activa en foros y blogs de una forma natural (sin caer en hacer spam) puede ofrecer enlaces cualificados a tu sitio.

Por ejemplo: si estás llevando un proyecto SEO de una tienda taller neumáticos para motos, participar en foros de moteros con un usuario real (personal, que no sea de empresa) realizando consultas sobre modelos incluyendo un enlace hacia la página que llevas, puede aportarte un buen link juice.

Para hacer esto, antes tienes que asegurarte de que ese blog o foro ofrece enlaces "dofollow" en sus comentarios o post.

Crear una infraestructura digital en redes sociales

Una forma acertada de garantizar un buen puñado de enlaces, es la de generar una infraestructura social en las diferentes redes sociales que pueden aportar autoridad SEO. Lo normal es que el proyecto que lleves ya tenga esa infraestructura, por lo tanto, debes coordinarte con el Community Manager para que este comparta las URL que te interesa posicionar.

Instala en tu sitio web herramientas para compartir el contenido

Si creas contenido de calidad y además ofrece la opción de que este sea compartido directamente en redes sociales, estarás generando enlaces hacia tu sitio web.

Únete a comunidades donde intercambiar enlaces

Desde Curso SEO Profesional te invitamos a unirte al *grupo de Facebook Backlinks España*. Nuestro objetivo es crear una comunidad activa desde la que poder apoyar nuestros proyectos web de forma conjunta. El intercambio de enlaces es una técnica que ha sido muy explotada y por lo tanto, perseguida por los buscadores. Para realizarlo de manera segura debemos de integrar enlaces de forma natural en el cuerpo del texto y sin ser recíprocos a ser posible.

Esta técnica es muy popular entre webmasters que están comenzando proyectos web, ya que pueden comenzar a generar cierta autoridad mientras van consiguiendo visibilidad para la web.

Instala o crea un blog en tu página web

A estas alturas no creo que sea necesario convencerte de las ventajas que ofrece un blog a un sitio web que quiere conseguir un buen posicionamiento. El blog es una extensión del sitio web que te permite, a través de sus artículos, generar enlaces internos para la página y aumentar el contenido de la misma, lo que multiplica las posibilidad del proyecto SEO aumentando el número de Keywords.

Espía a la competencia

Con herramientas como SEO Spyglass, puedes identificar los enlaces que tienen las páginas con las que compites. Normalmente la mayoría de esos enlaces los han conseguido aplicando técnicas como las que comentamos en este tema. Identifícalos y ve a por ellos.

Crea una guía, un curso o manual sobre la temática de tu proyecto

Un usuario en la fase de exploración para dar solución a un problema o necesidad, suele realizar búsquedas para informarse sobre dicho problema o necesidad. Si creas una guía, manual o taller para formar o ayudar a estos usuarios, es muy probable que estos enlacen o compartan esa información. Además, puedes conseguir sus datos de contacto para tu base de datos.

Crea tu propia PBN

Una PBN es una red privada de blogs que mantienes y gestionas para poder incluir enlaces en los artículos que vas publicando a los proyectos SEO que gestionas.

Enlaces Dofollow Gratuitos

Sin duda la obtención de enlaces entrantes, aunque cada vez más controladamente, sigue siendo una parte fundamental del SEO.

Listado de 7 enlaces Dofollow gratuitos

https://www.arduino.cc/
Debemos crear un perfil en la página y en las opciones podremos incluir nuestra web desde la que saldrá un enlace.

https://plus.google.com/?hl=es
Repetimos la misma mecánica, desde el perfil podemos crear un enlace Dofollow hacia nuestra web.

https://www.pinterest.es/
Otro enlace Dofollow de red social con alto DA que nos ayudará.

https://about.me/
Desde About.me puedes poner un botón enlazando hacia tu página.

https://klout.com/
Como en los anteriores, desde las opciones de nuestro perfil podemos incluir un enlace Dofollow que nos reporte autoridad.

http://www.infoperiodistas.info/

Desde este portal podremos incluir dos enlaces salientes hacia nuestra web, uno al dominio raíz y otro al Blog (En caso de tenerlo)

https://clientes.webempresa.com/

Como última web desde la que conseguir un enlace Dofollow tenemos a Webempresa, el enlace lo conseguimos solo por publicar una reseña sobre ellos (debemos ser clientes) pero se trata de un enlace de gran relevancia en cuanto a SEO para nosotros.

¿Cómo identificar la calidad de un enlace?

Si no se trata de un enlace Spam, todo enlace entrante es bueno, sin embargo no todos impulsan nuestro SEO de la misma manera, vamos a analizar los principales factores a tener en cuenta para identificar un enlace "óptimo"

- **Enlace desde una web de temática relacionada**
  Si somos fotógrafos y nos enlaza un blog de fotografía, el impulso va a ser notoriamente mayor que si nos enlaza una foro de pesca deportiva.

- **Enlace de texto ancla**
  Los enlaces entrantes pueden ser de muchos modos (imagen,redirección, URL plana), pero sin duda el mejor es el enlace de texto. Sin embargo debemos de ser siempre variados.

- **Del mismo idioma**
  Resulta natural a ojos de Google si nos enlazan páginas que comparten contenido en e**l mismo idioma que nosotros.**

- **De páginas con autoridad**
  Un enlace en la home no tiene el mismo valor que un enlace en la página de contacto.

- **Enlace en el cuerpo de la página**
  Los enlaces en el footer o en el sidebar han perdido mucha fuerza de posicionamiento, Google valora que los enlaces sean contextuales.

- **Enlaces no recíprocos**
  Podría parecer una estrategia de intercambio de enlaces.

- **Enlace Dofollow**
  Si nuestros enlaces entrantes son Nofollow, la autoridad que nos transmiten es nula.

Más enlaces Dofollow para tu web:

- Reddit.com
- Github.com
- Vimeo.com
- Scoop.it
- Eleconomista.es
- Medium.com
- Slideshare.net
- Visual.ly
- Wikidot.com
- www2.cruzroja.es
- Gust.com
- Instructables.com
- Notegraphy.com

- Puromarketing.com
- Dailymotion.com
- Reverbnation.com
- Generaccion.com
- Livejournal.com
- Instapaper.com
- CSSlight.com
- Storify.com
- Intensedebate.com
- Giphy.com
- Hogarmania.com
- espanol.answers.yahoo.com

Una vez conseguidos ciertos enlaces Dofollow hacia nuestra web debemos de empezar a obtener enlaces de sitios con una temática relacionada.

Para ello debemos de buscar las **fuentes de enlaces de nuestra competencia**. Lo vamos a hacer a través de **SEO Spyglass.**

6.4 FACTORES SOCIALES Y SEO

¿Cómo afectan las redes sociales al SEO?

Sin lugar a duda alguna, las redes sociales se han convertido en uno de los principales factores "Off-Page" para el buscador a la hora de clasificar un sitio web y su contenido en las SERP.

Como comentábamos en el tema anterior, el contenido y la calidad del mismo marca la pauta para Google. El buscador quiere mostrar contenidos de calidad y necesita "señales" o "indicadores" que le permita identificar dicho contenido en Internet.

Las "señales del usuario"

Cada vez que un usuario comenta, comparte o marca con un "me gusta" un contenido con una URL está identificando contenido de valor.

Las redes sociales son una magnífica fuente de información para Google. Este, en la mayoría de casos, puede leer el contenido de prácticamente todas las redes sociales y analizar las interacciones (me gusta, comentarios, número de seguidores, etc); Por lo tanto, disponer de presencia en redes sociales y conseguir que tu contenido sea compartido va a aportar un valor importante a tu posicionamiento web.

En definitiva, Google está midiendo la autoridad y popularidad de nuestras páginas web a través de las redes sociales.

¿Cómo mejorar nuestro SEO gracias a las redes sociales?

Como hablamos en el tema anterior, todo parte de una estrategia acertada de marketing de contenidos. Por lo tanto, insistimos, crea contenido de calidad, acorde a lo que necesita el usuario y usa las redes sociales para difundirlo.

1. **En Twitter**: El número de Tweets que publiquen la URL que quieres posicionar, el número de seguidores de dichas cuentas, retweets, popularidad de cada usuario, marcado como "me gusta", etc. aportará ranking a dicha URL.

2. **YouTube**: número de visualizaciones del video, enlaces apuntando hacia él, comentarios, suscriptores del canal…

3. **Instagram**: Número de "me gusta", compartidos, comentarios y seguidores.

4. **Facebook**: Crea tu página de empresa, consigue seguidores y comparte el contenido. Cada "me gusta", comentario, compartido… estará aportándote valor, y en consecuencia, SEO.

Te estarás preguntando ¿Se han convertido las redes sociales en una extensión de nuestra PBN? Efectivamente, así es.

Si pensabas que el contenido era el "rey" del posicionamiento SEO; después de este tema estarás de acuerdo conmigo en que las redes sociales son "la reina".

Plugins de WordPress para aumentar las señales sociales

Debemos aprovechar el tráfico de nuestra web, para generar señales sociales e intentar escalar posiciones en los resultados. Esto lo podemos conseguir con Plugins específicamente ideados para este fin.

Botones de compartir

Simplemente un botón con el que el usuario pueda compartir tu web en la red social que elija de manera cómoda. Siempre es bueno contar con este tipo de plugin, ya que si alguien quiere compartir tu contenido y no dispone de ningún botón que lo automatice, probablemente decida no compartirlo. Por lo que para facilitar la usabilidad y la navegación por el sitio web, debemos hacer más accesible al usuario las acciones que queremos que lleven a cabo.

Easy Social Share Buttons

Es conocido como uno de los Plugins de WordPress para compartir en las redes sociales más completos. Podemos escoger entre diferentes tipos de botones (Incluye el nombre de la RRSS ó solo el icono, colores etc…) Es completamente responsive y lo podemos comprar por 19$.

Simply Share Buttons Adder
Plugin gratuito para compartir en redes sociales. Con el podemos añadir la clásica barra lateral (O en el Footer en versión Mobile) así como incrustarlo al principio y final de nuestros artículos.

Los anteriores nos servían para hacer más cómodo al usuario el proceso de compartir en caso de que quisiera hacerlo.

En los siguientes casos, vamos un paso más allá.

Click to Tweet
La función de este Plugin es integrar una caja con el aspecto visual de Twitter y un texto con el, haciendo click lo podemos compartir en Twitter. Se está volviendo muy popular debido a su efectividad. Si conseguimos idear una **frase interesante y llamativa** los lectores pueden sentirse atraídos a Twittearla reportándonos así **señales sociales**.

One Press Social Locker
Una técnica algo más "agresiva" pero que funciona es One Press Social Locker. Esta aplicación **bloquea parte del contenido** y solo lo muestra en caso de que el usuario visitante de un like o comparta tu web en alguna de las redes sociales que ponemos a su disposición. La idea que mejores resultados puede dar es la de ofrecer un contenido completo e interesante y al final ofrecer un "extra" de **gran interés a cambio de un like o compartido** con el que aumentaremos nuestro número de señales sociales y por

For websites, speaking the language of the web means speaking the language of Search Engines and Social Networks, and that language has evolved in recent years through Semantics, or "meanings". Google and Facebook don't just index links: they try to understand them.

lo tanto nuestro SEO.

Super Socializer

Este Plugin contiene gran variedad de funciones pero sin duda la que más nos ayuda es la de "Social Comments" que permite que los usuarios realicen **comentarios desde sus cuentas de redes sociales** a través del blog. Aparte de dar más credibilidad a cada uno de los comentarios, estos enlazan hacia el artículo donde se comentó reportándonos así señales sociales.

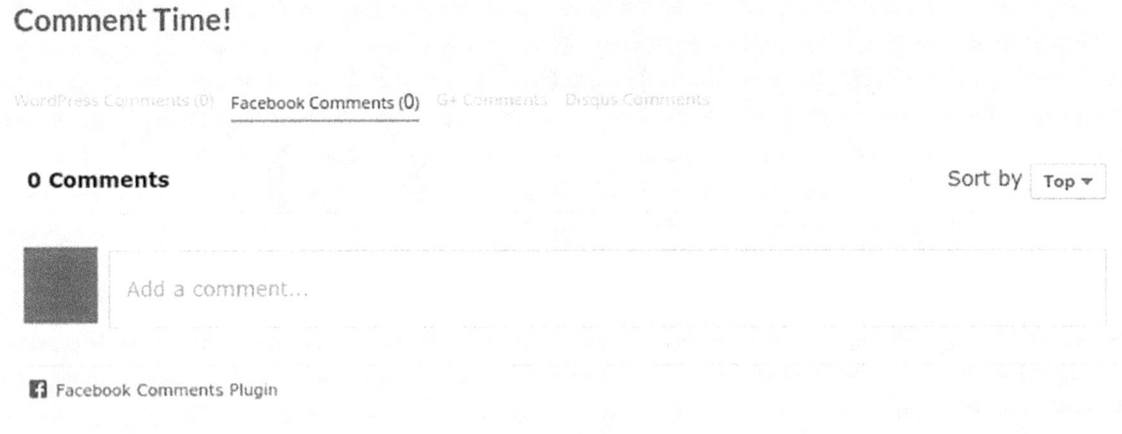

Es recomendable el uso de estas herramientas en el sitio y acompañarlas de una frase creativa en la que le pidas al usuario que comparta el contenido en sus redes, ya que según estudios y estadísticas que se han realizado, más del 50% de artículos han sido compartidos en las redes cuando el autor ha pedido a sus lectores que lo compartan si les ha parecido interesante, en comparación con los mismos artículos en los que el autor no invitaba a sus usuarios a compartir el contenido.

Por lo que creando contenido de calidad que al lector le resulte útil e interesante como vimos en el *capítulo anterior* y añadiendo métodos para que el usuario realice interacciones sociales, nuestro éxito de alcance, captación y conversiones generados será mucho mayor, y por consecuencia nuestro posicionamiento SEO se verá beneficiado.

6.5 SEO A TRAVÉS DE YOUTUBE

YouTube es mucho más que un portal donde puedes subir o ver vídeos. Es el segundo buscador más usado del mundo y con eso, ya lo estamos diciendo casi todo. Además, es de Google.

Ejecutar un proyecto de SEO sin considerar YouTube en el mismo, merma considerablemente sus posibilidades, ¿por qué?

- El contenido de vídeo es ya el más demandado en Internet, y lo seguirá siendo. El vídeo es el responsable del 74% del tráfico en Internet.
- Las publicaciones de vídeo son las que obtienen mayor alcance e interacciones en las diferentes redes sociales.
- El 93% de las empresas están apostando por el contenido audiovisual en sus estrategias digitales.
- El vídeo marketing aporta los mejores resultados en las acciones de marketing digital.
- Los usuarios prefieren el video. En Internet, como en la vida, muchas veces menos es más. Siempre es preferible ver un vídeo de 1 minuto que leer un texto de 500 palabras.
- Prácticamente, el 100% de los smartphones ya ofrece la posibilidad de visualizar vídeos.

Es evidente que tenemos que contemplar el factor audiovisual en nuestra **estrategia de SEO** *https://www.cursoseoprofesional.com/como-hacer-una-estrategia-de-seo/*

¿Cómo hacer SEO a través de YouTube?

Si usamos de forma coherente la lógica del SEO que hemos aprendido hasta ahora, podemos decir, de forma muy resumida que para conseguir un buen SEO es necesario:

- Estrategia
- Contenido
- Optimización
- Popularidad

Si mantenemos estas premisas claras a la hora de generar nuestros vídeos, caminaremos sobre terreno sólido.

Estrategia: ¿A quién quieres llegar? ¿cómo vas a conectar con ellos?

Tienes identificado a tu público en tu estrategia y una buena forma de conectar con ellos es crear un vídeo que te permita proyectar un mensaje claro y directo. Elige un formato adecuado, contenido concreto y las plataformas de publicación adecuadas, por supuesto parte de YouTube.

Contenido

Lo decíamos antes: menos es más. Un vídeo breve pero directo tiene muchas más posibilidades de alcance que un vídeo largo. Intenta que no dure más de 1 minuto. Más visualizaciones es igual a más interacciones, más "me gusta" en el video, mejor posicionamiento en YouTube y por lo tanto más visibilidad en los resultados orgánicos del buscador. El contenido es lo más importante.

Optimiz ación

Al igual que hacemos con la web, tenemos que optimizar bien la ficha de nuestro video. El título es crucial, debe incluir la cadena clave; igual sucede con la descripción y las etiquetas que podemos agregar en la propia ficha. Por supuesto, nuestro video debe ser público (no marques la opción "oculto" o "privado").

Popularidad

Como sucede en el SEO de una web, la popularidad de la cuenta que publica el video aporta a este una mayor visibilidad en la plataforma de YouTube. La popularidad es algo que se construye, no se crea. Tienes que contar con tu canal de YouTube para ir dotándolo de contenido y así ir ganando, poco a poco, una mayor popularidad que impulse tu SEO.

Si te has preguntado en algún momento, por qué hemos montado este curso con videos, ya tienes la respuesta ;).

¿Es igual una Keyword Research en Google y YouTube?

La respuesta es que **no**. El tipo de público y el uso que se le da a ambas plataformas no es el mismo.

Mientras que Google tiene (en términos generales) un uso más informativo, sin duda YouTube busca ser un medio de entretenimiento o de aprendizaje (tutoriales)

Por lo tanto, la manera de enfocar ambas plataformas respecto al SEO **nunca va a ser la misma**. En YouTube se suelen hacer búsquedas en forma de pregunta cuando acudimos a él en busca de información.

Si quieres descubrir cuáles son las herramientas con las que puedes hacer una Keyword Research para tu contenido en YouTube, tenemos un listado para nuestros usuarios Premium.

Consejos de SEO para YouTube

La duración del vídeo

Siempre debemos de usar estas estrategias con naturalidad, si el vídeo por su sencillez no toma más de 3 minutos no podemos forzarlo. Sin embargo, está comprobado que a mayor duración de un vídeo, mejor posicionamiento tiene. Esto funciona especialmente bien si es un video de formación.

La descripción

Esta tiene gran importancia, YouTube toma el contenido que hayas introducido en la descripción del video para obtener información de el.

Haz **descripciones únicas** para cada video, con una buena extensión de palabras entre las que se debe encontrar obviamente nuestra palabra clave.

Si tienes un blog, incrusta el video en él

A pesar de no ser tan conocido, el **"linkbuilding" también se aplica a los videos en YouTube**, si nuestro video es incrustado en un artículo que habla sobre su misma temática, es interpretado como contenido relevante (aunque se trate de nuestro blog propio)

El blog va a sumar reproducciones a nuestro vídeo y este a su vez mandará a algunos espectadores hacia nuestro blog consiguiendo así **posicionar mejor a ambas partes**.

La importancia de las listas de reproducción

A pesar de no ser tomadas muy en serio, las listas de reproducción tienen un **gran potencial para el SEO en YouTube**, al igual que el SEO tradicional con las estructuras web organizadas, usando listas de reproducción estamos ofreciendo información contextual sobre el contenido del video por lo que YouTube va a entenderlo mejor y posiblemente posicionarlo mejor.

También está el hecho de que las playlist posicionan en los resultados, y si conseguimos posicionar una, obtendremos más visualizaciones en nuestros videos.

Algunos elementos que podemos incluir en la descripción del video para dar más extensión son:

- Sumario de contenidos que se muestran en el vídeo y el minuto en el que comienzan (Timestamp)
- Los programas y herramientas usados en el vídeo
- Resumen de todo lo que se va a ver en ese video

Solo con escribir ese contenido estaremos dando una descripción más extensa que la mayoría de nuestros competidores y estaremos introduciendo la palabra clave de forma natural en ella.

Transcripciones

Como habrás podido ver, YouTube puede crear una transcripción automática y bastante precisa sobre lo que se dice en el video. Como si se tratase de un artículo, la diversidad semántica y el uso de las palabras clave es usado para posicionar los videos.

Como hacer una Keyword Research en YouTube:

YouTube Suggest

YouTube Suggest es la herramienta de **autocompletar búsqueda** que nos ofrece la plataforma de video. Solo con comenzar a escribir nos empezará a mostrar sugerencias sobre la búsqueda que estamos realizando.

Podemos usar las palabras clave que encontramos aquí para las etiquetas de nuestros videos.

Esto va a depender de lo competido que sea ese término en YouTube. Si es un término con mucha competencia, podríamos usarlo en el título de nuestro video

(P.ej: Cómo hacer una tortilla de patatas)

Y para las etiquetas del video podemos usar las sugerencias que nos muestra YouTube para completar esa búsqueda.

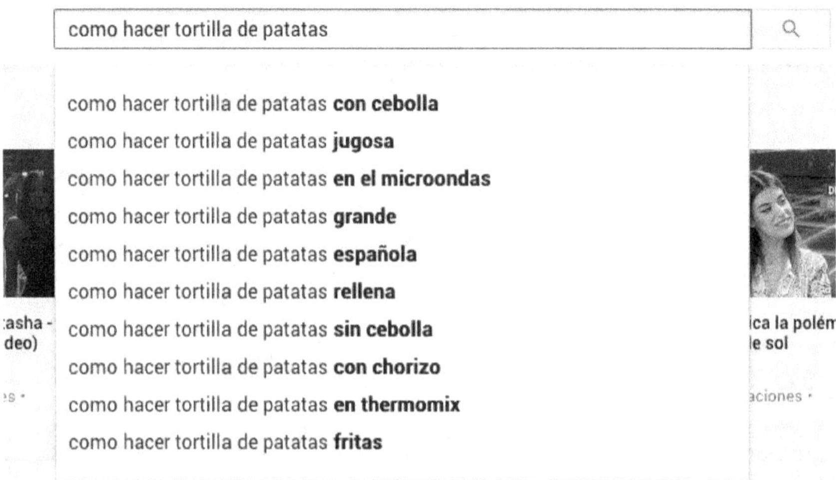

Answer the public

Una herramienta muy útil para poder realizar un **Keyword Research orientado hacia el "long tail"**.

Introducimos un término como el anterior (Tortilla de patatas) y nos mostrará las preguntas más buscadas sobre ese término, de aquí podemos extraer una gran cantidad de ideas sobre las que hacer un vídeo, asegurándonos posicionarnos por un término con búsquedas y poco competido.

KeywordTool.io

Esta herramienta es de gran ayuda para todo tipo de Keyword research, Keyword Tool nos ofrece búsquedas longtail respecto a las palabras que hemos introducido, para un buen número de buscadores (Google, YouTube, Bing, Amazon, eBay y App Store).

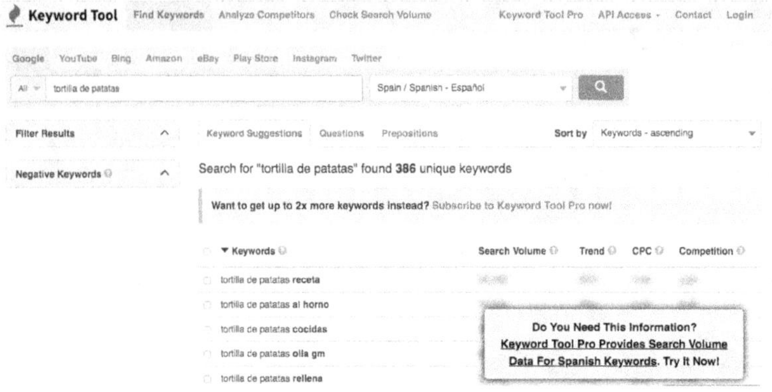

TubeBuddy

Tube Buddy es una extensión para Google Chrome y Mozilla Firefox, que contiene muchas funciones que nos ayudarán a gestionar más cómodamente nuestro canal de YouTube.

Tiene una versión gratuita, así como su versión de pago, no obstante la **versión gratuita tiene bastantes funciones** que nos pueden ser de gran ayuda.

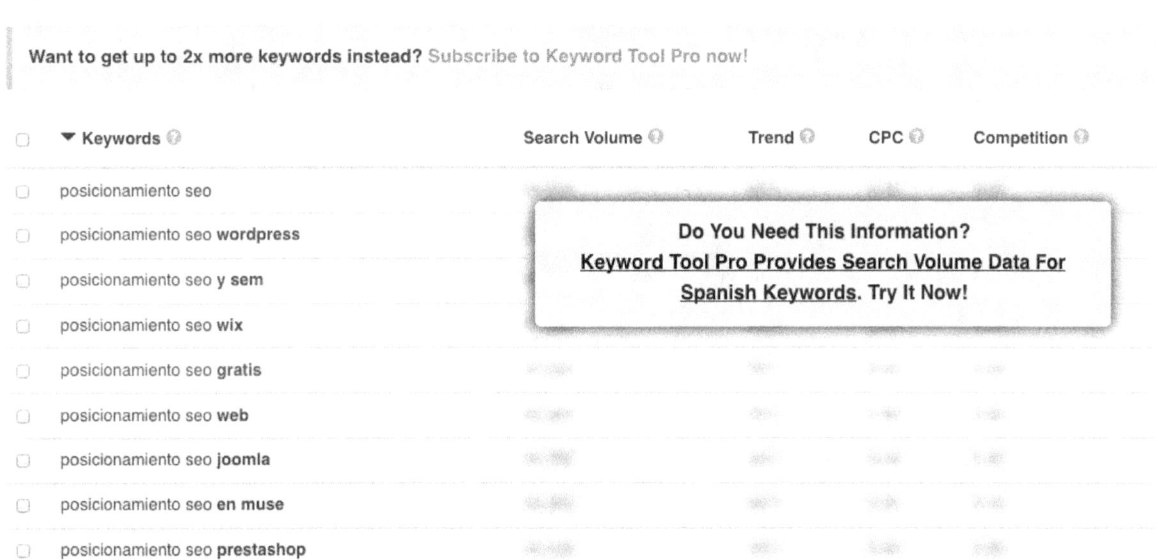

Desde esta **polivalente extensión,** podemos programar la publicación de videos, usar pruebas A/B, automatizar la promoción de nuestros videos en las descripciones etc.

Pero la función que más nos interesa respecto al **SEO** es el Tag Manager, desde esta función podremos encontrar las palabras clave que han introducido **nuestros competidores** en sus videos y en qué puesto están posicionados para ellas encontrando así palabras clave poco competidas que usar nosotros. Estas palabras clave son introducidas en las "tag" o "etiquetas" de ahí el nombre de la función.

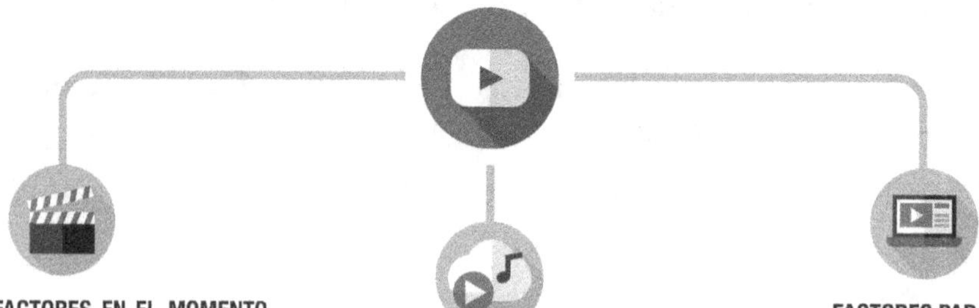

6.6 EL CTR Y SU INFLUENCIA EN EL SEO

El CTR y su influencia en el SEO de una web.

En el marketing digital se usan un importante número de indicadores que nos permiten saber si la estrategia digital va por buen camino. En este sentido el CTR ha adquirido una mayor relevancia en los últimos años contemplándose como uno de los **factores Off-Page** *https://www.cursoseoprofesional.com/seo-off-page/* más determinantes.

Pero ¿Qué es el CTR?

Son las siglas de Click Through Rate, es decir, el porcentaje de clicks que recibe un enlace respecto a las veces que se ha mostrado; en el caso del SEO, en una **SERP** *https://www.cursoseoprofesional.com/serp-que-es/*

La fórmula para establecer el CTR de una Keyword es sencilla: dividimos el número de clics entre las impresiones y así obtendremos el CTR. Por ejemplo: Si por la cadena clave "agencia marketing digital" hemos obtenido 200 clicks y 1000 impresiones; el CTR obtenido por esta cadena clave es del 0,20%.

¿Cómo influye el CTR en el SEO de una web?

Google necesita todos los datos posibles que el usuario pueda ofrecerle. En este sentido, el CTR le aporta conocer qué resultados orgánicos del buscador son los más visitados. Es una manera de poder detectar contenido de calidad.

El número de visitas que obtiene tu página en las SERP, ofrece una serie de datos muy valiosos a Google sobre la calidad del contenido que ofreces; además de ser un indicador poco manipulable (aunque hay herramientas que aseguran poder hacerlo).

Al analizar el SEO de los diferentes proyectos que se gestionan en XTRARED, se puede confirmar que el mejor indicador de calidad a la hora de evaluar si las keywords elegidas son las acertadas o no, es el CTR, que es el principal acelerador del SEO de una página.

¿Cómo podemos saber el CTR de nuestras Keywords?

En la consola de Google para Webmasters, en "consultas" podemos ver las impresiones, consultas (cadenas claves) y el CTR que ha obtenido cada una de ellas.

Si tus cadenas claves tienen un nivel de CTR bajo sólo hay dos posibles respuestas:

- **Tu posicionamiento SEO es muy bajo.**
- **Las keywords que estás empleando no son adecuadas y, por lo tanto, debes cambiarlas.**

Técnicas básicas para mejorar nuestro CTR

El modo de mejorar el CTR es conseguir que los Snippets tengan un aspecto atractivo, existen ciertos consejos que puedes tener en cuenta para impulsar tu CTR.

Juega con las mayúsculas y minúsculas para llamar la atención
Un resultado de búsqueda que se vea plano no llama la atención entre tal cantidad de letras, destaca las palabras que los usuarios pueden considerar más relevantes.

Incluye la palabra clave principal de manera exacta en la meta descripción
Si el término de búsqueda coincide con alguna palabra situada en la Meta descripción de una página web, ésta aparece resaltada en negrita, llamando la atención del usuario.

Emplea símbolos que llámen la atención y no suelan usarse
Se trata de una práctica poco extendida, en parte porque quita seriedad a la presencia visual de una

página web, pero los simbolos ASCII y **los emojis generan un fuerte impacto visual en los resultados de búsqueda.**

Mejorar el CTR con formatos enriquecidos

Los fragmentos enriquecidos son elementos de información visual que los buscadores añaden a algunas páginas web en las SERP. Para conseguir que los buscadores muestren esos elementos de información en la página de resultados, primero deben identificar el contenido que puede ser mostrado en estas. Esto se consigue de dos modos:

- Marcando el contenido a través de Google Search Console.
- Usando datos estructurados.

Hablamos en profundidad sobre como aplicarlos a nuestra página web en la sección premium de *Search Console*.

Fragmentos enriquecidos

Los fragmentos enriquecidos son añadidos al snippet de tu web en la página de resultados de búsqueda, presentan ligeras variaciones visuales y nos ayudan a llamar la atención de los usuarios que realizan las búsquedas.

¿En qué caso podemos usar los fragmentos enriquecidos?

- **Opiniones**
- **Productos**
- **Empresas**
- **Vídeos**
- **Eventos**
- **Recetas**

Cada uno de estos presentan unos elementos diferentes para cada tipo de contenido, si queremos añadir fragmentos enriquecidos a nuestros artículos debemos de escoger el más adecuado o es posible que Google no muestre los datos en las SERPs.

Tarjetas enriquecidas

Las tarjetas enriquecidas se tratan de una evolución de los fragmentos especialmente pensadas para las búsquedas móviles.

Se colocan entre los primeros lugares de las SERP, pero no es necesario que las páginas que estén ahí ubicadas tengan un buen posicionamiento, es por ello que se convierten en una gran apuesta para conseguir tráfico orgánico.

Las tarjetas enriquecidas tienen un uso notoriamente más reducido que los fragmentos, pero si estas pueden ser aplicadas al contenido de nuestra web, debemos de implementarlas pues nos reportarán beneficios en cuanto a visibilidad en los buscadores. Ocupan un gran porcentaje del espacio total de pantalla y cuentan con un diseño prominente que garantiza un buen número de clicks a la página que pueda hacerse con ese puesto.

6.7 BLOGS, FOROS, COMENTARIOS Y RESEÑAS

Blogs, foros, comentarios y reseñas ¿Cómo influyen en el SEO Off-Page de una web?

A estas alturas del curso ya hemos insistido en varias ocasiones sobre la relevancia que tienen los   en un proyecto SEO.

Internet, desde su concepción, ha sido y es una herramienta hipertextual. Esto hace que toda participación en las diferentes herramientas que los entornos digitales de Internet nos ofrecen, puedan influir en el SEO de una página web. Y esto es algo que tenemos que contemplar en nuestra **estrategia de SEO**, que está directamente relacionado con la estrategia de **LinkBuilding**.

Integrar la participación en blogs y foros en nuestra estrategia, un factor crucial.

El linkbuilding es una parte del SEO muy relevante. Claro está que lo más deseable es generar enlaces de forma natural, a través de la popularidad del contenido. Pero una estrategia de SEO que no ha alcanzado su madurez, requiere el impulso que aporta la participación en foros y blogs para obtener enlaces.

Es importante que sepas que a Google no le gustan las prácticas artificiales, por lo tanto, debes conocer los límites. Pero hay formas y formas como dijo aquel. Puedes registrarte en un foro y participar en los hilos generados poniendo un enlace hacia tu web para realizar una consulta u opinión sobre su contenido. También puedes aprovechar hilos que estén bien posicionados orgánicamente para publicar un mensaje donde tu firma tenga un enlace hacia tu web. Tu capacidad para hacer que todo esto sea lo más "natural" posible te ofrecerá los mejores resultados.

Comentarios en Blogs temáticos

Como ya hemos comentado, conseguir enlaces en páginas donde la temática está relacionada con la actividad de nuestra web es un factor muy importante. Por ello es muy habitual encontrarse con situaciones como la que sucedió en un artículo publicado en el **blog javirodriguez.com** donde se explica, paso a paso, cómo registrar una marca: *https://www.javirodriguez.com/como-registrar-una-marca/*

Este artículo obtuvo un gran posicionamiento en su día, ubicándose por encima de la propia web del ministerio de industria español, consiguiendo cientos de visitas diarias. Eso generó un efecto en cadena, donde los SEO de las principales empresas de registro de marcas procedieron a publicar un comentario para "participar" aportando valor al artículo y aprovechando el enlace que podían agregar hacia su página para mejorar su SEO como puedes ver en la siguiente imagen.

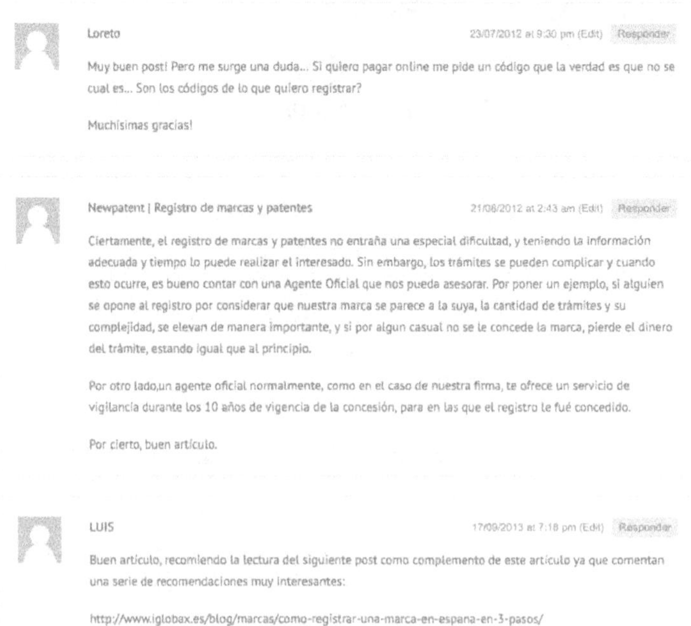

Loreto — 23/07/2012 at 9:30 pm (Edit) Responder

Muy buen post! Pero me surge una duda… Si quiero pagar online me pide un código que la verdad es que no se cual es… Son los códigos de lo que quiero registrar?

Muchísimas gracias!

Newpatent | Registro de marcas y patentes — 21/08/2012 at 2:43 am (Edit) Responder

Ciertamente, el registro de marcas y patentes no entraña una especial dificultad, y teniendo la información adecuada y tiempo lo puede realizar el interesado. Sin embargo, los trámites se pueden complicar y cuando esto ocurre, es bueno contar con una Agente Oficial que nos pueda asesorar. Por poner un ejemplo, si alguien se opone al registro por considerar que nuestra marca se parece a la suya, la cantidad de trámites y su complejidad, se elevan de manera importante, y si por algun casual no se le concede la marca, pierde el dinero del trámite, estando igual que al principio.

Por otro lado,un agente oficial normalmente, como en el caso de nuestra firma, te ofrece un servicio de vigilancia durante los 10 años de vigencia de la concesión, para en las que el registro le fué concedido.

Por cierto, buen artículo.

LUIS — 17/09/2013 at 7:18 pm (Edit) Responder

Buen artículo, recomiendo la lectura del siguiente post como complemento de este artículo ya que comentan una serie de recomendaciones muy interesantes:

http://www.iglobax.es/blog/marcas/como-registrar-una-marca-en-espana-en-3-pasos/

Las reseñas, factor Off-Page clave para el SEO local

La reseña es una valoración que realiza un usuario sobre servicios, productos, empresas, etc. Seguramente habrás realizado alguna a través de Google Maps, Facebook o Foursquare.

Si observas, cuando realizas una búsqueda local, aparece el widget de google Maps ofreciéndote resultados locales geolocalizados. Es común observar cómo las empresas que obtienen más reseñas y mejor valoración, mejoran en sus resultados orgánicos.

¿Cómo conseguimos las reseñas?

Las reseñas tienen mucho más potencial que el apartado "testimonios" de tu web. Para conseguir reseñas, debes integrar en tu estrategia acciones que te permita obtenerlas. Ofrecer un regalo a los clientes que la hagan, incentivar a tus seguidores en redes sociales para que den su opinión… o incluso pedir a tus amigos o familiares que opinen positivamente de tu empresa. También puedes

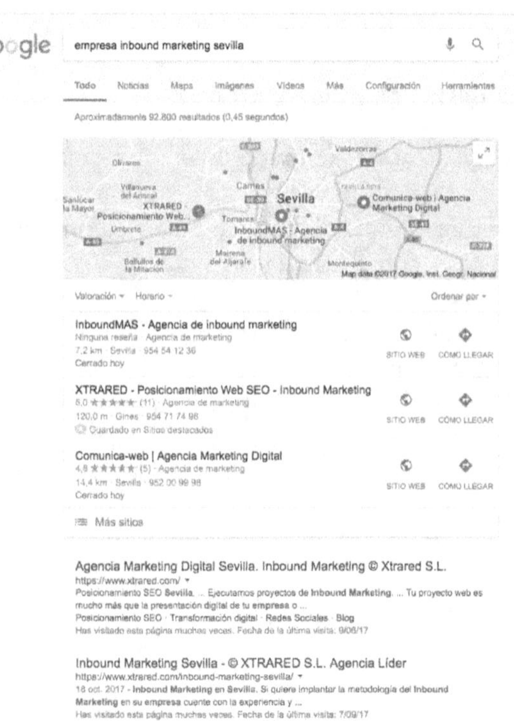

incluir elementos en tu establecimiento que promuevan la participación en las valoraciones sobre el negocio online.

Normalmente, las reseñas incluyen en su ficha una URL de la web que está siendo valorada, es ahí donde tu página puede verse beneficiada o perjudicada a nivel de SEO.

¿Como afectan los comentarios al SEO de una web?

Los comentarios son una muy buena señal para nuestro blog, implica que nuestro atículo recibe tráfico cualificado el cual se detiene a leerlo y que consigue captarlos hasta el punto de dedicar su tiempo a escribirnos un comentario, valorando el contenido, aportando información o comentando una experiencia personal sobre el tema. Son una señal favorable de progreso en nuestro blog, sin embargo, los comentarios no solo aportan lo mencionado anteriormente, tienen una relación directa con el SEO On-page de nuestro sitio. Vamos a ver de que modo.

Los comentarios incrementan la cantidad de contenido de nuestra página

Es lógico, un comentario es un fragmento de texto añadido a nuestra página, de hecho es un fragmento de texto 100% único y relacionado con la temática.

Aportan frescura de contenido

Los comentarios siguen llegado despues de la publicación de contenido, si se trata de un contenido evergreen, incluso seguirán llegando con el paso de los meses o años, esto hace que el artículo deje de ser considerado estático por parte de Google, cada comentario nuevo es interpretado como una actualización de contenido para el buscador lo que mejora el posicionamiento.

Aumentan la densidad de palabras clave y la variedad semántica

Si no se trata se Spam, los comentarios están relacionados con la misma temática de la que se habla en el post y son escritos por personas diferentes, esto posiblemente añada amplitud semántica sobre los mismos términos tratados en el artículo y normalizan la densidad de palabras clave que contiene la página.

¿Cómo eliminar una reseña en Google My Business?

Bueno, antes de empezar debemos saber que **no podemos eliminar cualquier tipo de reseña**, una crítica hacia la empresa no puede ser eliminada si cumple con la normativa de Google.

Por el contrario, si recibimos una reseña que presente un ataque directo contra una persona en específico, donde se publiquen datos personales o que contenga contenidos multimedia explícitos podemos contactar con Google para que revisen esa reseña y estudien la posibilidad de retirarla de nuestra ficha.

Las reseñas se deben marcar como inadecuadas desde nuestro panel de control de *Google My Business* y pueden tomar unos días en ser revisadas.

¿Cómo eliminar una reseña en Facebook?

Del mismo modo que ocurre con Google, **solo podremos eliminar una reseña en caso de que incumpla con la normativa de Facebook**.

Tiempo atrás era posible eliminar reseñas libremente, pero esto fué modificado debido a la poca transparencia y credibilidad que transmitian las valoraciones de Facebook.

Para eliminar una reseña en Facebook debemos denunciarla, a partir de ahí queda en manos del equipo de Facebook la decisión de eliminarla o mantenerla en la página de empresa, si una reseña incumple la normativa muy probablemente sea retirada.

Para que una reseña incumpla con la normativa de Facebook, al igual que con Google, debe de realizar un ataque directo contra una persona física, publicar datos personales o insultos fuera de contexto.

¿Cómo debemos actuar ante una reseña negativa?

Cuando un cliente escribe una reseña negativa, por norma general suele dedicar más tiempo a ella que a escribir una reseña positiva, esto se debe a que espera una respuesta de aquella persona o entidad a la que está valorando. Es por ello que debemos ofrecerles una respuesta profesional y amable, cuando una empresa con presencia en internet desatiende una valoracion refleja una imagen poco profesional que le puede afectar seriamente. El método de actuación que debemos llevar a cabo es el siguiente:

1. Identificar el cliente y la razón por la que ha creado la valoración negativa.
2. Analizar la queja y encontrar los motivos que han desencadenado esa situación.
3. Contestar a la valoración negativa comenzando con una disculpa.
4. Ofrecer una solución al problema y pedir al cliente continuar con la resolución de la queja de manera privada.

Con esta clase de acciones construimos una imagen de transparencia, preocupación por el cliente y profesionalidad, asimismo las siguientes posibles quejas serán comunicadas por privado, consiguiendo controlar así una situación que puede dañar la imagen digital de una empresa.

¿Cómo afectan las Newsletter al SEO de una página web?

Las Newsletter son una herramienta de marketing digital de gran importancia, sirven para recuperar a los antiguos usuarios de nuestra web, así como para mantener informados a los activos, además de permitirnos enviarles información, promociones o nuestras últimas publicaciones y asegurarnos así unas cuantas visitas.

El efecto de las Newsletter al SEO

Como podemos imaginar, el hecho de lanzar una campaña de Newsletter **no aumenta de manera directa el posicionamiento de nuestra web**, pero al igual que sucede con la mayoría de los factores en el posicionamiento SEO, si lo hace de forma colateral.

Debemos tener en cuenta que para poder enviar una Newsletter a un usuario, este debe haberse suscrito de manera voluntaria a nuestra lista de mailing , esto implica que el usuario debe estar interesado en el tipo de contenido y en la manera en que nosotros lo ofrecemos. Estamos hablando por tanto de recibir visitas de un tráfico muy cualificado y fidelizado con nuestra web, que en caso de recibir ese mensaje probablemente proceda a abrirlo y a leer el contenido.

Este tráfico cualificado y fidelizado conecta de mejor manera con nuestro contenido, esto se convierte en una menor tasa de rebote, un mayor tiempo de estancia en la web y probablemente, en señales sociales naturales si este tráfico decide compartir el artículo a través de sus RRSS.

Permitir reseñas en nuestros artículos y mostrarlas en Google

Si tenemos un blog, la posibilidad de que nuestros lectores valoren de forma cómoda el contenido que compartimos con ellos nos es de gran ayuda, conocer qué tipo de artículos son mejor recibidos por el público nos ayuda a que cada vez ofrezcamos mejor contenido y poseamos unos lectores más implicados. Asimismo podemos mostrar esas valoraciones en los resultados de Google mediante los **Fragmentos enriquecidos**.

Esto mejorará nuestro CTR y probablemente el posicionamiento de nuestros artículos.

6.8 GEOLOCALIZACIÓN EN SEO

Normalmente, **una estrategia de SEO suele contemplar un ámbito de alcance** local, nacional o internacional (o los tres). Pero lo más habitual es que se apueste por una o dos de las opciones comentadas.

Con la aparición de los smartphones con GPS integrado, la geolocalización ha irrumpido en el SEO local de una forma definitiva, obligando a los profesionales del SEO a contemplar estrategias diferentes para llegar al público local.

¿Qué es la geolocalización?

Se entiende la geolocalización como la capacidad técnica que puede tener un dispositivo para detectar la ubicación del usuario (de ese dispositivo) a través de tecnologías como GPS. Conociendo la geolocalización de una persona a través de su dispositivo, se han desarrollado numerosas aplicaciones de éxito como Foursquare, Wallapop y otras que otorgan visibilidad local a las empresas y comercios.

Existen varias formas de geolocalizar a un usuario a través de Internet, pero la más común es a través de la IP del dispositivo o, como hemos comentado antes, a través del GPS del mismo.

La geolocalización ha revolucionado y multiplicado las posibilidades del negocio local, el cual se veía abocado a una posición de sumisión respecto a las grandes superficies. En Internet no hay empresa pequeña, todos partimos desde la misma posición y somos tratados en igualdad de condiciones (o al menos, se supone). Esto permite que un negocio local, sea cual sea su presupuesto, pueda ver impulsada su imagen en Internet gracias a la geolocalización.

Geolocalización + SEO = SEO local

Desde hace unos años, Google tiene en funcionamiento un algoritmo orientado exclusivamente a las búsquedas locales. De hecho, este algoritmo restringe en sus resultados a aquellas páginas web que no usan un diseño adaptativo a dispositivos móviles. En 2014, este algoritmo lanzó una actualización llamada "Pingeon", en la que favorecía los resultados locales frente a aquellos que ya tenían un buen posicionamiento general. Por este motivo, si realizas una búsqueda en Madrid, tendrás resultados diferentes a que si la realizas desde Valencia o Sevilla.

Google quiere personalizar las búsquedas para mejorar la experiencia del usuario

"Piensa Globalmente, actúa localmente" es la frase que empleábamos los SEO a la hora de planificar nuestras estrategias. Ahora Google piensa y actúa por nosotros. Usando la geolocalización para ofrecernos los resultados más cercanos a nuestra posición a través de factores como:

* IP del dispositivo con el que se realiza la consulta.
* IP del alojamiento de la web que ofrece un resultado acorde a la consulta.
* Resultados de Google Maps (My bussiness).
* Diseño de la web (si es responsive).

Por lo tanto, si hablamos de factores Off-Page, tenemos que hablar de geolocalización, pues es un factor que marcará la pauta en función de la ubicación que tenga nuestro usuario.

Las búsquedas por voz y el SEO Local

Si hablamos de SEO Local, no podemos pasar por alto **una nueva forma de búsqueda** que está creciendo exponencialmente en estos últimos años, las **búsquedas por voz**. Grandes empresas como Amazon y Google están apostando por esta clase de tecnologías lo que implica que dentro de poco ocuparán un puesto aún mayor en el mercado.

El SEO ya está empezando a adaptarse a esta nueva tendencia y ofrece una gran baza para los pequeños negocios locales que quieran hacerse un hueco en los buscadores. Con una correcta optimización local, nuestra web debe aparecer ante términos de búsqueda como "cafeterías cerca de mí" los cuales están siendo cada vez más usados, **dotando así de más relevancia aún al SEO local**.

Cómo hacer SEO Local

El SEO local se enfoca en una zona específica en la que queremos posicionar nuestra página web. Es de gran utilidad para negocios locales, consiguiendo así un buen posicionamiento sin requerir tanto esfuerzo y accediendo a búsquedas de terminología local como *"cafeterías cerca de mi"* indicada más arriba.

Define la zona
En base a la ubicación de nuestro negocio y su zona de acción, podemos conocer en qué ámbito debemos posicionar nuestra web (pueblo, ciudad, comunidad…).

Ten una web optimizada respecto a la zona geográfica
Incluir la zona geográfica en las etiquetas H1,H2, alt-text… acompañadas de la palabra clave nos puede ser de gran ayuda (P. Ej: Agencia SEO en Sevilla)

Abre una ficha en Google My Business
Es muy importante abrir una ficha en Google My Business, estarás comenzando a dar señales a Google de dónde se ubica la empresa, tendrás un hueco en el local pack de las SERPs y además podrás personalizar tu ficha y hacerla más atractiva, del mismo modo, esto ayuda al posicionamiento. (A Google le gusta que uses las herramientas que pone a tu disposición).

Incluye un mapa de Google Maps en la sección de Contacto
Estamos indicando en qué lugar exacto nos encontramos u ofrecemos nuestros servicios, Google toma esta información y la usa para poder conocer la ubicación el la que es relevante mostrar esa página web.

Integra las Geo Meta Tags
Las Geo Meta Tags son etiquetas que se integran en el código web ,y nos permiten indicar una ubicación geográfica en diferentes niveles (País, Ciudad, Pueblo ó Coordenadas). El objetivo es que toda la información introducida concuerde, no podemos indicar una ubicación en las Geo Meta Tags y otra diferente en Google My Business o Google dejará de tomar en cuenta estos datos.

Cómo hacer SEO Internacional

Los recursos necesarios para realizar SEO internacional son grandes, pero con una correcta estrategia todo se puede conseguir.

Ten un contenido y una web de calidad
Para posicionar una web internacionalmente competirás con un gran número de webs, así que debes ofrecer un contenido excelente.

Traducciones profesionales de texto, contenido bien organizado y etiquetado según el idioma, diseño responsive, etc. Si los estándares de calidad, para posicionar una web, por lo general son altos, para hacerlo internacionalmente debes de ser minucioso.

Usa un TLD

También conocidos como Top Level Domain (dominios ".com" ".net" ó ".org") **nunca debemos usar dominios localizados de países** como ".es" ó ".de" o estaremos delimitando el alcance de nuestra web a ese país específico, es posible posicionar internacionalmente con un dominio geolocalizado, pero nos puede presentar mayores dificultades.

Usar la etiqueta "hreflang" es clave para "marcar" tu SEO internacional

Debes usar la etiqueta "hreflang" para marcar los idiomas que correspondan a cada versión (/es, /it, etc). Aquí va un ejemplo para marcar la versión inglesa "en" e italiana "it":

```
<link rel="alternate" hreflang="en" href=http://www.tuweb.com/en/>
<link rel="alternate" hreflang="it" href=http://www.tuweb.com/it/>
```

Consigue enlaces entrantes de los países en los que quieres posicionarte

Si páginas relevantes de un país concreto nos están enlazando, los buscadores interpretarán que el contenido es relevante para ese país y por ello empezaremos a escalar puestos en los resultados de sus buscadores.

La ubicación del Hosting es importante

Si tu presupuesto es ajustado, debes de contratar tu hosting en el país que consideres más importante posicionarte, puesto que la localización del alojamiento mejora el posicionamiento de la web en ese país específico.

Usa una CDN (Content delivery network).

Estos sistemas redireccionan a los visitantes de un sitio web al servidor más cercano a su ubicación lo que ayuda a ubicar el servidor de nuestra web en más de un país al mismo tiempo y mejora notoriamente los tiempos de carga. Es una práctica altamente recomendada para realizar SEO internacional.

Errores a evitar a la hora de practicar SEO Internacional

Usar un dominio para cada idioma

En primera instancia no parece mala opción, de hecho en las primeras etapas, estas webs de un solo idioma son las que mejor posicionan. El problema reside en que la autoridad de cada una de las páginas es independiente de las otras y por lo tanto, a largo plazo la inversión que tendríamos que realizar para impulsar la autoridad de cada uno de los dominios sería enorme. (Linkbuilding, señales sociales…) **La opción recomendada es alojar todos los idiomas de la web en un mismo dominio TLD. Separando las versiones de cada una de las páginas por carpetas** (Cursoseoprofesional.com/es/autoridad-dominio/ y Cursoseoprofesional.com/en/domain-authority/

Geolocalizar la web mediante Search Console

Cuando comenzamos una web con el objetivo de posicionarla internacionalmente, no podemos geolocalizarla en ningún país, puesto que su posicionamiento y visibilidad en el resto de países se verá afectado, por motivos como este **comenzar un proyecto de SEO internacional entraña tantas dificultades.**

Usar un dominio geolocalizado

Cuando montamos una página web sobre un dominio con terminación ".es" ".co.uk" ".de" ".fr" "etc., estamos geolocalizando automáticamente nuestra web en el país concreto al que pertenece, **dificultando seriamente el poder ganar autoridad en otros países**. Es por ello que debemos usar un TLD como ".com" ".org" o ".net".

No marcar con etiqueta "Hreflang"

Podemos sumir a nuestra web en la invisibilidad si no marcamos nuestras páginas con la etiqueta Hreflang, esta etiqueta indica a los buscadores que el contenido marcado está escrito en "X" idioma y que las otras páginas son versiones en otros idiomas de un mismo contenido. Si no hacemos esto estaremos **duplicando contenido** además de no ayudar a los buscadores a comprender correctamente el contenido de tu web, lo cual es un pésimo comienzo en nuestro proyecto SEO.

La importancia de los directorios en el SEO Local

Debido al abusivo uso que sufrieron años atrás los directorios, se han vuelto un tema tabú en el SEO, no obstante, ya ha pasado el tiempo y Google pudo devolverlo todo a la normalidad. Años atrás el linkbuilding de una página se realizaba a través de altas en directorios, sin importar la calidad, temática o nivel de spam que estos tuviesen. Con la llegada de Penguin, estas prácticas se penalizaron y sus practicantes cayeron en la invisibilidad de los buscadores, provocando un auténtico miedo general a introducir su página web en un solo directorio.

Sin embargo, tener presencia en ciertos directorios de relevancia nos aporta todo tipo de beneficios, entre otros a nuestro SEO.

Google rastrea el contenido de los directorios locales y si encuentra una página web nueva entre los resultados empezará a procesar la geolocalización de nuestra web. Aunque en nuestra sección de contacto tengamos indicada nuestra dirección junto con un Google Maps incrustado, esto no es suficiente para Google a la hora de geolocalizar una web, los directorios nos ayudan en este proceso, para emplearlos de la manera más efectiva debemos tener en cuenta estos aspectos:

- La dirección debe coincidir exactamente (Avenida De la Paz 23 y Avda. De la paz 23 no coinciden exactamente).
- El teléfono y correo electrónico introducido deben de ser siempre los mismos.
- Crea una descripción única de la empresa para cada directorio, o al menos varíala ligeramente, un Copia/Pega no aporta demasiado valor a los visitantes y tu propia página del directorio estará duplicando contenido.

Además debes saber que otros buscadores como por ejemplo Bing, toman la información directamente de los directorios locales para ofrecer su ficha de Bing Places, por lo que si no posees una ficha en algún directorio de referencia, muy probablemente no aparezcas en los resultados locales de Bing.

6.9 LA REPUTACIÓN ONLINE Y EL SEO

Google es el mayor escaparate mundial que existe. Y en la relación que existe entre el usuario y el buscador ambos tienen muy claro lo que uno espera del otro.

El usuario quiere resultados de calidad.
El buscador quiere usuarios a los que ofrecer esos resultados. Por lo tanto, la calidad marca la pauta.

¿Qué tiene que ver la reputación con el SEO?

Los usuarios de Google, sabemos que el buscador no "se casa" con nadie. Que muestra sus resultados tal cual, sean o no positivos para la marca a la cual van dirigidos. En este sentido, si un usuario busca el nombre de una marca en Google sabe, que además de la página web de la marca y sus redes sociales, le aparecerán reseñas y opiniones en foros, blogs, etc. sobre la reputación de la misma.

Los usuarios buscarán términos como:

- "marca + opinión".
- "marca + estafa".
- "marca + engaño".
- etc.

Estos son aspectos que tenemos que tener en cuenta en nuestra estrategia de SEO. Debemos proteger la reputación de la web, a través de la monitorización de resultados por cadenas claves relacionadas con la reputación de la misma.

A nivel técnico esta cuestión va mucho más allá. Pues la reputación de una marca a nivel SEO se evalúa en indicadores como:

- Reputación del dominio.
- Alojamiento web.
- Spam desde la IP de tu alojamiento web.
- Enlaces hacia tu página desde otras webs de baja o nula reputación (penalizadas).

¿Cómo podemos proteger nuestra reputación a través del SEO?

Internet, de la mano de lo que conocemos la web 2.0 donde los usuarios comparten opiniones y experiencias, exige que las empresas sean más transparentes y profesionales en la prestación de sus servicios. Aún así, estarán expuestas a posibles críticas que puedan exponer su reputación. El SEO puede ser un gran aliado para proteger la reputación de la marca.

Consejos para proteger la reputación de una web o marca:

1. Si las estadísticas dicen que el 90% de los usuarios no pasan de la primera página de las SERPs, los diez primeros resultados de la keyword de marca deben ser sitios web que controles. Asegúrate de haber creado todos los perfiles sociales de tu web o marca en las redes sociales. Normalmente, redes como Facebook, Linkedin, etc. Tienen un buen posicionamiento SEO por lo que al crear tu perfil con el nombre de tu empresa muy probablemente tengas control de lo que Google dice de ti en la primera página de resultados.
2. Crea anuncios relacionados con tu marca en portales de compra-venta, empleo, etc; que sean líderes en Internet. Esto, al igual que en el punto anterior, permitirá que estos resultados se ubiquen por encima de las posibles críticas que recibas.
3. Registra varios dominios con diferentes extensiones con el nombre de tu marca y publica en ellos contenido diferente. Por ejemplo, blogs temáticos, directorios o landing page de servicio.
4. Crea subdominios para potenciar las keywords que podrían poner usuarios que buscan información negativa sobre tu marca. Por ejemplo: http://opinion.mimarca.com y publica ahí testimonios de tus clientes.
5. Crea alertas de Google (*https://www.google.com/alerts*) para monitorizar lo que se publica en la red sobre la marca.

Siguiendo estos consejos, a buen seguro protegerás la reputación de tu marca.

Cómo conocer la reputación digital actual de tu marca

Podemos conocer que se habla en Internet sobre una marca, para ello existen gran cantidad de herramientas que buscan menciones sobre esta en las redes sociales, blogs, páginas de reseñas etc. En este caso vamos a conocer Social Mention, una de las pocas herramientas gratuitas para esta clase de fines.

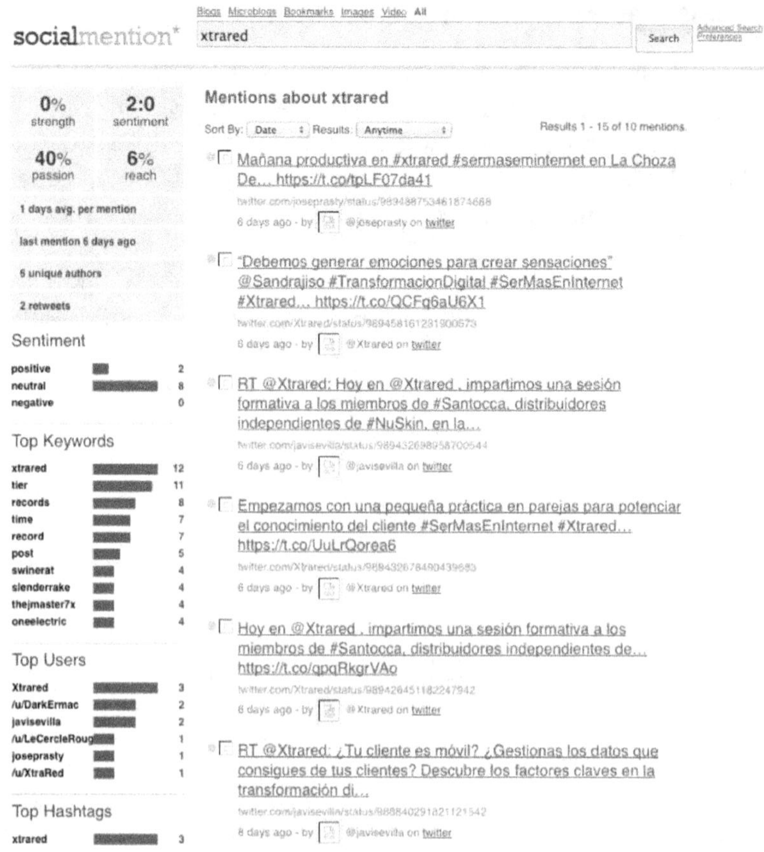

Ejemplo de una búsqueda en Social Mention

Solo debemos introducir un nombre de marca para que Social Mention haga una búsqueda completa a través de la red, y nos muestre las menciones sobre esta. También nos va a mostrar con qué palabras se suele acompañar el nombre de la marca, no obstante, si ésta no es muy popular en las redes sociales, los datos pueden ser poco precisos.

¿Por qué es tan importante conocer estos datos?

Para poder crecer como empresa en Internet siempre es importante saber quien es nuestro público en el entorno digital, a través de esta clase de herramientas podemos conocer datos que son muy relevantes, cuando tengamos un informe sobre nuestra reputación digital debemos hacernos ciertas preguntas.

- ¿Qué se dice de mi marca?
- ¿Quién habla de mi marca?
- ¿En qué lugar están hablando de mi marca?
- ¿Por qué están hablando de mi marca?
- ¿Cuándo hablan de mi marca?

Analizar la reputación digital de la competencia y aprovechar sus debilidades

A través de herramientas como Social Mention podemos estudiar lo que los usuarios están hablando sobre una marca en concreto, de aquí podemos sacar información muy relevante para emplear a nuestro favor.

- Estudiando a marcas más grandes podemos obtener por ejemplo, en qué redes sociales es más activo su publico objetivo para comenzar a realizar marketing allí.

  Para realizar esto, probablemente necesitaremos usar herramientas de pago que analizan más redes sociales. Si sabemos en qué red social se encuentra la mayoría de usuarios de un producto o servicio, podremos centrar ahí nuestros esfuerzos y presupuesto consiguiendo un retorno de inversión más alto.

- Podemos encontrar los motivos de queja de sus usuarios y usarlos como elemento a nuestro favor.

  Por ejemplo: cierta tienda online de productos para mascotas suele recibir quejas sobre los retrasos en los tiempos de sus pedidos, si somos su competencia directa, es sin duda una gran estrategia ofrecer en nuestra web un banner informando sobre el envío de productos en 24-48h pues conocemos que es un valor de importancia para los consumidores del sector.

- Podemos estudiar el comportamiento general de sus consumidores desde el cual extraeremos ideas para aplicar en nuestras campañas de marketing.

  Tras hacer una búsqueda sobre la marca PCcomponentes, hemos descubierto que gran parte de sus usuarios acuden a foros en busca de ayuda para realizar una correcta configuración de componentes, sería una gran estrategia como empresa del mismo sector abrir un perfil en estos foros ofreciendo ayuda gratuita y comentando ofertas de nuestros productos.

Sin duda estos conocimientos y herramientas son de gran utilidad para todas las marcas o empresas que tengan presencia en internet.

Link Building estrategias

Infografía de cualificación enlaces

El Link Buildign que funciona

SEO a traves de Youtube

7 ANALÍTICA SEO

7.1 GOOGLE ANALYTICS

¿Qué es Google Analytics?

Google Analytics es la herramienta de analítica web oficial de Google, que permite monitorizar y recoger información de todo el tráfico que recibe nuestro sitio web, dándonos a conocer datos importantes acerca de los usuarios, como el comportamiento que tienen en nuestra web, procedencia, sistema desde el que nos visita, las palabras claves que han usado para acceder, y otros datos que veremos más detalladamente en los próximos temas.

¿Cómo funciona Google Analytics?

La primera pregunta que nos hacemos es ¿cómo recoge Google Analytics toda esa información que luego nos muestra en sus informes? Toda esta información es recolectada por una combinación de cookies, y un código JavaScript que genera Google Analytics al dar de alta un nuevo sitio, que se incluye en cada una de las páginas de un sitio web. Los CMS, que son los que la mayoría de sitios webs usan, traen un opción para insertarlo automáticamente en todo el sitio, por lo que no es necesario repetir todo el proceso por cada página.

Así Google Analytics registra la visita del usuario desde que llega a la web hasta que abandona el sitio y transforma toda esa información en datos y gráficos para desarrollar los informes.

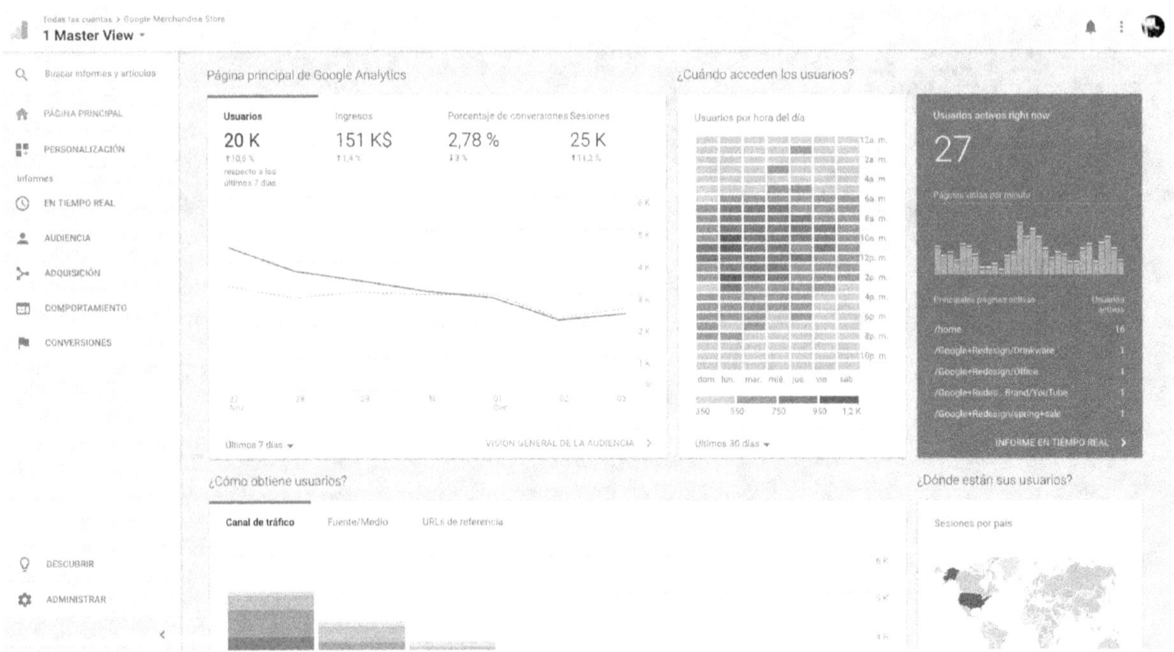

Proceso de recogida de datos

En los próximos temas trataremos el proceso completo de la obtención de los datos con Google Analytics

1. **Recogida de datos**

   Google Analytics usa el código JavaScript insertado en la cabecera de todas las páginas del sitio web. En el caso de aplicaciones móviles hay que añadir otro código adicional para cada actividad de la que se vaya a realizar el seguimiento.

2. **Procesamiento de datos**

   Google Analytics transforma los datos sin procesar en datos que nos resultarán muy útiles que usaremos para mejorar el sitio web, ver la conversión que tiene, etc.

3. **Informes**

   Los datos recogidos y procesados se pueden consultar e interpretar para generar los informes SEO y ver qué actuaciones deben de llevarse a cabo.

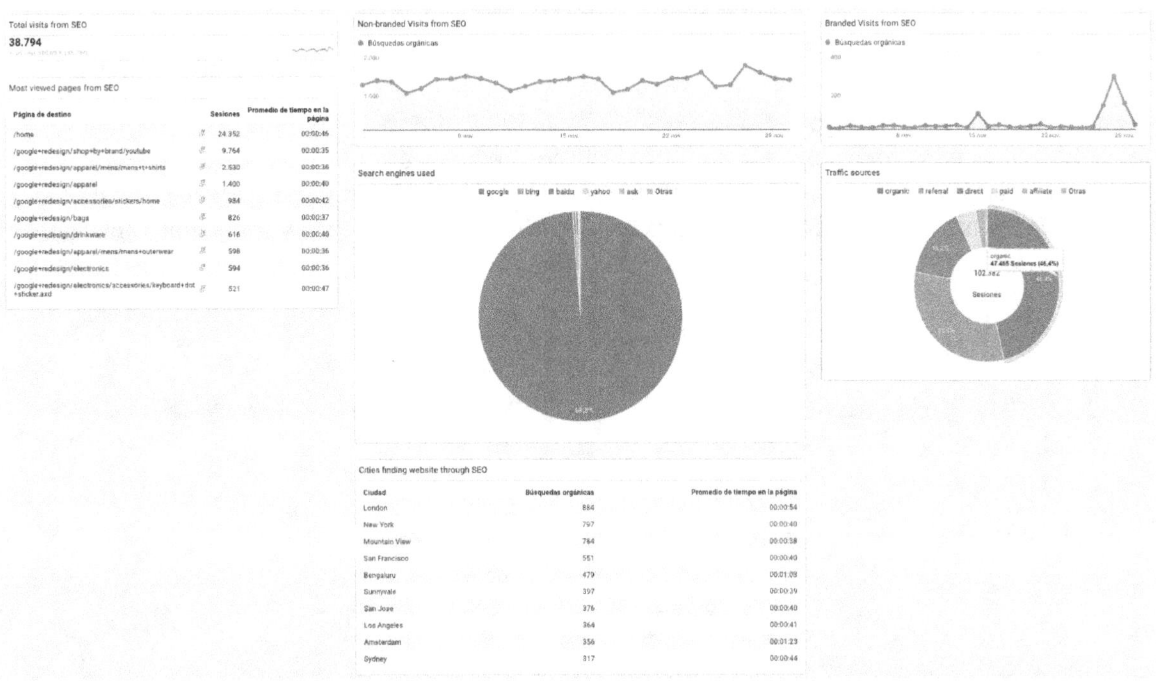

7.2 PERSONALIZACIÓN

¿Qué es la personalización en Google Analytics?

Google Analytics nos permite configurar los informes que nos muestra a la medida de nuestras necesidades. Por eso, cuando hablamos de personalización en Google Analytics, nos podemos referir a la configuración de visualización de datos que podemos hacer en varios apartados, y es que hay varias formas de personalizar una vista en Google Analytics; todas ellas útiles para segmentar el tráfico que recibe nuestro sitio web y para que los datos que recoge sean de mayor calidad.

Vistas de Google Analytics personalizadas

Una vista es aquella que muestra los informes en los que se han recogido los datos de la propiedad que la contiene. Se usan para filtrar datos específicos y sólo mostrar la información necesaria para los informes de esta. Pueden crearse hasta 25 vistas en una misma propiedad.

Vistas recomendadas

Hay una serie de vistas que serían recomendables tener configuradas en nuestra propiedad de Google Analytics:

1. **Vista por defecto o Back Up**
   Google Analytics, por defecto crea una vista sin filtros que recoge los datos en bruto sin procesar. Es recomendable usar esta vista que se crea por defecto de los datos sin filtrar para que; si por error aplicamos a otra vista un filtro, que excluya accidentalmente datos de interés, podamos analizarlo desde esta vista.

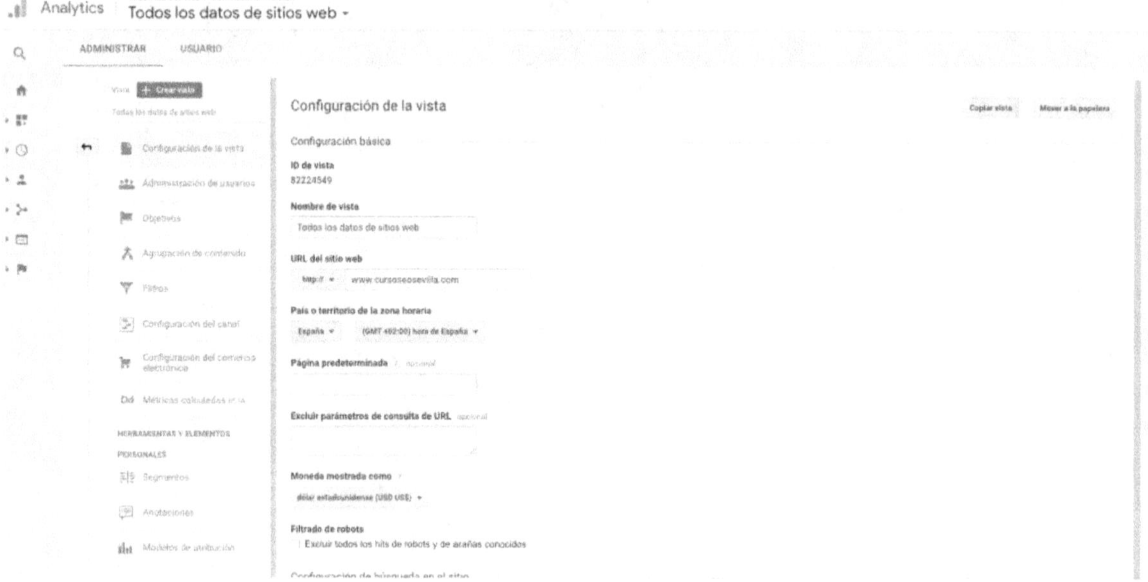

2. **Vista principal**

   Es la vista con la que se trabajará frecuentemente a la que podemos añadirle filtros, probados anteriormente en la vista de prueba, para recoger datos más precisos y de calidad. En esta vista se pueden aplicar filtros para excluir tráfico interno de nuestra propia empresa.

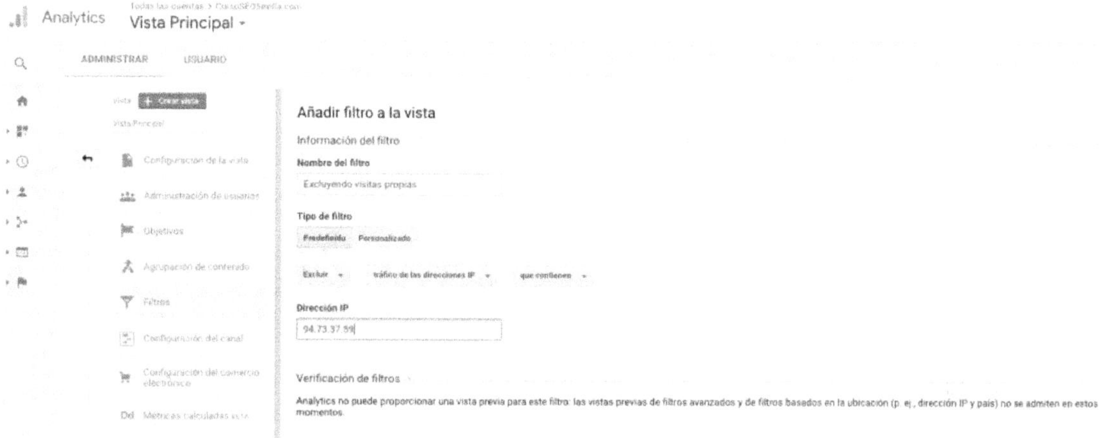

3. **Vistas por directorio**

   Si creemos que tenemos una sección de nuestra web más importante, la cual recibirá mucho tráfico, o si nuestro sitio web tiene un esquema más complejo, podrá resultarnos útil separar las visitas por directorios, como puede ser por ejemplo *nuestrodominio.com/noticias* o *tienda.nuestrodominio.com*

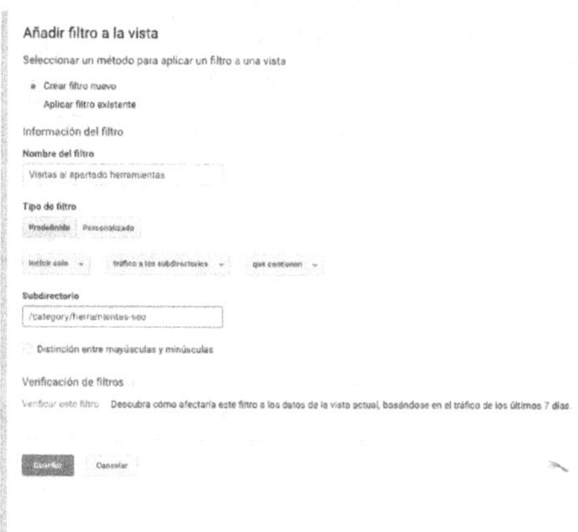

4. **Vistas por medio de tráfico**

   Este tipo de vistas es recomendable si hacemos campañas en AdWords de la que obtenemos mucho tráfico será más sencillo a la hora de analizar los datos si nuestro sitio es más complejo, tener una vista solo para esto. También más adelante veremos otra forma de segmentar estos datos.

Estas son las vistas recomendadas, se pueden añadir más vistas según nuestras necesidades.

Filtros de Google Analytics personalizados

Los filtros sirven para limitar o modificar los datos de una vista. Los filtros se aplican por orden de creación, por lo que es importante tener esto en cuenta para recoger bien los datos que se mostrarán luego
en el informe. Estos tardan en aplicarse unas 24 horas como máximo.

Cuando quitamos un filtro, tenemos que saber que estos datos se verán afectados permanentemente,
y que aunque borremos dicho filtro, no veremos los datos anteriores sin el filtro que estaba aplicado.

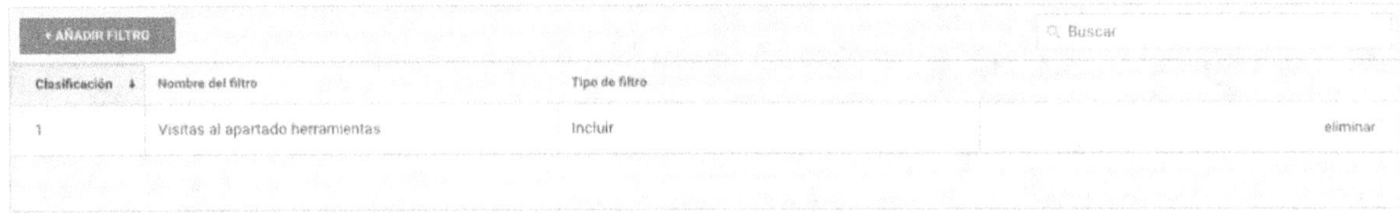

Filtros recomendados

1. **Filtro para excluir IP**: Este tipo de filtro se usa para excluir las visitas con nuestra dirección IP. Así
    evitamos que nuestras propias visitas cuenten y que Google Analytics recoja estos datos que distorsionarían el informe. También se pueden excluir con este tipo de filtros las visitas que nos haga la
    agencia que nos gestiona el diseño de la página web o la cuenta de AdWords.
2. **Filtros por directorio o subdominio**: Como ya hemos visto antes con las vistas, también se pueden segmentar los datos con los filtros para recoger sólo los que recibe una sección de nuestra web o
    un subdominio. Este filtro es muy útil para filtrar subdominios, ya que pueden coincidir que tengan
    la misma URL, así podremos distinguir a qué dominio o subdominio pertenece.
3. **Filtros por medio de tráfico**: Igual que con las vistas, creando un filtro personalizado podemos
    incluir sólo los datos de nuestro tráfico de campañas CPC por ejemplo, o tráfico orgánico.

Dimensiones y métricas personalizadas

Las dimensiones son atributos de los datos. Por ejemplo, una dimensión sería el tipo de dispositivo que
puede ser escritorio, móvil o tablet.

Una métrica es una dimensión cuantitativa. Por ejemplo, el número de sesiones recogidas en un dispositivo móvil que pueden ser 300.

Podemos crear dimensiones y métricas nosotros mismos, se utilizan para recoger y analizar datos que
Google Analytics no recoge de forma automática.

Dimensiones y métricas recomendadas

Algunas de las métricas más usadas pueden depender del sitio web, por ejemplo una métrica conveniente en E-Commerce sería una métrica que mida la cantidad de veces que se hace clic en un banner
del sitio web.

Si nuestro sitio web es un blog, podríamos medir hasta donde llega un usuario leyendo un artículo, es decir hasta donde llega el scroll y que porcentaje de la pantalla ha leído. Si en nuestro sitio hay vídeos puede medirse la cantidad de veces que este se reproduce, si tenemos un PDF para descargar, etc. Son datos que Google Analytics no recoge de forma automática y que nos permite saber con más detalles cómo interactúan los usuarios en nuestra web.

Objetivos para personalización en Google Analytics

Un objetivo es una actividad que ha sido completada. Es decir, una conversión de esa visita a nuestro sitio web, que hace que nuestro negocio funcione mejor y sea exitoso.

Configurar bien los objetivos en Google Analytics es algo esencial para que podamos obtener las conversiones de nuestro e-Commerce, blog, web institucional, etc. Los objetivos sirven para ver cómo se comportan los usuarios en nuestro sitio web, ver qué tácticas consiguen un mejor ROI (Return On Investment), conocer qué keywords son más rentables, etc.

Objetivos recomendados

Los objetivos que configuremos dependerán del tipo de web que tengamos y de lo que queramos conseguir, pero los más comunes son:

En e-Commerce:

1. **Compra de producto**: Cuando un usuario finaliza una compra, esa visita genera una conversión, por lo tanto es muy importante medir cuando esto pasa, y sobre todo cuántas veces, ya que si esta conversión sucede en pocas ocasiones, el porcentaje de conversión de este objetivo es bajo y tendremos que analizar en mayor detalle el comportamiento del usuario para saber a qué se debe.
2. **Número de productos vistos**: Con este objetivo podremos controlar la cantidad de productos que un usuario ve en nuestro e-Commerce.
3. **Duración de la visita**: Este objetivo recogerá datos sobre cuánto tiempo pasa un usuario en nuestro sitio web.

En una web de servicios:

1. **Leads generados**: Un lead es cuando un usuario nos facilita sus datos a través de un formulario de nuestra web y pasa a formar parte de nuestra base de datos de forma que podemos interactuar con él.
2. **Páginas vistas**: Este objetivo nos indicará en qué servicios están interesados nuestros usuarios.

En un blog:

1. **Suscripción a Newsletter**: En un blog es primordial saber qué porcentaje de conversión tiene este objetivo, ya que será un indicativo de si nuestros artículos son de interés para los lectores.

2. **Fidelidad de los usuarios**: Nos permitirá saber cuántos de nuestros usuarios que nos han visitado han vuelto a visitar nuestro sitio web.

3. **Artículos vistos**: Con este objetivo podremos comprobar los artículos que más visitas han recibido, también puede configurarse objetivos para vídeos, descargas de PDF.

La diferencia que hay entre las métricas y los objetivos es que este último sólo cuenta una conversión por sesión, es decir aunque nuestro usuario se haya descargado tres veces el PDF, si este lo hace en una misma sesión sólo contará como una descarga.

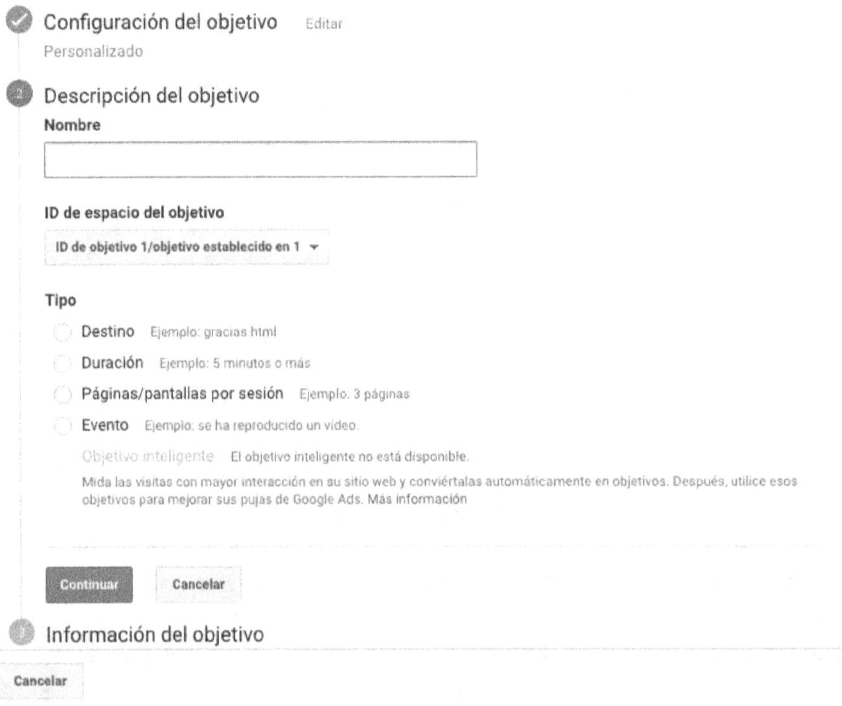

Informes personalizados

Los informes personalizados son plantillas que creamos nosotros mismos con paneles, con la información que sea útil para nuestro caso, estos paneles se pueden ordenar también de forma personalizada, con esto conseguimos información más concreta y detallada. Esto nos ayudará a ahorrarnos mucho tiempo en el análisis de los datos y en los informes mensuales, ya que no tendremos que estar navegando por los diferentes apartados de Google Analytics para recoger la información, solo crearemos el panel una vez y mensualmente iremos exportándolo en PDF.

Informes recomendados

Un informe imprescindible es uno que recoja y nos muestre la información sobre nuestras keywords, con este informe podemos analizar con qué palabra clave acceden nuestros usuarios, incluso podemos obtener algunas que los usuarios usan y que nosotros no hemos usado. También nos ayudará a saber más sobre los usuarios que Google Analytics clasifica como (Other) o (not Provided).

Otro informe que se debe usar es uno que recoja los datos del rendimiento de nuestra web, datos como la velocidad de carga, el tiempo de respuesta del servidor, tiempo de carga en el móvil y tiempo de carga de las páginas más vistas.

Un informe que muestre información sobre nuestros usuarios como el país, la ciudad y el idioma de destino o desde qué dispositivo está accediendo a nuestra web, nos servirá para saber por ejemplo si debemos traducir nuestro sitio a un idioma del que actualmente no disponemos entre otras cosas.

Cómo sacar el máximo partido a Google Analytics

Usar Google Analytics para medir datos y luego no hacer nada con los datos obtenidos, es una verdadera pérdida de tiempo y recursos, además de no beneficiar nada a tu estrategia de SEO. Para que tu estrategia digital mejore debes exprimir Google Analytics para así sacar conclusiones que potencien el SEO de tu web.

Por ello, a continuación vamos a ver datos que te ayudarán a obtener un mayor partido a Google Analytics.

Conocer el (Not Provided)

Si usas Google Analytics te habrás dado cuenta que desde hace un tiempo, aunque tengamos vinculadas nuestras cuentas de Google Analytics y Google Search Console, en el informe Consultas del informe Adquisición, Analytics no muestra la mayoría de palabras clave por las que acceden nuestros usuarios, a cambio se recogen todas en (not provided), esto nos impide conocer qué palabras clave usan los usuarios para encontrarnos, algo de vital importancia para optimizar nuestro contenido, y obtener mayor alcance y una mayor conversión.

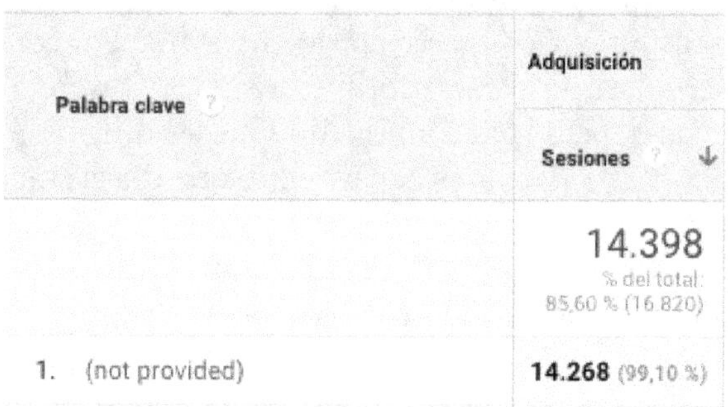

Captura de datos recogidos en Google Analytics

Aunque podemos conocerlas directamente desde la propiedad de Google Search Console, éste carece de datos interesantes como el tiempo en el sitio, el flujo de navegación, porcentaje de rebote, etc. datos

que combinados junto con la palabra clave, nos permite tener conclusiones bastante claras.
Para ello podemos usar una herramienta como es Keyword Hero.

Para usar Keyword Hero necesitas tener GSC y GA vinculados a tu web, esta herramienta creará una vista nueva en tu cuenta de Analytics, para no modificar datos de la vista original. Esta vista la puedes identificar porque automáticamente se crea con el Nombre de Keyword View y la propiedad comienza por Keyword Hero – (+ nombre).

Desde esta vista podremos acceder a Adquisición > Visión General > Organic Search.

Los datos que verás a continuación tienen un retraso de unos 3 días, esto se debe entre otras cosas a Google Search Console, para saber la fecha real puedes añadir una dimensión secundaria de fecha.

También puedes usar las dimensiones secundarias para analizar muchas otras cosas como la página de destino.

Además Keyword Hero trae consigo paneles creados que solo tendrás que terminar de instalar y configurar para que puedas ver de forma más clara y rápida múltiples datos de valor para tu estrategia SEO.

Activar y configurar búsquedas en el sitio

Una de las cosas que pasan desapercibido o a la que no le damos importancia son las búsquedas que los usuarios realizan en nuestra propia página web, cuando esto nos puede indicar qué contenido es más popular en nuestra web, o incluso darnos ideas para añadir más contenido o productos (en el caso de un eCommerce) en base a las búsquedas que realizan los usuarios en nuestro sitio.

🔒 Es seguro | https://www.cursoseoprofesional.com/?s=google+analytics

Captura de URL con parametro de búsqueda

Para que Google Analytics nos muestre las búsquedas, debemos configurado en nuestra cuenta. Para ello vamos a dirigirnos a Administrar > Configuración de la vista, ahí encontraremos Parámetro de consulta que debemos activar e indicar el parámetro que usa nuestra web al realizar una búsqueda interna. Por lo general suele ser s o q, pero para confirmarlo, puedes dirigirte a tu página web, realizar una búsqueda interna, y verificar en la URL cual es el parámetro que usa el sitio web. Este parámetro lo encuentras después del /? antes de tus términos de búsqueda.

Con esto habríamos configurado la búsqueda interna en Google Analytics.

Alertas personalizadas

Las alertas personalizadas nos permiten actuar ante una situación de forma rápida. Puede darse el caso que nuestra web reciba un pico muy alto de tráfico y esta no esté preparada, si esto pasa y no nos enteramos en el mismo instante, podemos perder un alto número de conversiones. O por el contrario, nuestra web puede presentar un problema y unos picos muy bajos de tráfico o un alto porcentaje de rebote,

reducción de las conversiones, etc. Cualquier alerta que resulte útil para tu sitio web.
Estas alertas podrás crearlas desde Personalización > Alertas personalizadas o bien desde Administrar > Alertas personalizadas.

Cuando una alerta se activa esta se notifica mediante el correo electrónico, si así lo has configurado durante la creación de la alerta.

También puedes importar contenido desde la galería de Google Analytics, suelen ser paneles, informes, etc., creados por otros SEO, o profesionales del Marketing que comparten en la comunidad de Google.

7.3 REAL TIME: ESTADÍSTICAS EN TIEMPO REAL

¿Qué son las estadísticas en tiempo real?

La función en "tiempo real" de nuestra vista de Google Analytics nos muestra la actividad que tienen los usuarios de forma continua e inmediata.

La primera vez que insertamos el código de seguimiento de Google Analytics en nuestra web, abrimos la parte pública de nuestro sitio web en una ventana del navegador, y a continuación en Google Analytics nos dirigimos a dicha función, para comprobar que el código está funcionando perfectamente, y que se están recogiendo los datos de nuestra visita.

Esta función es útil cuando realizamos pruebas o modificaciones en la web, así podremos comprobar que todos los cambios realizados funcionan correctamente.

También es interesante cuando se publica un artículo en el blog, con ello podremos comprobar los efectos inmediatos del tráfico que esto genera.

Si vemos que en esta función no se están recogiendo datos no significa que exista algún problema en la web, esto se debe a que en ese no hay usuarios activos en nuestro sitio.

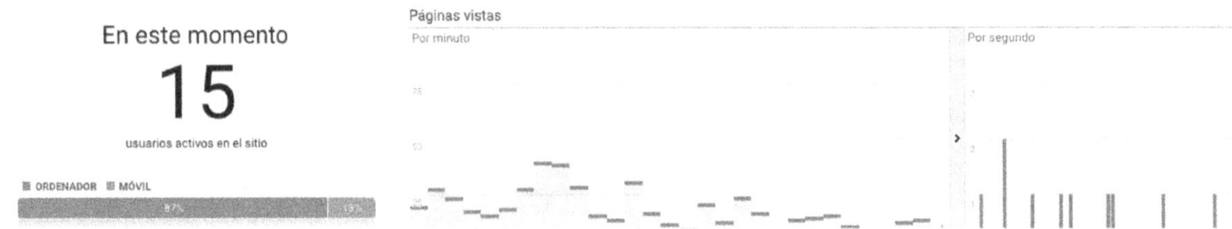

El informe en tiempo real

Este informe que nos muestra los datos inmediatos de nuestra web se divide en varios informes:

- **Visión general**: Este informe muestra de forma resumida un conjunto de datos de los usuarios activos en nuestro sitio en ese momento con datos como: desde qué dispositivo acceden, la ubicación y desde donde vienen (tráfico orgánico, redes sociales, páginas de referencia).

- **Ubicaciones**: Muestra desde qué lugar acceden nuestros usuarios activos en la web. También podemos comprobar el lugar de procedencia de los usuarios que visitaron nuestro sitio en los últimos 30 minutos.

- **Fuentes de tráfico**: Nos muestra desde dónde proceden los usuarios activos en ese momento en nuestra web, el medio, la fuente desde la que acceden y la palabra clave usada.

- **Contenido**: Nos indica el número de páginas activas, la URL de la página, el título, el número de usuarios qué hay en cada página, y desde qué dispositivo están visitando nuestro sitio. Podemos ver qué contenido vieron los usuarios en los últimos 30 minutos.

- **Evento**: Si tenemos algún evento configurado en nuestro sitio web, este informe nos mostrará si se está llevando a cabo alguno, y nos mostrará los datos recogidos como son los usuarios activos y el tipo de dispositivo, la categoría y la acción del evento que se está ejecutando. Nuevamente en evento también podremos analizar los eventos activos en los últimos 30 minutos.

- **Conversiones**: En este caso si hemos configurado objetivos en nuestra web y los usuarios activos en ese momento están haciendo conversiones, es decir, han activado algún objetivo, como la compra de un producto, lo veremos en este informe, junto con el tipo de dispositivo desde el que acceden a la web. Desde este informe también podremos ver los datos que se han recogido en cuanto a conversiones en los últimos 30 minutos.

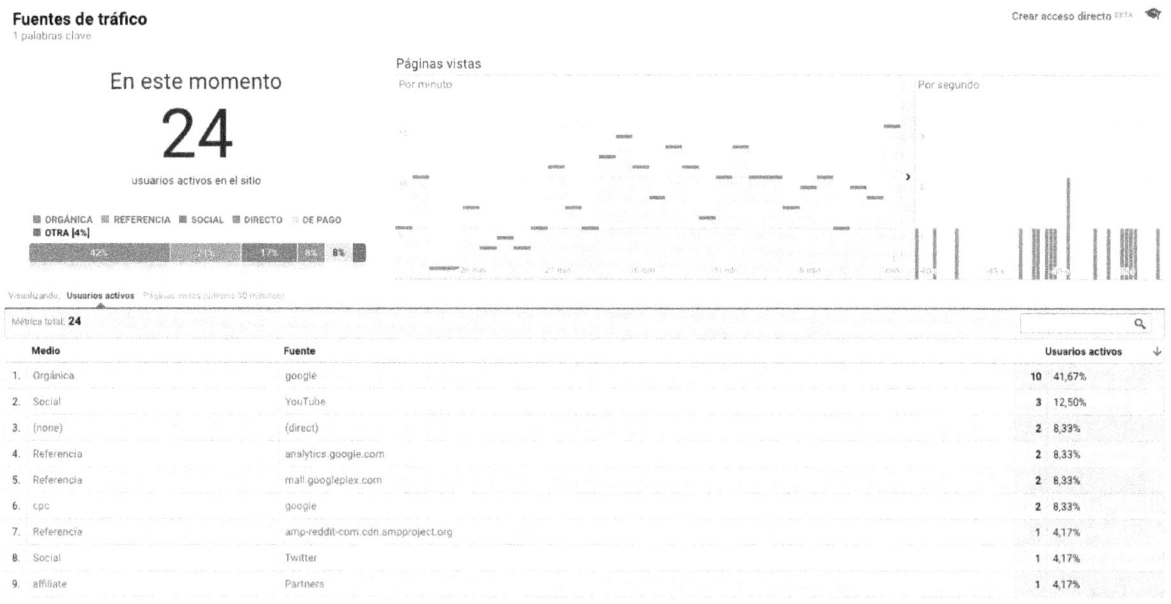

7.4 INDICADORES DE CONVERSIONES Y RENDIMIENTO SEO

¿Qué son los indicadores de conversiones?

Los indicadores de conversiones o KPIs (Key Performance Indicators) son un factor muy importante a tener en cuenta para medir el éxito de nuestra empresa online. Estos sirven para que una empresa o sitio online controle sus objetivos y pueda llevar a cabo un mejor desarrollo. Con la información que proporcionan estos indicadores se pueden desarrollar nuevas estrategias y optimizar las que estaban.

Rendimiento SEO

Para obtener un buen rendimiento de nuestro trabajo diario de recogida, análisis y optimización On-Page y Off-Page es imprescindible tener en cuenta la información que nos proporcionan los KPIs. Esto nos ayudará a poder comprender mejor la gran cantidad de datos recogidos y darnos la clave para las acciones de optimización.

Como ejemplo, utilizaremos los datos de las analíticas de Google Search Console de la web de un proyecto real para que puedas comprobar la valiosa información que nos aportas.

En la siguiente imagen, se pueden apreciar algunos de los indicadores que te explicamos a continuación:

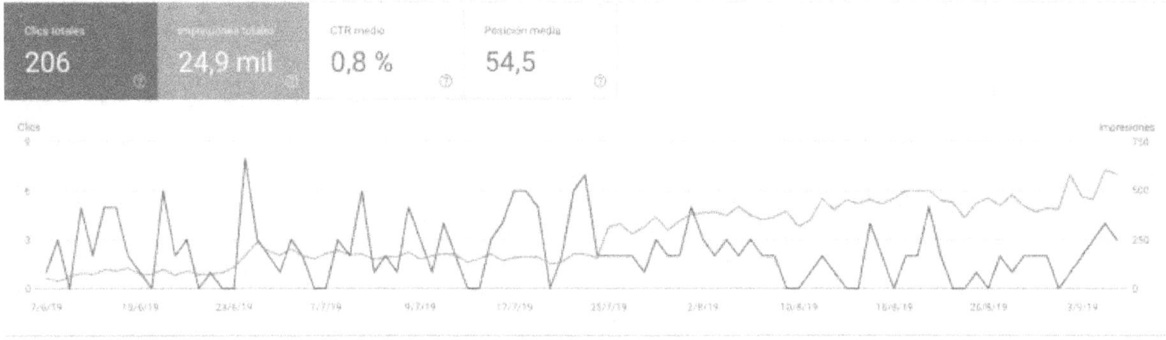

Indicadores de conversiones básicos y recomendados

Algunos de los indicadores básicos y recomendables que debemos tener en cuenta y configurar para que nuestro negocio crezca y sea exitoso son:

- **Número de sesiones por tráfico orgánico**: Esto nos servirá para comprobar desde qué palabras claves están accediendo nuestro usuarios, nos indicará si debemos plantearnos añadir nuevas palabras claves a nuestra estrategia o cambiar algunas que no estén funcionando.

- **Tasa de conversión (objetivos):** La tasa de conversión va a depender de cada sitio web, pudiendo ser una descarga, envío de formulario, compra de un producto, suscripción a la newsletter. Para poder medir las conversiones de nuestro sitio web, debemos tener configurado en nuestro sitio y en Google Analytics los objetivos para que recojan todos los datos necesarios. Esta tasa se calcula dividiendo el número de objetivos conseguidos por el total de las visitas. La tasa de conversión media está entre el 1-3%, entre 1 y 3 de cada 100 personas.

- **Tasa de rebote**: Esto nos indicará si nuestro CTR está funcionando o si en cambio debemos modificar las metaetiquetas con contenido más específico. También nos dará la señal de si el contenido que los usuarios encuentran al acceder al sitio web es el que estaban buscando. La tasa de rebote dependerá de lo que ofrezca nuestro sitio web como vimos en temas anteriores.

  Además de la tasa de rebote de la web, también podemos medir la tasa de rebote de nuestra campaña de email marketing.

- **Tiempo en el sitio**: Al igual que los indicadores anteriores, este nos dará como resultado unos datos que traduciremos en si al usuario le resultó útil e interesante el contenido que encontró mientras navegaba por nuestra web. Cuando se registran visitas de 0 segundos no necesariamente significa que el usuario no haya pasado ni un segundo en nuestra página. Sino que al ser la única página vista el código de Google Analytics que insertamos en nuestro sitio no reconoce más interacción con nuestro sitio solo recoge que el usuario se ha marchado. Esto se mejoraría con llamadas a la acción, artículos relacionados o enlaces a otras páginas internas.

Hay otros indicadores que se usarán dependiendo del contenido de nuestro sitio web, un e-Commerce o un blog deberá tener en cuenta el tipo de usuario por ejemplo para saber si cuenta con usuarios recurrentes que ya han visitado su sitio web con anterioridad.

Otros KPIs importantes a tener en cuenta

Algunos de los indicadores básicos y recomendables que debemos tener en cuenta y configurar para que nuestro negocio crezca y sea exitoso son:

Beneficio

Marcar el beneficio como un KPI te permitirá poder medir cuánto éxito están teniendo tus campañas y el contenido, ya que con este KPI podremos medir del dinero invertido, cuánto está reviritendo a tu sitio web (a través de conversiones).

CTR

El CTR nos permite medir el rendimiento de una campaña digital ya sea de SEM, SEO, a través de las redes sociales etc. Cuanto mayor sea este KPI más probabilidades tendremos de generar conversiones y por lo tanto de generar ingresos.

Porcentaje de bajas de suscripción

Si haces uso de email marketing, es una buena práctica tener en cuenta este KPI, por qué este te mostrará de forma más clara si tu estrategia de contenido está funcionando y a los usuarios les resulta interesante. Por ello el número de bajas que los usuarios realizan, es una forma rápida de medir que la estrategia de comunicación está fallando.

KPIs para diferentes tipos de web pueden ser nº de compras realizadas en un e-Commerce o nº de envíos de formularios para webs corporativas o blogs (generación de leads).

Cómo mejorar la tasa de conversión

Para mejorar la tasa de conversión de una web, se pueden llevar a cabo acciones en esta, que inciten al usuario a realizar/finalizar la conversión.

- **Segmenta y envía el tráfico correcto:** Aunque parece algo obvio, a veces por querer tener mayor alcance, llegamos a usuarios que no son nuestro público objetivo, afectando esto negativamente a nuestra tasa de conversión. De nada nos sirve ofrecerle ropa de bebé a un adolescente de 17 años. Por lo que cuanto más específicos seamos definiendo nuestro público y palabras clave, mayor será nuestro acierto y conversión.

- **Lead magnet ("imán de leads"):** Esto es algo bastante usual en los blogs, no es más que ofrecer a nuestro usuarios un regalo, como un curso, un ebook, etc, a cambio de dejarnos su email y suscribirse a la newsletter. En el caso de un e-Commerce hay también infinidad de opciones como son, un cupón de descuento por registrarse y realizar la primera compra, mandar muestras gratuitas a partir de determinad

- **Información de contacto:** Tener el número de teléfono visible en la web generará confianza al usuario. Este comprobará que dispone de datos de contacto a los que acudir en caso de cualquier problema. En cambio si le surge cualquier duda, y piensa que puede tener cualquier problema y solo encuentra el formulario de contacto, este pensará que su problema tardará más en ser resuelto, por lo que se planteará si continuar la conversión o cancelarla.

- **Testimonios:** Seguimos tratando de ganarnos la confianza de nuestros usuarios, es por ello muy importante, mostrarle opiniones reales de otros clientes/usuarios que ya han realizado una conversión en nuestra web.

7.5 AUDIENCIA

¿Qué son los informes de Audiencia?

Los informes de audiencia nos muestran datos sobre nuestros usuarios, para conocer mejor qué tipo de público visita nuestra web. Este informe recoge datos como desde que país acceden nuestros usuarios, qué dispositivos usan, el tipo de navegador, intereses, edad, sexo, etc. Nunca nos mostrará datos personales ni la dirección IP para proteger la identidad de los usuarios.

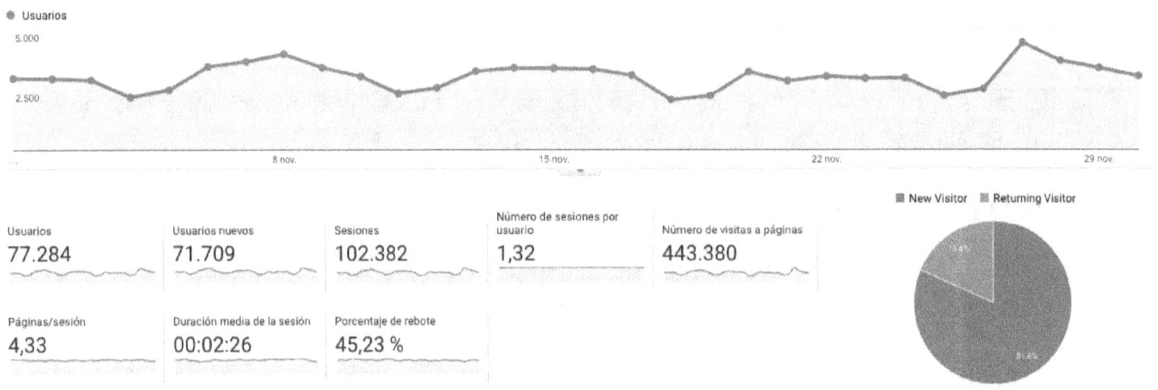

¿Para qué sirven los informes de Audiencia?

Estos informes recogen datos acerca de nuestros usuarios, por lo que nos da una información valiosa sobre el público que nos visita para así mejorar nuestra estrategia SEO, poder personalizar nuestro contenido y sobre todo definir cuál es nuestro público objetivo.

El informe audiencia se puede filtrar por fechas, segmentos estándares o personalizados y diferentes métricas. Dentro del informe audiencia se pueden encontrar distintos apartados con datos más detallados sobre nuestros usuarios. A continuación veremos los más importantes para todos los sitios web independientemente del contenido que ofrezcan.

Visión general

Nos muestra en conjunto los datos principales de nuestros usuarios como el número de sesiones y la cantidad de usuarios, número de visitas a páginas, la duración media de la sesión el porcentaje de rebote, desde donde están accediendo, con que dispositivo, etc. En este informe podemos ver la mayoría de los datos de los usuarios que nos visitan. Todos estos datos se muestran dentro de un rango de fecha que previamente seleccionaremos. También podremos seleccionar el tipo de tráfico que queremos seleccionar, o comparar.

Usuarios activos

En este informe podemos ver cuántos usuarios han estado activo en el rango de fecha que hayamos seleccionado. Útil para comparar el tipo de tráfico y que porcentaje de los usuarios totales supone.

Información geográfica

En este apartado veremos la ubicación y el idioma que usan los usuarios que acceden a nuestra web. Esto es muy útil para analizar si nos interesaría ampliar nuestro público objetivo y traducir nuestro sitio a los idiomas más usados por nuestros usuarios.

País	Adquisición			Comportamiento			Conversiones · Objetivo 3: Registrations ▾		
	Usuarios ⬇	Usuarios nuevos	Sesiones	Porcentaje de rebote	Páginas/sesión	Duración media de la sesión	Registrations (Porcentaje de conversiones del objetivo 3)	Registrations (Consecuciones del objetivo 3)	Registrations (Valor del objetivo 3)
	77.284 % del total: 100,00 % (77.284)	71.786 % del total: 100,11 % (71.709)	102.382 % del total: 100,00 % (102.382)	45,23 % Media de la vista: 45,23 % (0,00 %)	4,33 Media de la vista: 4,33 (0,00 %)	00:02:26 Media de la vista: 00:02:26 (0,00 %)	2,39 % Media de la vista: 2,39 % (0,00 %)	2.449 % del total: 100,00 % (2.449)	0,00 $ % del total: 0,00 % (0,00 $)
1. United States	34.654 (44,26 %)	30.213 (42,09 %)	49.921 (48,76 %)	32,27 %	5,65	00:03:03	3,17 %	1.580 (64,52 %)	0,00 $ (0,00 %)
2. India	5.072 (6,48 %)	4.875 (6,79 %)	6.039 (5,90 %)	56,33 %	3,16	00:01:52	2,02 %	122 (4,98 %)	0,00 $ (0,00 %)
3. United Kingdom	4.320 (5,52 %)	4.090 (5,70 %)	4.991 (4,87 %)	61,75 %	2,54	00:01:24	1,38 %	69 (2,82 %)	0,00 $ (0,00 %)
4. Canada	3.082 (3,94 %)	2.856 (3,98 %)	3.897 (3,81 %)	37,41 %	4,90	00:02:51	3,23 %	126 (5,14 %)	0,00 $ (0,00 %)
5. Germany	2.281 (2,91 %)	2.187 (3,05 %)	2.620 (2,56 %)	65,00 %	2,50	00:01:14	0,88 %	23 (0,94 %)	0,00 $ (0,00 %)
6. France	1.818 (2,32 %)	1.723 (2,40 %)	2.198 (2,15 %)	57,42 %	2,85	00:01:53	1,36 %	30 (1,22 %)	0,00 $ (0,00 %)
7. Netherlands	1.391 (1,78 %)	1.327 (1,85 %)	2.025 (1,98 %)	57,09 %	2,95	00:02:19	1,98 %	40 (1,63 %)	0,00 $ (0,00 %)
8. Japan	1.292 (1,65 %)	1.231 (1,71 %)	1.522 (1,49 %)	57,95 %	3,06	00:01:24	1,64 %	25 (1,02 %)	0,00 $ (0,00 %)
9. Spain	1.252 (1,60 %)	1.204 (1,68 %)	1.609 (1,57 %)	56,93 %	2,74	00:02:22	1,06 %	17 (0,69 %)	0,00 $ (0,00 %)
10. Taiwan	1.193 (1,52 %)	1.131 (1,58 %)	1.767 (1,73 %)	50,82 %	3,76	00:02:55	3,00 %	53 (2,16 %)	0,00 $ (0,00 %)

Flujo de usuarios

Este informe es muy importante ya que nos enseña en forma de mapa el flujo que han tenido los usuarios en nuestro sitio web, la página de destino y todas las interacciones que van haciendo y el sitio en el que van abandonando la web. Es útil para analizar las páginas con más abandonos, y saber si hay algún problema en ellas, o analizar el tipo de contenido que hay en dicha página.

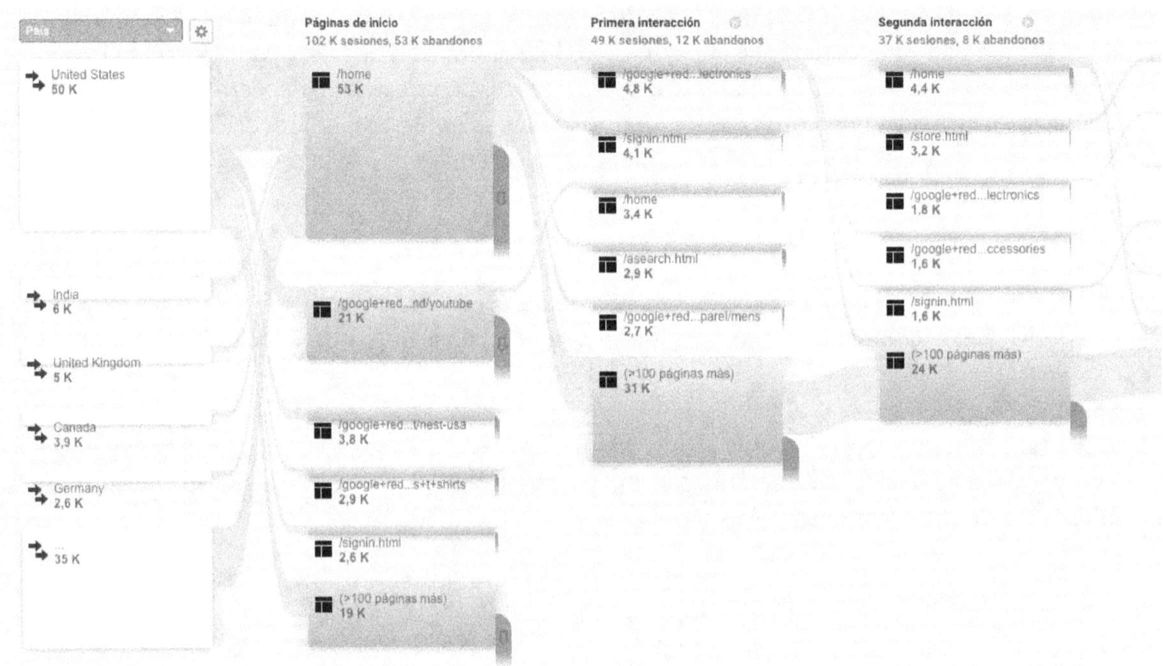

7.6 ADQUISICIÓN DE TRÁFICO

¿Qué son los informes de Adquisición de tráfico? ¿Para qué sirven?

Los informes de Adquisición permiten conocer detalladamente las vías de acceso del tráfico de nuestra web. Conocer estas fuentes de tráfico es algo fundamental para saber si las estrategias aplicadas están funcionando correctamente. De poco nos serviría trabajar nuestras redes sociales para dirigir tráfico a nuestra web y luego no saber la cantidad de usuarios que vienen desde las redes sociales y no desde el email por ejemplo, no sabríamos si ese trabajo está dando resultados adecuados o habría que cambiar la forma de trabajar.

Tipos de tráfico

Primero empezaremos explicando los diferentes canales de tráfico que existen.

- **Tráfico orgánico**: Este canal nos muestra los usuarios que han llegado a nuestra web desde un buscador (Bing, Google u otros) desde este apartado podremos también comprobar qué palabras claves han usado los usuarios para acceder. Es posible que en este apartado te encuentres con el hecho de que una gran parte de las visitas tengan como palabra clave lo siguiente: (not provided) esto se debe a que Google encripta esta información de aquellos usuarios que hacen la búsqueda logueados con su cuenta de Gmail. Asociando Google Analytics con Google Search Console podremos ver estas palabras clave que aquí no se muestran.

- **Social**: Recoge la cantidad de usuarios que han accedido desde cada red social, como Facebook, Twitter, etc.

- **Tráfico directo**: Nos indica el número de usuarios que han accedido directamente a nuestra web, estas visitas suelen hacerlas usuarios recurrentes que ya conocen nuestro sitio web y ponen la dirección en el navegador, o tiene nuestra página guardada en favoritos. Este tipo de tráfico también se genera cuando un documento PDF por ejemplo, tiene enlace a nuestro sitio web en el interior, al hacer clic se considera tráfico directo. Dentro de este apartado veremos cuáles han sido las páginas de destino. Normalmente la página de destino con más usuarios suele ser la página principal de nuestra web.

- **Tráfico de referencia**: Este tráfico viene desde otros sitios web que están apuntando a nuestro sitio, como directorios, páginas que hacen referencia a nuestro sitio web, cualquier sitio web que esté generando tráfico a nuestra web porque tienen un enlace nuestro publicado.

- **Tráfico de pago**: Este tráfico recoge el número de usuarios que han hecho clic y han accedido a nuestro sitio a través de campañas de publicidad de pago que tengamos activas en Google Ads.

- **Email**: Si tenemos alguna Newsletter que enviemos a nuestros suscriptores y ellos acceden a nuestra web desde ahí, el canal de acceso de estos usuarios será el email. Información útil para saber si a nuestros suscriptores les está resultando interesante el contenido de estos correos y quieren seguir viendo más información en nuestra web. Para que esto cuente como tráfico desde el email y no tráfico directo debemos etiquetar bien las campañas de email.

Informes de Adquisición

Una vez visto los tipos de canales, pasaremos a ver los distintos informes que hay dentro del informe de Adquisición.

Visión general

Este informe nos muestra en forma de gráfico un resumen de los canales principales desde los que accedieron los usuarios a la web, tráfico orgánico, tráfico de pago, etc., el comportamiento que tuvieron, páginas por sesión, porcentaje de rebote y duración media de la sesión, y las conversiones de esas visitas si tenemos configurados los objetivos.

Todo el tráfico

Este informe nos muestra por separado detalladamente el tráfico de nuestra web. Esta dividido en diferentes apartados:

- **Canales**: Muestra detalladamente los datos recogidos por los diferentes canales explicados anteriormente.

- **Treemaps**: Es un mapa de árbol que nos permite trabajar con dos métricas a la vez. La métrica principal que marca el tamaño que va a tener el rectángulo y la métrica secundaria que marca el color.

- **Fuente/medio**: Muestra en detalle desde que sitio han accedido y a través de qué medio.

- **URLs de referencia**: Muestra cada URL que hace referencia en su web a nuestro sitio.

AdWords

Este informe nos enseña las campañas de ADS que tenemos activas, si tenemos las cuentas de Google Analytics y Google ADS vinculadas. Esto es recomendable para sacarle el máximo provecho a las campañas activas de Google ADS, de hecho se deberían vincular ambas aplicaciones para saber como interactúan los usuarios con nuestra web procedentes de estas campañas. Los informes que nos muestra la aplicación de Google ADS se basan en impresiones, clics y CTR, pero Google Analytics nos muestra más acerca de esa visita, como el tiempo que han pasado en la web, que han páginas han visitado, etc. Una combinación de ambas aplicaciones nos ayuda a mejorar la conversión y el rendimiento de nuestras campañas de marketing.

Search Console

Habilitar el uso compartido de los datos entre Google Analytics y nuestro sitio web en Google Search Console nos da grandes ventajas en el SEO. Combina los datos y muestra la información de ambas aplicaciones dentro de Google Analytics añadiendo las impresiones, los clics en las SERP, la posición media, etc. Esto es fundamental para la optimización del posicionamiento y para el rendimiento de nuestro sitio, ya que al recoger los datos de ambas aplicaciones nos muestra, por ejemplo, una palabra clave con una posición muy buena que sin embargo tiene un porcentaje de rebote alto, con esto podemos interpretar que el usuario que llega hasta nuestro sitio web no encuentra en él lo que estaba buscando o por el contrario una página que tiene bastante tráfico y una buena conversión pero sin embargo está en unas posiciones muy bajas, sabremos que las metaetiquetas de dicha página no están funcionando y se deben modificar.

Desde Google Analytics el informe más importante que debemos ver es el de **consultas** ya que extrae los datos de las palabras clave más usadas por los usuarios para acceder a nuestro sitio web. También tendremos el informe de las páginas de destino con las posiciones, los clics y más datos de adquisición y comportamiento.

7.7 GENERACIÓN DE INFORMES SEO

Informes SEO ¿qué son?

Los informes SEO son unos documentos que recogen datos sobre las acciones comentadas en los anteriores temas y nos muestra cómo se encuentra nuestro sitio web, en que posición está y cómo están funcionando las estrategias SEO que estamos llevando a cabo.

Es indispensable que los informes tengan una periodicidad, recomendablemente que sea mensual, ya que si lo hacemos con poco tiempo entre un informe y otro, los datos no serán los correctos ya que algunos cambios ni siquiera habrán dado su resultado, teniendo en cuenta que Google en algunos casos tarda en procesar la información hasta varias semanas.

¿Cómo hacer un informe SEO?

Los informes SEO deben contener al menos unos datos básicos que muestren la evolución del SEO de nuestro sitio. Estos informes los podemos generar desde la propia aplicación de Google Analytics, a través del apartado de personalización de paneles, crearemos y personalizaremos nuestro propio panel que luego iremos exportando mensualmente con los datos obtenidos en el rango de fecha que seleccionemos.

Hay datos indispensables y básicos que se deben incluir en un informe con el fin de recoger datos que nos sirvan para mejorar o modificar nuestra estrategia SEO.

Sería recomendable crear un informe en el que se recojan datos de todas las sesiones y datos del tráfico orgánico que recibe nuestro sitio web. En este informe debemos incluir:

- **Usuarios**: el número de usuarios que visitan nuestro sitio es un widget fundamental para empezar a conocer si realmente funciona el contenido que ofrecemos y nuestra estrategia para hacer visible ese contenido.

- **Sesiones**: Importante medir el número de sesiones que han tenido los usuarios en nuestro sitio.

- **Duración**: Saber la duración de estas sesiones nos dará una pista de si a nuestro usuario le resulta interesante lo que ve en nuestra web, por eso es importante tener en cuenta este dato para saber cuanto tiempo se pasa interactuando en nuestro sitio.

- **Porcentaje de rebote**: Otro indicador de si el usuario que entra en nuestra web encuentra en ella lo que estaba buscando, por ello este dato es importante de analizar en los informes para ver su evolución. En temas anteriores tratamos que porcentajes de rebote tenían cada sitio web según el contenido y el servicio que ofrecían.

- **Posición de la palabra clave y CTR**: Estos datos nos mostrarán las posiciones en las que se encuentran las palabras clave que hemos usado en la estrategia.

- **Palabras clave más usada**: Nos mostrará que palabras clave usan nuestros usuarios para acceder, dándonos esto una pista de lo que buscan nuestros usuarios así orientar nuestra estrategia a ello.

- **Fuentes de tráfico**: Tener en cuenta las fuentes desde las que acceden nuestro usuarios nos mostrará si hay usuarios recurrentes que ya conocen nuestro sitio y generan tráfico directo, si es tráfico de referencia, es decir vienen desde otro sitio web, o si acceden desde redes sociales o por tráfico orgánico.

- **Páginas más visitadas**: Útil a analizar para tener en cuenta que está funcionando en nuestra web y que no, si creamos un apartado nuevo en nuestra web podremos comprobar con los informes si ha obtenido el resultado que esperábamos.

- **Backlinks**: Estos datos nos muestran como están evolucionando los enlaces y dominios que están apuntando a nuestro sitio. Son datos de un trabajo que nuestro cliente no aprecia, y explicarle y saber que se está trabajando también este apartado, y en que consiste. Datos que se recogen desde Google Search Console.

- **Indexación en Google**: Según vayamos creando o eliminando páginas, Google muestra el total de URLs que hay para que aparezcan en los resultados de búsqueda, también se incluyen URL que Google descubre por otros medios. Estos datos los podemos obtener desde Google Search Console.

  Dependiendo del tipo de contenido que ofrezca nuestra web, ya sea un blog, e-Commerce, o web corporativa, podremos analizar otra serie de datos y apartados para incluirlo en los informes.

Con este capítulo acabamos el módulo 7 de analítica SEO. Por supuesto, esta materia engloba muchísimos más aspectos de los aquí vistos.

CONTENIDO EXTRA

Crear informes personalizados en Google Analytics

Crear propiedades en Analytics

Centro de formación y asistencia de Analytics

8. LAS PENALIZACIONES EN SEO

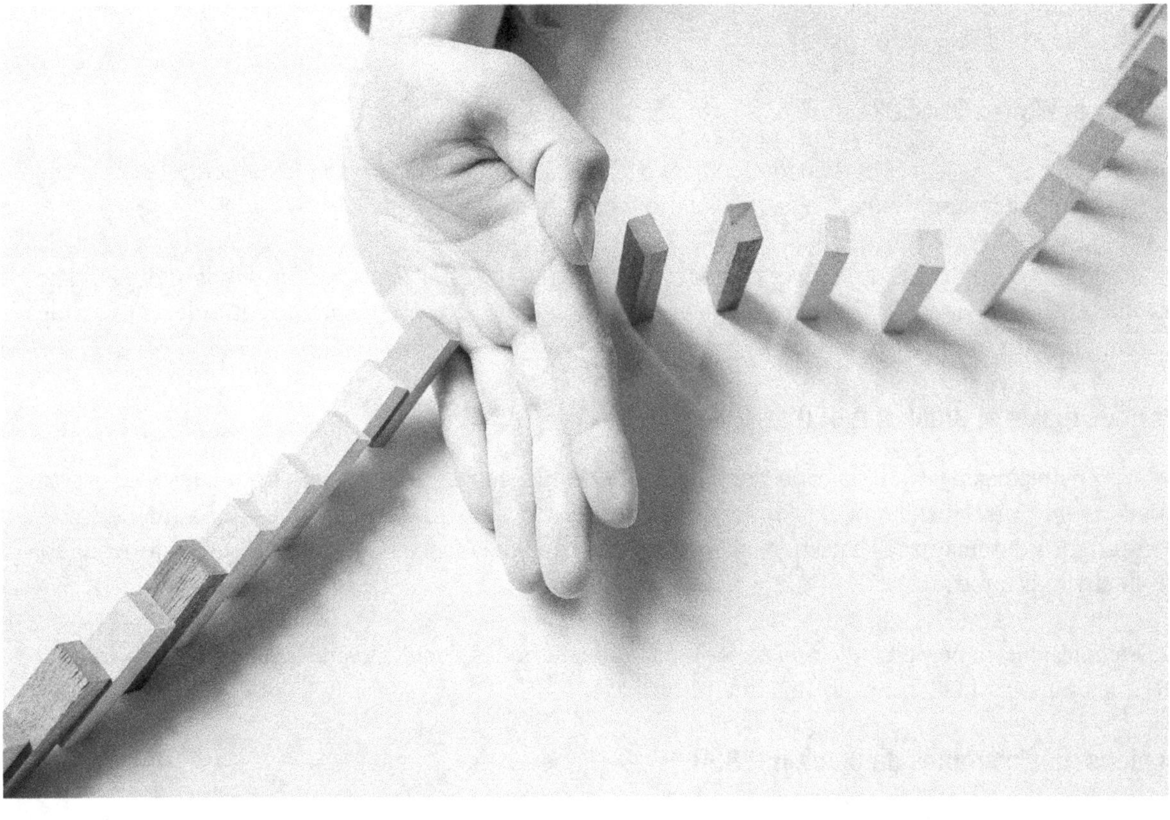

¿Qué es el Black Hat SEO?

Black Hat SEO son técnicas SEO usadas para mejorar la posición en buscadores de una página a través de acciones que, dentro de las directrices de Google, se consideran poco éticas. Estas técnicas se usan para conseguir un rápido posicionamiento SEO y mayores beneficios en cortos plazos, pero su nivel de exposición a sanciones es muy elevado.

¿Qué es el White Hat SEO?

El White Hat SEO o, también llamado técnicas SEO de sombrero blanco, son justamente lo contrario, técnicas que defienden la experiencia de usuario y el valor de éste.

Siguiendo por ejemplo, las directrices del algoritmo de Google, estas técnicas son más laboriosas, tenemos que ser más pacientes y constantes para ver los resultados, pero son resultados duraderos y estables en comparación con Black Hat SEO.

¿Por qué existe el Black Hat SEO?

Este tipo de técnicas, llevadas a cabo por hackers de sombrero negro, eran muy populares y se usaban para conseguir un beneficio personal, para que un sitio web subiera de posiciones de forma rápida en los resultados de búsqueda, haciendo uso de técnicas que dejaban mucho que desear, pero resultaba más fácil y más rápido.

Estas técnicas no tienen en cuenta la experiencia de usuario, es decir, mostrarle contenido de calidad, algo que ahora para Google es de máxima prioridad.

Técnicas más comunes de Black Hat SEO

El Black Hat SEO, aunque ha existido desde siempre, se empezó a dar a conocer más con la llegada de una *actualización de Google Penguin*, que decidió penalizar a todos aquellos que antes ya hacían uso de dichas técnicas como:

- **Granjas de enlaces**
  Son enormes redes de webs que cambian enlaces artificiales de forma masiva, persiguiendo que todo aquel que intercambie enlaces salga beneficiado, con mayor popularidad y con su Page Rank aumentado rápida pero artificialmente.

- **Texto y enlaces ocultos**
  Esta es una de las técnicas empleadas más antiguas, y consiste en la introducción de texto y enlaces del mismo color que el fondo de la página, fuera del alcance visual del usuario o con un tamaño de fuente ridículamente pequeño, de este modo queda invisible para el usuario, pero no para los moto-

res de búsquedas. Esta técnica quedó obsoleta y se crearon técnicas más complejas que camuflaban enlaces dentro del código de la web.

- **Páginas Doorway**

   Páginas Doorway o páginas puerta, eran páginas que a través de sobreoptimización de palabras clave conseguía buena posición en Google y luego dichas páginas redireccionaban a un dominio real.

- **Cloaking**

   Una versión más compleja de las páginas Doorway, ya que diferenciaba las visitas entre usuarios y motores de búsqueda. Si la visita la hacía un motor de búsqueda, esta página mostraba contenido optimizado para determinadas búsquedas con el fin de que los motores la posicionaran bien, mientras que a los usuarios les mostraba otro contenido.

- **Blog Spam**

   Como cualquier blog permite comentarios, para un spammer era tarea fácil usarlo como plataformas para creación y envíos de spam.

La actualización de Google Penguin, que se centró en penalizar el black Hat SEO, hizo que dichas técnicas se extendieran y profesionales SEO o empresas, lo usaran para atacar a la competencia, haciendo así que estas cayeran en posiciones o incluso desaparecer de Google.

El uso de esta metodología de trabajo pone mucho en duda la profesionalidad del que la lleva a cabo. Nosotros no queremos defender el uso de estas técnicas sino más bien informaros de cómo funcionan, de que algunas de ellas siguen existiendo y de cómo podemos evitar llevarlas a cabo nosotros de manera inconsciente.

El Black Hat SEO en la actualidad

Hoy día, hay grupos de hackers que siguen poniendo en práctica las técnicas de Black Hat SEO, las cuales **han avanzado** mucho a lo largo de los años. Sin duda, seguirá existiendo, aunque cada vez sus efectos son más efímeros.

Black Hat SEO, actualmente se emplea para webs que van a tener un **corto tiempo de vida**. Por ejemplo: Una web con información sobre el mundial de Catar 2022. La técnica Black Hat SEO por excelencia actualmente son las **PBN**, que sirven para crear **link building**. Éstas no son nuevas, pero van cambiando con el paso del tiempo para no ser descubiertas y sancionadas, haciendo cada vez más complejo la creación de una.

Otra técnica que se está usando ahora, es la búsqueda de agujeros en dominios grandes desde los que sacar **enlaces Dofollow**, como por ejemplo: Google, Amazon, Ad.fly etcétera, hacia nuestra web.

También se suelen comprar dominios expirados de la misma temática, que son redireccionados hacia nuestro Money Site, traspasando así toda la autoridad del dominio expirado a nuestra web principal.

Casos reales de Black Hat SEO ¿Qué funciona y qué no?

Técnicas que antes eran totalmente efectivas, han pasado a dejar de dar resultados o incluso a derivar en una sanción hacia la web que las practica.

Sin duda, para realizar Black Hat SEO on page, debemos experimentar con anterioridad en otros proyectos de menor importancia antes de aplicarlo a nuestro sitio web principal; también podemos contratar a un profesional que nos ayude, pero debemos asegurarnos de que su trabajo no nos pone en riesgo inmediato de ser penalizados.

Técnicas Black-Hat que siguen funcionando

- En la actualidad, las **PBN** siguen funcionando, pero debemos cuidar gran variedad de factores. No podemos permitir que existan elementos comunes que permitan identificar todas las páginas bajo una misma propiedad, algunos ejemplos son: usar el mismo tema o los mismos plugins, estar alojados en el mismo dominio con la misma IP etc. Esto nos pone en riesgo de sufrir una sanción en bloque de toda nuestra PBN. Incluso al money site enlazado, puesto que Google Panda trata de evitar la construcción de enlaces con el objetivo de aumentar artificialmente la autoridad de un sitio web.

- **Cloaking**: Estas páginas siguen existiendo, pero los conocimientos necesarios para poder montarla son muy avanzados, por lo que tendremos que recurrir a programadores experimentados y muy probablemente, la inversión no merezca la pena para los pobres beneficios que conseguiremos llevando a cabo esta práctica.

- **Blog Spam**: Debemos cuidar en qué clase de blogs estamos realizando esta actividad, puesto que si nuestro enlace figura en blogs saturados de enlaces spam, podemos dañar nuestra autoridad. Por el contrario, si conseguimos enlaces a través de comentarios en blogs relevantes incluso siendo No-follow, nos aportará el hecho positivo de aumentar la variedad de dominios que apuntan a nuestra web.

- **Redirecciones de dominios expirados**: Esta técnica funciona a la perfección y se emplea con frecuencia debido a la cada vez más importante, relación temática entre los dominios enlazados. Consiste en la compra de dominios que han alojado una web con temática similar a la nuestra y hacen una redirección 301 completa hacia nuestra web, traspasando así gran parte de la autoridad del dominio anterior al nuestro. Google está trabajando en una solución a esta clase de técnicas, en la que posiblemente reiniciará la autoridad de los dominios una vez han expirado.

- **Simulación de señales sociales**: Del mismo modo que los enlaces, las señales sociales también son un factor de posicionamiento, ya que reflejan una buena experiencia de usuario, el cual le lleva a compartir la web en redes sociales. Está demostrado que el envío de señales sociales es un factor que afecta al posicionamiento, y es ampliamente empleado para posicionar páginas web en adición a otras técnicas las cuales disparan el posicionamiento de la web objetivo.

Técnicas Black-Hat detectadas y penalizadas por Google

- **Granjas de enlaces** Se usaban para enviar enlaces a gran cantidad de páginas web, por lo general eran intercambiados entre webmasters con el objetivo de aumentar la autoridad de las páginas web que estuvieran intercambiandolos.

- **Textos y enlaces ocultos** Empleados con el objetivo de enviar enlaces desde una página sin que el usuario los detectase o de incluir contenido invisible que posicionar por la web por otros términos.

- **Keyword Stuffing** es la sobresaturación de la web con la palabra clave objetivo para posicionarla por esa cadena clave en concreto. Usar esta técnica hoy en día sepultará a tu web en las últimas páginas de Google en muy poco tiempo.

- **Artículos Spineados** Consiste en robar datos a otras páginas web y pasarlos por un programa informático que cambia gran parte de las palabras por sinónimos consiguiendo ser interpretado por contenido original. Esta técnica ya no funciona. Solía ser utilizada para posicionar web cargadas de publicidad.

Debemos tener este pequeño extracto en cuenta a la hora de establecer alguna estrategia SEO en nuestra web, puesto que sin saberlo, podríamos estar realizando Black Hat SEO o lo que es peor, condenando a nuestro sitio a una penalización empleando una técnica que ya ni siquiera aporta ninguna clase de beneficio.

8.2 SPAMDEXING: EL SPAM DEL SEO

¿Qué es el Spamdexing?

El Spamdexing o spam del SEO es una **técnica de SEO negativo**, que consiste en manipular la importancia de un sitio web en un motor de búsqueda usando enlaces artificiales, o modificando el contenido. Esta técnica se lleva a cabo para robar tráfico del sitio web y obtener beneficios de ello. Existen varios tipos de spamdexing que iremos viendo a lo largo de este tema.

Si queremos protegernos contra esta clase de acciones debemos tener registradas todas las versiones de nuestra web en Search Console y revisar nuestros enlaces entrantes, asimismo, si usamos un CMS es de vital importancia mantenerlo actualizado para evitar posibles inyecciones de código que creen contenido duplicado, granjas de enlaces o contenido penalizable.

Tipos de Spamdexing

- **Spamdexing de enlaces**

Esta técnica se lleva a cabo o bien por hackeo en nuestra web, o por un modo de trabajo poco ético de nuestros competidores.

En caso de ser hackeados,nuestra web habrá creado páginas llenas de enlaces, estos pueden ser hacia webs de la competencia con el objetivo de robar autoridad y posicionamiento, o hacia páginas basura con el objetivo de ser penalizados por Google y desaparecer de las SERP. De hecho, conforme la granja de enlaces es descubierta por Google, nuestro posicionamiento se ve seriamente resentido. Y si no solucionamos ese problema a lo largo del tiempo, podemos sufrir una penalización manual que nos elimine por completo de las SERP.

En caso de recibir enlaces entrantes basura hacia nuestra web, debemos desautorizarlos o probablemente veamos disminuir nuestro posicionamiento drásticamente.

Esta técnica consiste en apuntar hacia una web con enlaces de páginas penalizadas o usando anchor text de mala calidad haciendo creer a Google que somos parte de esa estructura.

Para evitar este tipo de Spam deberemos analizar con frecuencia desde Google Search Console los enlaces hacia nuestro sitio, otro apartado que también nos avisará de si Google nos ha penalizado será el de acciones manuales, aunque Google Search Console nos notificará en este último caso.

- **Spamdexing de contenido**

Si nuestra web es objetivo de un hackeo, probablemente hayan inyectado código malicioso que genere contenido automáticamente o modifique el existente. Esto pone en serio peligro nuestro SEO ya que si nuestra web publica contenido penalizable, no tardaremos mucho tiempo en desaparecer de las SERP.

En algunos casos incluso podemos ser **víctimas de un hackeo sin siquiera saberlo**, si nuestra web está generando contenidos sin cambiar el original y nosotros no lo revisamos, es posible que no nos demos cuenta hasta que la web haya desaparecido por una **penalización manual**.

Para defendernos ante esto, debemos de mantener siempre nuestro CMS actualizado junto con sus plugins y temas ya que los hackers acceden a las webs a través de las brechas de seguridad que estos generan.

8.3 KEYWORD STUFFING

¿Qué es el Keyword Stuffing?

Keyword Stuffing es una técnica de Black Hat SEO que se basa en el uso excesivo de palabras clave dentro del texto de una página.

Google antes de mejorar los algoritmos de sus motores de búsqueda, creía que cuantas más veces se mostrase la palabra clave en el contenido, más relevante sería la página para aquellos usuarios que hacían la búsqueda.

Ahora que Google ha actualizado los algoritmos de sus motores de búsqueda, ve este tipo de técnicas SEO como perjudiciales, por lo que tomará medidas si la encuentra en nuestro sitio web, afectando de forma perjudicial al posicionamiento web.

Esto puede darse sin que esté planeado, sino que al tratar un tema en un artículo de nuestro blog, hacemos demasiado uso de una palabra clave.

Debes tener mucho cuidado con esto, ya que si utilizas esta técnica, más que beneficiar la posición de la web, podría acabar penalizada por Google.

¿Cómo evitar esto?

Lo que se debe hacer para evitar una sanción de Google por el empleo de esta técnica es hacer uso de sinónimos, diferentes formas verbales, si siempre se hace uso del mismo tema.

El porcentaje del uso de una palabra clave no deberá superar nunca un 7% con respecto al resto de palabras del texto. La densidad ideal de la palabra clave se encuentra entre el 2-7%. (Este porcentaje variará según el número de palabras que tenga el texto).

Esta misma técnica se emplea en la META etiqueta, usando las keywords para conseguir más relevancia. Estas técnicas son conocidas como técnicas de keyword spamming, y debido al uso de estas técnicas, Google actualizó sus algoritmos y comenzó a penalizar este tipo de estrategias poco éticas.

El keyword Stuffing que sí funciona

Habrá casos en los que encontramos que hay páginas que escalan de forma rápida posiciones en Google y sin embargo, están haciendo uso de la técnica keyword Stuffing. Esto se debe a que si asociamos a la palabra clave con una long tail muy buscada, también Google que leerá los datos, entenderá que no estamos haciendo un uso abusivo de dicha palabra clave, sino que estamos dándole información valiosa y mejoramos la experiencia del usuario, y realmente así es.

Lo veremos en un ejemplo para que se entienda mejor:

Si en un artículo de un blog elijo como palabra clave **posicionamiento SEO** y creo diferentes apartados en el blog con subtítulos del estilo, posicionamiento SEO para web corporativas, posicionamiento SEO para tiendas online, etc. y desarrollo cada apartado incluyendo de nuevo cada palabra clave, Google no solo no me penaliza.

En este caso, ayudaría a este artículo a subir posiciones en sus buscadores, ya que cada palabra clave tiene bastantes búsquedas y el artículo tiene sentido a la hora de redactarlo, por lo que Google interpreta que es información de valor para el usuario y no seremos una alerta a los ojos de Google Panda.

Si en cambio, a ese mismo artículo, en algún subtítulo o en alguna parte del texto añadiera "posicionamiento SEO para verduras con internet", Google Panda penaliza este artículo sin pensarlo, puesto que esto no tiene sentido, ni aporta información útil para el usuario, y Google detecta que lo único que persigo es aumentar la densidad de la palabra clave.

En conclusión, el keyword Stuffing sí funciona, pero si hacemos un buen uso de él, usando las palabras clave con sentido, seguidas de diferentes long tail, haciendo nuestro texto original y de calidad para el usuario. Aún así, es conveniente no hacer un uso masivo de esta técnica aunque sea con precaución y cuidando nuestro contenido.

Ejemplo que sí funciona

En este caso vamos a estudiar la técnica empleada por el portal Milanuncios.com, en su página de resultados de búsqueda de productos, incluye varias funciones en el sidebar entre las que se encuentra la sección de "LO MÁS BUSCADO" aquí muestra de manera dinámica los términos más usados en el portal para buscar el producto concreto por el que estamos navegando, y un enlace hacia los resultados que arroja esa búsqueda.

Esta técnica, aunque es algo tosca, es válida a ojos de Google, puesto que realmente este Keyword Stuffing está realizado con enlaces que llevan a páginas con contenido de calidad y por lo tanto, aportan valor al usuario.

Tener este tipo de funcionalidades en el sidebar, son de gran ayuda para el SEO puesto que mejoran mucho el interlinking, ayudan a Google a interpretar el contenido de la URL y aumentan la densidad de palabras clave sin arriesgarnos a una posible penalización.

8.4 CONTENIDO DUPLICADO O ESCASO

¿Qué es el contenido duplicado?

Las técnicas de web scraping o duplicar contenido bien sea de tus competidores o de tu propia web puede jugarte una mala pasada y acabar llamando la atención de Google con una penalización por querer pasarte de listo. También existe la posibilidad de que ese contenido duplicado se haga de manera automatizada, para mostrarlo luego en páginas que contienen publicidad, consiguiendo con esta técnica los primeros puestos y asegurándose grandes beneficios publicitarios. Puede estar incluso por encima de la página que muestra el contenido original, confundiendo al buscador entre el contenido plagiado y el original.

¿Cómo evitar el contenido duplicado?

Cuando hablamos de contenido duplicado podemos hablar de diferentes formas de generar dicho contenido. La más frecuente se da por spammers que lo hacen de forma automática en diferentes dominios que han hackeado y cuyo dueño, en la mayoría de los casos, no tiene todavía ni la menor idea de que eso estaba sucediendo, también nuestra competencia puede usar este tipo de técnicas para perjudicarnos y a su vez obtener ella mejores resultados.

Esta forma de generar contenido duplicado se puede evitar con una serie de pasos:

- **Indexar el contenido justamente al publicarlo**. Sabemos que Google tarda un tiempo en indexar páginas de forma automática, por lo que si le facilitamos un poco su trabajo, antes apareceremos en sus páginas. Si desde Google Search Console nos dirigimos al apartado de inspección de URL, ponemos nuestra URL con el contenido nuevo y hacemos clic en obtener para ver los detalles, podemos comprobar que la página no tiene ningún tipo de error de tipo http o está siendo bloqueada por el robot, y podremos solicitar la indexación de esta. Así forzaremos a Google a la indexación de dicha página de forma instantánea.

- **Alertas de Google**. Si creamos alertas en Google este podrá enviarnos una notificación cuando haya en Internet una copia de la alerta que tú hayas creado.

Si hemos detectado contenido duplicado deberíamos primeramente ponernos en contacto con el responsable del sitio web, con el hosting del dominio que tiene el contenido duplicado e informar a Google a través de esta ayuda de dicho contenido *https://support.google.com/legal/troubleshooter/1114905?r-d=2&hl=es*

Otra forma por la que podemos caer en un castigo de Google por contenido duplicado, pero menos usual, es que nosotros mismos dupliquemos nuestro contenido o bien en diferentes dominios o en un subdominio. Si haces esto creyendo que así vas a posicionar más páginas de tu web y en una posición mejor, permíteme decirte que vas a conseguir justo lo contrario. A estas alturas debemos saber que para Google el usuario es lo primero, y va a ofrecerle siempre lo mejor, posicionar varias páginas con el mismo contenido es como ofrecerle al usuario un único resultado, y eso es lo que Google quiere evitar, si nosotros queremos aparecer en Google también debemos hacerlo. El usuario busca diferentes resultados, Google le ofrecerá siempre resultados diferentes, nosotros debemos mostrarle a Google que nuestro sitio es original y contiene información de interés para el usuario.

¿Qué hacer cuando nos duplican el contenido? Caso práctico

Si descubrimos de pronto que nuestro sitio web ha sido duplicado al completo, cómo fue el caso que nos sucedió en el blog de javirodriguez.com, debemos actuar para evitar que esto pueda acarrearnos consecuencias desastrosas. Aunque debes saber que anteriormente los algoritmos de Google penalizaban el contenido duplicado, actualmente este suele ser ignorado por los robots, por lo que se puede convertir en un arma de doble filo (o bien no nos afecta, o incluso el dominio que está duplicando el contenido, puede obtener verse beneficiado). Así que, lo interprete como lo interprete Google, debemos solucionar esto para evitar problemas mayores.

Ante una situación así, tenemos varios consejos sobre cómo debemos actuar.

Empezemos viendo las acciones más lógicas a realizar:

- **Contactar con el webmaster** que nos está duplicando contenido y comunicarle que ese contenido es tuyo, y que amablemente lo retire.

  Esto es obvio, pero muchos webmasters cuando son comunicados de esta manera suelen aceptar y eliminar el contenido sin generar mayores problemas.

- **Enviar la página a Google** para que la revise por contenido duplicado

  Google cuenta con una función a través de la cual podemos enviarles una URL en caso de que estén copiando nuestro contenido, por norma general no tardan mucho tiempo en actuar y finalmente, eliminan la URL duplicada si lo consideran realmente una duplicidad de contenido. Si no es el caso, deberemos tomar acción nosotros mismos.

- En caso de que estén haciendo **hotlinking sobre nuestras imagenes**, podemos cambiar la imagen de las URLs enlazadas y poner otra clase de contenido (Indicando que el contenido no es original, que es de tu autoría por ejemplo) Recordemos que si Google no desindexa la web, el único que va a poder actuar va a ser el webmaster que nos está duplicando contenido, por lo tanto solo podemos "molestarlo" hasta que decida eliminarlo. Desde nuestro archivo .htaccess podemos evitar que nos hagan hotlinking con el siguiente código:

```
# evitar el hotlinking y mostrar otro contenido alternativo
<IfModule mod_rewrite.c>
RewriteEngine on
RewriteCond %{HTTP_REFERER} !^$
RewriteCond %{HTTP_REFERER} !^http://(www\.)?javirodriguez\.
com/.*$ [NC] RewriteRule .*\.(gif|jpg)$ http://www.dominio.es/
contenidoalternativo.jpg [R,NC,L] </ifModule>
```

Sustituye "javirodriguez" por tu dominio, y el nombre de la imagen de ejemplo por el nombre de tu imagen.

- Si nos han hecho una copia completa de todos los archivos de nuestra web en un dominio extranjero (**Mirroring**) existe un truco muy sencillo que nos evitará mayores problemas. Al ser una copia de todos los archivos, incluye nuestro **archivo de verificación de Google Search Console**, solo debemos verificar la propiedad y **desindexarla de Google**.

8.5 ANCHOR TEXT, CALIDAD DEL ENLACE

¿Qué es el Anchor text o texto ancla?

El anchor text es el texto que se inserta en un enlace. Esta técnica normalmente forma parte de una de estrategia de SEO positivo cuando se lleva a cabo de la forma correcta.

¿Por qué es el Anchor text una estrategia de Black Hat SEO?

Para entender por qué el anchor text puede ser una estrategia de Black Hat SEO, debemos saber que con el comienzo del SEO, una de las técnicas de posicionamiento SEO era la generación masiva en diferentes directorios (de baja calidad sobre todo), web, comentarios en blogs, foros, etc., de enlaces con anchor text que usaban keywords comerciales concretas, esto servía para generar tráfico hacia el sitio web y darle autoridad, elevando así el PageRank de una página. Google, que actualizó y mejoró sus algoritmos para ofrecer mejor información al usuario, empezó a ver este tipo de técnicas con malos ojos ya que realmente haber conseguido una elevada autoridad empleando técnicas como esa no era señal de que ese sitio ofreciese contenido de calidad.

¿Cómo detectar Black Hat SEO con Anchor text?

Hay varias formas de conseguir que Google considere negativa una estrategia de anchor text "buena". Incluso tú mismo, sin darte cuenta, podrías estar llevando a cabo una de ellas. Si creas enlaces en foros, webs y blogs de mala calidad y/o abandonados siempre usando las mismas palabras claves. Llevar a cabo estrategias de posicionamiento como estas harán que salten las alarmas en Google, al que es mejor no provocar está alerta.

Anchor text con Spam

Del mismo modo que en el anterior caso, pero esta vez puede deberse a un hackeo de la web, que da como resultado la generación masiva de enlaces en directorios de mala calidad, o comentarios con spam, todo esto con textos anclas que no tienen nada que ver ni están relacionado con el contenido de tu web. Llegando incluso a encontrar palabras como viagra, porno, sexo, piratería, etc.

Este tipo de enlaces al provenir de sitios de mala calidad terminan desapareciendo con el tiempo. Aunque si consiguen afectar a tu PageRank pueden llegar a tapar las keywords que te interesa realmente posicionar, además de que Google es muy estricto cuando ve contenido de ese tipo y llevará acabo acciones manuales contra tu sitio.

Anchor text con Keywords principales

Si tu competencia por ejemplo, crease de forma masiva enlaces siempre con la misma palabra clave, pero en este caso con la palabra principal, que si tiene relación con el contenido que tu ofreces, y está usando enlaces DoFollow para hacerlo, tenemos un problema, Google Penguin no dejará que esto pase desapercibido sancionando el sitio web y quitándolo de la SERP.

¿Cómo evitar Black Hat SEO de Anchor text?

Para detectar y evitar si alguien está usando este tipo de técnicas contra nosotros es de vital importancia:

- Tener dado de alta nuestro sitio en **Google Search Console**.

- Configurar el aviso de notificaciones, para que Google nos avise si nuestro sitio ha sido penalizado o se ha llevado a cabo alguna acción manual contra él. También te puede avisar del aumento de errores 404, si hay problemas con el robots, etc.

- Controlar el apartado **enlaces a tu sitio**, que nos mostrará qué dominios están dirigiendo tráfico a nuestra web. Desde ahí podremos comprobar si son enlaces conocidos y de buena calidad, o en cambio son enlaces de mala calidad que nos perjudican.

- Controlar las **consultas** para ver por qué palabras clave acceden los usuarios a nuestro sitio, si encontramos términos que no tienen nada que ver con lo que ofrecemos, palabras en chino o similares, nos dará una pista de que algún ataque está recibiendo nuestro sitio, y podremos evitarlo antes de que Google nos penalice por ello.

- Usar la herramienta de **desautorización de enlaces** para indicarle a Google qué enlaces que apuntan a nuestro sitio, no queremos que tenga en cuenta y no nos afecte en nuestro posicionamiento.

CONTENIDO EXTRA

Descargar SEO spy glass

Actualizaciones penalizaciones SEO

9. HERRAMIENTAS SEO

¿Qué es SEO PowerSuite?

SEO PowerSuite es un conjunto de herramientas SEO que cubre todos los aspectos de la estrategia SEO. Cuatro aplicaciones que recogen todos los datos de analítica de nuestro sitio, como la monitorización de posiciones, la fortaleza del dominio, estrategia de linkbuilding, backlinks, auditorías webs, informes y un sin fin de funcionalidades más que se comentarán a lo largo de los próximos temas. SEO PowerSuite no solo controla un sitio web, sino que la cantidad de sitios webs que puede gestionar es ilimitada.

Aplicaciones de SEO PowerSuite

- **WebSite Auditor**. Rastrea nuestro sitio web al completo y nos muestra resultados de cómo lo vería el robot de Google, informándonos detalladamente de los problemas que ha podido encontrar.

- **Rank Tracker**. La función de esta herramienta entre otras, es la de monitorizar las posiciones de tu sitio web en Google o en el motor de búsqueda que tu elijas.

- **SEO SpyGlass**. Encuentra todos los enlaces que apuntan a cualquier dominio, identificando enlaces perjudiciales y otras muchas funciones.

- **LinkAssistant**. Pone a nuestra disposición sitios con gran autoridad para conseguir enlaces relevantes.

WebSite Auditor

Esta aplicación de escritorio nos dará datos detallados sobre todo el contenido de nuestra web. Ya que lo analiza como un robot, como lo haría el robot de Google. Estos análisis dan como resultados diferentes informes que muestran los posibles errores que tiene nuestra web, para así poder corregir errores y alcanzar las primeras posiciones.

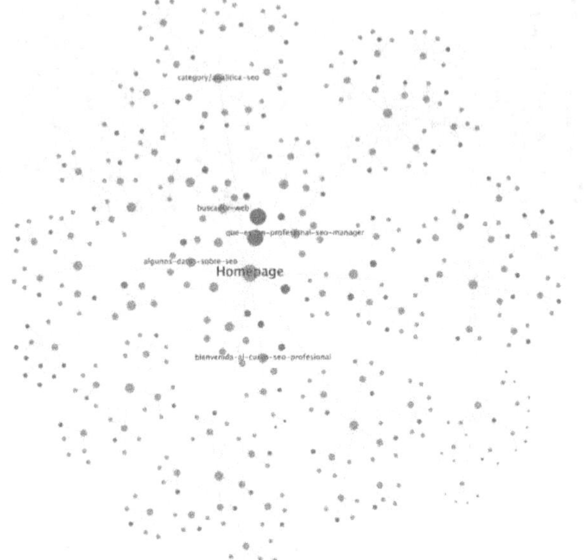

Estructura del sitio

Este informe te muestra qué contenido de tu web tiene errores, analizando la indexación, las redirecciones, URLs, imágenes, factores técnicos, metaetiquetas. Nos permite realizar una auditoría muy completa en forma de lista con la que podemos conocer en un solo vistazo el estado general del sitio web. También genera el sitemap y el archivo robots.txt del sitio.

Una función muy útil que contiene es el hecho de poder ver de manera visual cómo se estructuran los enlaces de una página web lo cual nos ayuda a identificar si debemos realizar cambios en el interlinking de nuestro sitio.

Análisis del contenido

Estos informes muestran información sobre la optimización SEO On-Page, incluso te permite editar y optimizar el contenido desde la propia aplicación.

Fuerza de Dominio

Recoge todos los datos sobre el dominio como la fuerza que tiene, la posición en el ranking de Alexa, la edad, la indexación en los diferentes motores de búsquedas, enlaces entrantes, popularidad en las redes sociales, etc., y los resume en una valoración del 1-10. Los resultados son aproximados y podemos usarlos como referencia, sin embargo como en la mayoría de herramientas, la fuerza de dominio en páginas con poco tiempo de vida no es tan precisa.

Informes

Te permite generar informes personalizados que incluyen múltiples datos sobre todo lo hablado anteriormente. Si tenemos la versión de pago podemos personalizar los informes con el logo de nuestra empresa y crear informes más detallados o más resumidos para enviarlos a nuestros clientes de SEO.

Optimización de contenido **Factores técnicos**

Título

⚠	Palabras clave en el título	2
✔	Longitud del título	64 caracteres
✔	Etiqueta <title> duplicada	No

Meta etiquetas

⚠	Palabras clave en etiqueta meta descripción	3
✔	Longitud de etiqueta meta descripción	140 caracteres
✔	Etiqueta meta descripción duplicada	No
✔	Palabras clave en etiqueta meta palabras clave	0

Cuerpo

⚠	Palabras clave en <body>	48
✔	Número palabras en <body>	832
⚠	Palabras clave en H1	0
⚠	Palabras clave en H2-H6	15
✔	Palabras clave en negrita	3
ⓘ	Palabras clave en cursiva	0
⚠	Palabras clave en textos ancla	38

Imágenes

⚠	Palabras clave en textos ALT	6
⚠	Textos ALT vacíos	6

Marcado

ⓘ	Marcado Open Graph	Si
✔	Marcado de datos estructurados	Si

Cómo personalizar nuestros proyectos en Website Auditor

En Website Auditor (así como en el resto de aplicaciones de SEO PowerSuite), podemos añadir nuestras propias preferencias y guardar los datos para realizar un seguimiento más completo pudiendo retomar el trabajo allá por donde lo dejásemos, incluso permite subir copias de seguridad a la nube.

Personalización de las opciones de rastreo

A través de Website Auditor, se pueden escanear URLs específicas así como excluirlas, (por Ejemplo: el Blog) y pedirle que obedezca al archivo robots.txt, buscar páginas huérfanas en el sitemap etc.

Escanear/Ignorar URL
Podemos introducir un parámetro de URL para que Website Auditor escanee solo las URL que contengan ese texto exacto o por el contrario, para que no lo rastree.

Seguir instrucciones Robots.txt
Desde esta sección podemos pedir a Website Auditor que obedezca al archivo robots.txt para que nos muestre los mismos datos que interpretaría el crawler de Google.

Filtrar los recursos a recolectar
De este modo W. Auditor solo escaneará archivos con las extensiones especificadas.

Recursos a recolectar:

☑ HTML ☑ Java script ☑ CSS ☑ Imágenes ☑ Vídeos ☑ Flash ☑ PDF ☑ Otro

Solicitar el rastreo de subdominios
Podemos escanear también los subdominios de la web a analizar en busca de posibles errores.

Emular comportamiento humano
Es posible que ciertas webs tengan sistemas de protección contra programas de auditoría web con el fin de evitar que la competencia las analice.

Website Auditor nos da la opción emular el "comportamiento humano", accediendo a la web desde un buscador (como haría un usuario humano) y navegando por las URL a menos velocidad con el objetivo de no ser detectado como un bot y sufrir un bloqueo de acceso mediante IP.

Opciones extra
Por último, también podemos limitar el número de peticiones que Website Auditor hace al servidor con el objetivo de no saturarlo así como bloquear la ejecución de Javascript.

9.2 RANK TRACKER

¿Qué es Rank Tracker?

Es una aplicación de escritorio que forma parte de SEO PowerSuite que ofrece un sistema de monitorización de posiciones de cualquier sitio web a nivel local o mundial y en diferentes motores de búsquedas.

¿Para qué sirve Rank Tracker?

Rank Tracker es una keyword tool que sirve para llevar un control preciso de las posiciones de cada keyword de uno o varios sitios webs, indicando la visibilidad que tiene cada página por la palabra clave elegida, el progreso de la posición, y un sin fin de utilidades más que esta app nos facilita.

Palabras clave objetivo

Nos muestra las posiciones que tienen en internet las páginas con las listas de keywords que hemos analizado, un informe resumido de todas ellas, un seguimiento con la posición en cada buscador, por ejemplo nivel local y a nivel mundial, útil para comparar cómo están funcionando las keywords elegidas en diferentes lugares, podemos añadir la competencia de nuestro sitio web y comparar los resultados, etc.

Investigación Palabras Clave

Este apartado te permite hacer un estudio de palabras clave, que te muestra el número de búsquedas, la competencia, las visitas estimadas, etc.

Informe

Este apartado te permite generar y exportar diferentes informes personalizados, que recoge datos como las posiciones, fuerza del dominio, visibilidad, tráfico orgánico, etc. Estos informes se pueden subir a la nube o se pueden programar como tareas para que se generen de forma automática y se envíen por email en cualquier formato. Si esta herramienta se vincula con Google Adwords y Google Analytics, podremos obtener datos valiosos de todas las palabras claves usadas ya sean orgánicas o de pago y de los usuarios que acceden a nuestra web, de cara a mejorar o realizar cambios en nuestra estrategia SEO con los resultados que vamos obteniendo en Rank Tracker. Es aconsejable generar con frecuencia informes para ver qué resultados estamos obteniendo.

Además de esta aplicación dentro de SEO Power Suite, existen otras herramientas gratuitas, como es Google Trends *https://trends.google.es/trends/?geo=ES*

Google Trends es una herramienta de **Google Labs**.

En esta herramienta se puede investigar y apreciar a través de las gráficas proporcionadas por Google, con qué frecuencia se realiza una búsqueda de un término particular en varias regiones del mundo y en varios idiomas.

9.3 AWRCLOUD: MONITORIZACIÓN DE POSICIONES, GENERADOR DE INFORMES Y AUDITORÍA DEL SITIO WEB

¿Qué es AWRCloud? ¿Y para qué sirve?

AWRCloud es una aplicación online que monitoriza la posición de todas las palabras clave que hayamos registrado en nuestra cuenta.

Es una de las más populares para este propósito pues ofrece de forma organizada toda la información sobre la posición de nuestras palabras clave. Asimismo también incluye otra clase de herramientas SEO (Auditoría, enlaces entrantes…) Pero existen alternativas que funcionan de mejor manera para estas funciones.

Palabra clave		Posición		Dificultad	Búsquedas
agencia inbound marketing ⌄	⊞	46	⌄3	Medium	140
agencia marketing digital sevilla ⌄	⊞	1		High	70
agencia marketing online sevilla ⌄	⊞	15	⌄4	High	20
agencia posicionamiento seo	⊞	–	–	Low	140
agencia posicionamiento web	⊞	–	–	Low	170
agencia seo	⊞	–	✕45	Medium	2.400
curso de seo ⌄	⊞	18		High	390
curso de seo sevilla ⌄	⊞	1		Low	10
curso posicionamiento seo ⌄	⊞	10	⌃5	High	90
curso seo ⌄	⊞	13	⌃2	High	1.000
curso seo sevilla ⌄	⊞	1		Medium	30
desarrollo web sevilla ⌄	⊞	23	⌃2	Medium	70
diseño de paginas web profesionales ⌄	⊞	41	+	Low	140
diseño de paginas web sevilla ⌄	⊞	13		Medium	50
diseño grafico sevilla	⊞	–	–	Low	590

Con esta herramienta podemos exportar informes de marca blanca totalmente personalizados para mostrar exactamente lo que necesitemos, sin más datos que puedan confundir a nuestros clientes a la hora de interpretarlos.

La principal ventaja de AWRCloud es que se puede acceder desde cualquier lugar y dispositivo ya que todos los datos que tenemos en nuestra cuenta se encuentran en la nube.

¿Para qué sirve AWRCloud?

Como podemos observar, muestra la posición de las palabras clave en parrilla y **se apoya en el uso de colores para ofrecer una presentación agradable e intuitiva.**

Al lado de la posición actual nos muestra el **cambio de posición respecto al último rastreo** (podemos elegir la frecuencia de rastreo) y el **número de búsquedas mensuales** que recibe la palabra clave junto con una estimación sobre lo competido que está posicionarse por ella. Asimismo, nos incluye el CPC actual de ese término de búsqueda en Google Adwords.

Realizar búsquedas geolocalizadas con AWRCloud

Desde AWRCloud **podemos realizar las búsquedas geolocalizadas** en la ubicación que nosotros elijamos conociendo así los resultados de búsqueda que Google muestra de manera local, esto tiene una enorme variedad de aplicaciones, pero una de ellas es poder conocer con exactitud los puestos en las SERP que ocupan nuestros clientes y tomar las medidas más adecuadas.

Conocer la evolución de nuestras palabras clave

Desde AWRCloud tenemos acceso al histórico de progreso de nuestras palabras clave. Esto es de gran utilidad para ver en forma de gráfico la evolución de nuestra estrategia SEO.

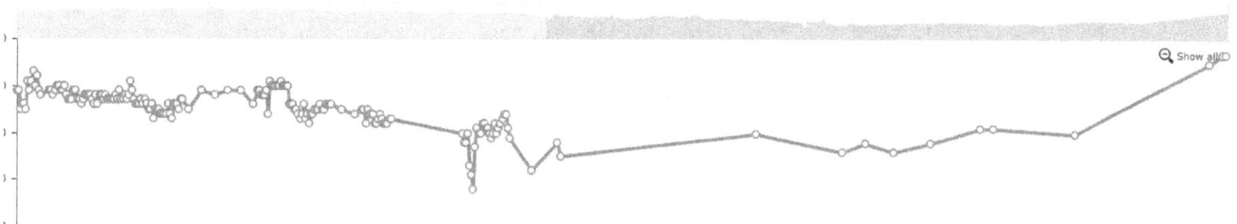

Cómo funciona AWR Cloud

AWR nos ofrece un número de "Keyword units" (varía según el plan que usemos) al mes. Cada una de las palabras consume 1 Keyword Unit y actualiza su posicionamiento 1 vez por semana. Si decidimos rastrear la misma cadena clave desde dos ubicaciones diferentes consumirá 2 puntos y si decidimos que se actualice cada dos semanas en vez de una, consumirá 0,5 Keyword units.

22	biweekly	This website has 22 keywords, 2 search engine units and is updated biweekly (twice per month): 22 x 2 / 2 = 22 keyword units.
46	weekly	This website has 23 keywords, 2 search engine units and is updated weekly (once per week): 23 x 2 x 1 = 46 keyword units.

Ejemplo real de cómo calcula AWRCloud el consumo de Keyword units

Interpretar los datos para mejorar nuestra estrategia SEO

A través de las herramientas SEO podemos obtener gran cantidad de información relevante de la que extraer **posibles mejoras en nuestra estrategia SEO**.

- Controlar las bajadas de posiciones excesivamente bruscas

  En caso de una bajada de puestos tan brusca como la del ejemplo, sin duda debemos de alarmarnos y buscar el motivo que lo ha provocado.

  Los motivos más comunes ante esta situación son:

  - Cuando pasó el crawler de Google, el servidor no dió respuesta. No hay problema, cuando vuelva a ser rastreada, la página recuperará su posición anterior.

  - Nuestra URL ha recibido gran cantidad de enlaces basura (SEO negativo). Debemos de revisar Search Console, en caso afirmativo, debemos de enviar a Google un documento de desautorización de enlaces.

  - En caso de haber realizado algún cambio en el contenido, debemos revisarlo, puede que hayamos cometido algún error. (Contenido duplicado, Marcado como Noindex…)

- Controlar a la competencia

  Podemos incluir a nuestra competencia en AWRCloud y estudiar el posicionamiento que han obtenido respecto a nosotros por las mismas cadenas clave. Esto nos permite encontrar posibilidades de mejora y analizar su crecimiento para copiar las posibles técnicas que estén empleando.

- Conoce el estado general de tu web con la sección de vista general

Desde la sección "Overview" tenemos un informe en forma de gráfico que nos aporta información de gran valor.

Debemos de vigilar este panel, ya que en un vistazo podemos hacernos una idea del estado general de nuestra web.

- En primer lugar está el porcentaje de visibilidad, pero esta sección la podemos ignorar.

- En segundo lugar nos indica el número de palabras clave que tenemos entre los 50 primeros puestos en los resultados de búsqueda. Cuantas más palabras tengamos posicionadas mejor.

- En tercer y cuarto lugar están las palabras que han subido puestos en los resultados de búsqueda y las que han bajado respectivamente. **Una señal de que estamos aplicando una estrategia SEO efectiva es que suban más palabras clave de las que bajan.** Nunca vamos a poder evitar perder posicionamiento por ciertas palabras clave, el **SEO es una lucha constante con muchos competidores** y algunos de ellos se centran en palabras que para nosotros son secundarias.

En la parte inferior encontramos estos gráficos que muestran información sobre los puestos en los que están nuestras páginas para las palabras clave objetivo.

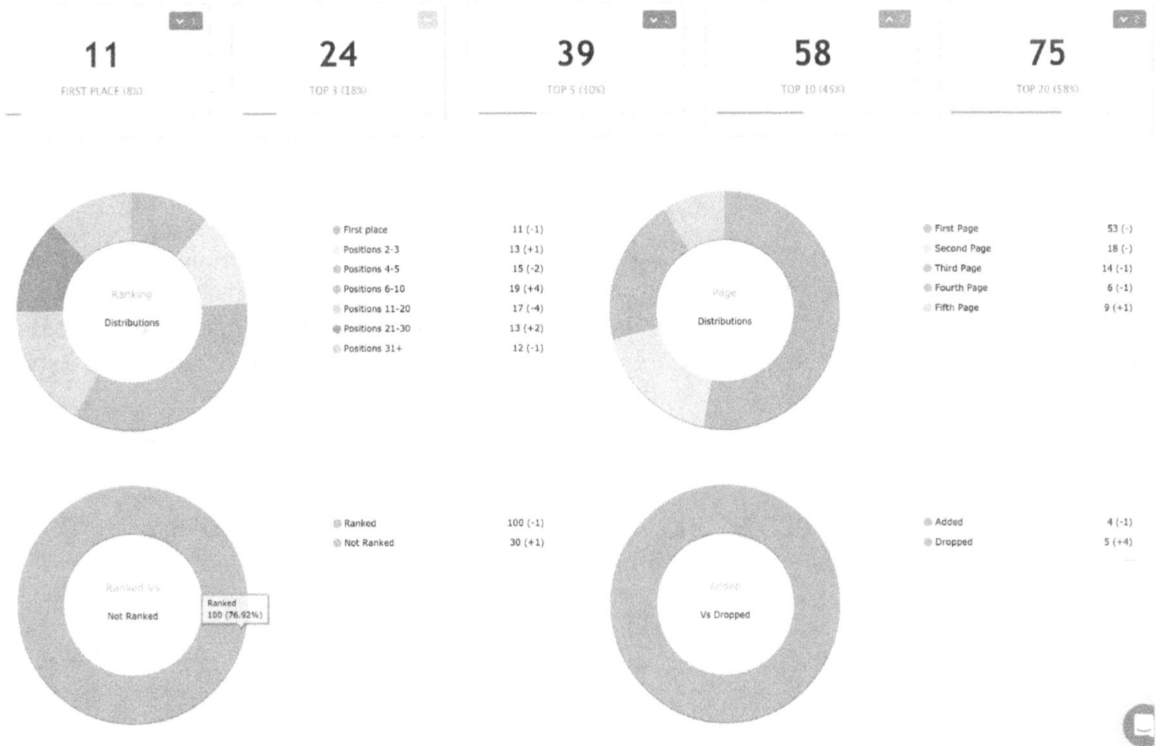

- En la primera fila y en el primer gráfico circular nos muestra el **número de palabras clave tenemos posicionadas en Top 1, Top 3, Top 5, Top 10 y Top 20.** (De las que tenemos añadidas a AWRCloud)

Si tenemos cierta visibilidad por nuestras palabras clave, una buena técnica para escalar algunos puestos más es **optimizar el CTR** a través de fragmentos enriquecidos, optimización de Meta descripciones o el uso de símbolos ASCII y emojis.

- En el gráfico de la derecha encontramos el número de **palabras clave que se encuentran posicionadas en la 1ª, 2ª, 3ª, 4ª y 5ª página de resultados.**

Si tras aplicar toda una estrategia SEO pasan los meses y no conseguimos resultados, podemos plantearnos tratar de posicionar por búsquedas de menor competencia, así empezaremos a reflejar tráfico en la web lo que aumenta la autoridad a ojos de Google.

- En el tercer **gráfico nos muestra el número de palabras clave** que tenemos añadidas en seguimiento **que actualmente se encuentran posicionadas** (entre los 50 primeros puestos)

Si todas las palabras clave que tenemos añadidas se encuentran posicionadas, es muy posible que estemos haciendo un seguimiento solo de palabras clave con muy poca competencia, debemos añadir términos más difíciles para poder medir la evolución de nuestro SEO.

- En el cuarto gráfico nos muestra el **número de palabras clave** de las que están añadidas en seguimiento **que se han desposicionado** (Han bajado de los 50 primeros puestos) **y las que se han añadido nuevas** (han entrado entre los 50 primeros puestos).

El número de palabras clave que bajan de posición y posicionan es una estadística de gran utilidad, pero como dijimos más arriba, no podemos evitar perder posicionamiento o incluso desaparecer de los resultados por ciertas palabras clave, **debemos usar un razonamiento lógico y evaluar las estadísticas** para medir si realmente nuestra web está decayendo y debemos de tomar acción o son meras fluctuaciones de posición en las SERP.

9.4. SEMRUSH SEO Y SEM TODO EN UNO.

SEMrush es una **herramienta SEO y SEM todo en uno con gran cantidad de funcionalidades**. Se trata de software 100% en la nube por lo que podemos acceder a nuestros datos desde cualquier lugar y cualquier dispositivo.

Debido al enorme catálogo de funciones con las que cuenta es un referente en herramientas para realizar SEO y SEM a lo largo de todo el mundo.

SEMrush para el SEO

SEMrush es usado por la gran mayoría de técnicos SEO puesto que realiza todas las funciones necesarias para el posicionamiento web con profundidad como si de herramientas especializadas se tratasen.

Visión general

El panel de visión general de SEMrush ofrece gran cantidad de información útil sobre el estado de nuestra web. En esta página podemos ver:

- Enlaces entrantes a nuestro sitio
- Campañas de publicidad activas
- Top 5 de las palabras clave con mayor relevancia
- Gráfico sobre el reparto de posiciones de nuestras palabras clave
- Los dominios que están compitiendo con nosotros por las mismas palabras clave
- La distribución de nuestros enlaces entre dofollow y nofollow
- Los textos ancla más usados para enlazar a nuestra web
- Los dominios que más enlaces están mandando a nuestra web

Todos estos aspectos los podemos ver en mayor profundidad en cada una de sus secciones.

Investigar a la competencia con SEMrush

Sin duda debemos conocer la manera de trabajar de nuestros competidores, de ellos podremos adquirir nuevas estrategias, conocer sus fuentes de enlaces o su modo de optimizar las palabras clave.

SEMrush nos da muchas herramientas para conseguir toda la información que necesitamos de nuestros competidores permitiéndonos actuar en consecuencia.

Conocer los enlaces entrantes / backlinks de la competencia.

Muchas herramientas nos muestran los enlaces entrantes de las webs de la competencia, SEMrush va un paso más allá creando una funcionalidad de gran utilidad que compara los dominios que enlazan a varias web (hasta un máximo de 4)

Esto nos sirve para conocer los enlaces entrantes de nuestra competencia que todavía nosotros no hemos conseguido y tratar de obtenerlos también. Estos datos se presentan en forma de tabla como podemos ver más abajo.

sandrajimenez.es	1	0	1/2	0	21
wordscat.com	1	0	1/2	0	7
javirodriguez.com	9	27	1/2	0	3
posicionamientobuscadoressevilla.es	1	0	2/2	3	2
sermaseninternet.com	1	0	2/2	2	2
espartinas.org	1	0	1/2	0	2
slidesearchengine.com	5	27	1/2	0	1
jesusalvaredo.com	7	2	2/2	3	1
xtrared.com	20	21	2/2	2	1

Aquí podemos ver los domínios que más enlazan a una web u otra, la autoridad de estos dominios o su "Spam Score" y si ambas tienen backlinks de las mismas fuentes, así como la evolución en cuanto a enlaces entrantes de una web frente a la otra.

Comparar el posicionamiento de tu web frente a la competencia.

Si introducimos dos dominios, SEMrush nos mostrará **las palabras clave por las que se están intentando posicionar ambos y lo comparará** en forma de tabla. Nos incluye información como el volumen de búsquedas mensuales, una estimación sobre la dificultad de posicionar esa keyword, el CPC en Adwords y el número de anunciantes compitiendo por esa misma keyword.

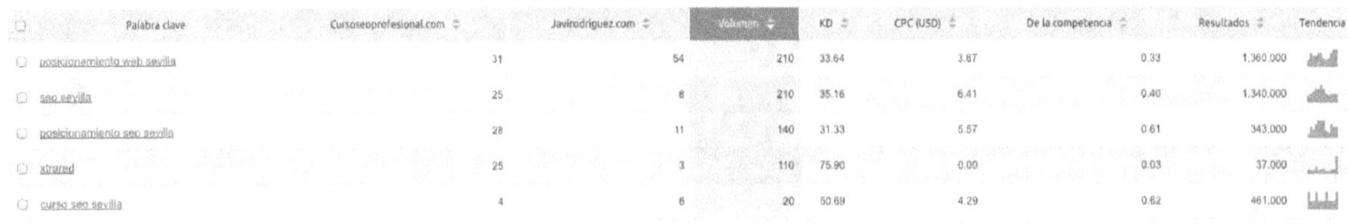

	Palabra clave	Cursoseoprofesional.com	Javirodriguez.com	Volumen	KD	CPC (USD)	De la competencia	Resultados	Tendencia
	posicionamiento web sevilla	31	54	210	33.64	3.67	0.33	1.360.000	
	seo sevilla	25	8	210	35.16	6.41	0.40	1.340.000	
	posicionamiento seo sevilla	28	11	140	31.33	5.57	0.61	343.000	
	xtrared	25	3	110	75.90	0.00	0.03	37.000	
	curso seo sevilla	4	6	20	50.69	4.29	0.62	461.000	

Otras funciones de SEMrush

Por último, esta herramienta online tiene otras pequeñas funciones que pueden sernos de ayuda en un momentos puntuales.

- Informe masivo de dominios.
- Búsqueda de palabras clave relacionadas.
- Calendario de Marketing para organizar el trabajo.
- Creación de informes personalizados.

SEMrush para el SEM

También ofrece herramientas útiles para el seguimiento de campañas de publicidad en buscadores, aunque no con tanta profundidad.

Podemos ver todos los anuncios activos junto con su número mensual de búsquedas, el CPC, su posición y el aumento o disminución de búsquedas del término a lo largo del tiempo.

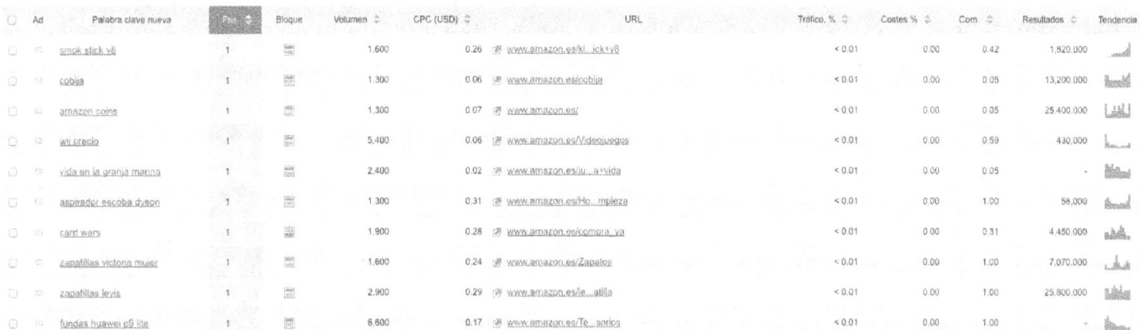

	Ad	Palabra clave nueva	Pos	Bloque	Volumen	CPC (USD)	URL	Tráfico, %	Costes %	Com.	Resultados	Tendencia
		smok stick v8	1		1.600	0.26	www.amazon.es/kl...ick+v8	< 0.01	0.00	0.42	1,820,000	
		cobija	1		1.300	0.06	www.amazon.es/cobija	< 0.01	0.00	0.05	13,200,000	
		amazon coins	1		1.300	0.07	www.amazon.es/	< 0.01	0.00	0.05	25.400.000	
		wii precio	1		5,400	0.06	www.amazon.es/Videojuegos	< 0.01	0.00	0.59	430,000	
		vida en la granja marina	1		2,400	0.02	www.amazon.es/iu...a+vida	< 0.01	0.00	0.05	-	
		aspirador escoba dyson	1		1.300	0.31	www.amazon.es/Ho...mpieza	< 0.01	0.00	1.00	58,000	
		card wars	1		1.900	0.28	www.amazon.es/compra_ya	< 0.01	0.00	0.31	4.450.000	
		zapatillas victoria mujer	1		1.600	0.24	www.amazon.es/Zapatos	< 0.01	0.00	1.00	7,070,000	
		zapatillas levis	1		2.900	0.29	www.amazon.es/e...atilla	< 0.01	0.00	1.00	25,800,000	
		fundas huawei p9 lite	1		6.600	0.17	www.amazon.es/Te...sorios	< 0.01	0.00	1.00	-	

Del mismo modo, SEMrush también nos muestra los principales dominios que están pagando por publicitarse bajo las mismas palabras clave que nosotros y una estimación del presupuesto invertido.

Conclusión

Es una herramienta muy potente para realizar el SEO, tenemos cubiertas todas nuestras necesidades y contamos con herramientas específicas que facilitan el trabajo en gran medida, es por ello que SEMrush **es una de las herramientas más usadas por los expertos en SEO y SEM a lo largo de todo el mundo.**

Generación de Informes personalizados con SEMrush

Una de las funciones más atractivas que posee SEMrush es el generador de informes personalizados, este nos permite crear un documento PDF compuesto por la información que nosotros elijamos. Funciona con un sistema Drag & Drop por lo que podemos colocar los elementos en las disposición que más conveniente nos parezca, haciendolo sencillo de usar pero a la vez completo.

Esta herramienta es de gran utilidad para los profesionales SEO puesto que **nos permite enviar informes con la información más relevante para cada uno de los clientes**, asimismo, al tratarse de una herramienta tan versátil como SEMrush, **la cantidad de información en forma de gráficos y tablas que podemos añadir es muy amplia.**

Programar el envío de informes

Cada una de las distribuciones de informes que hemos creado anteriormente **se pueden guardar como plantilla para enviar los informes con la información actualizada de manera automática a cada uno de los clientes**, incluso podemos elegir la frecuencia con la que se envía entre diario, semanal o mensual.

Personalización de informes

SEMrush nos permite personalizar los informes generados con la información de nuestra marca, podemos añadir el logo, dirección y CIF así como contamos con la posibilidad de añadir anotaciones debajo de cada elemento del informe para hacer más fácil la comprensión a los lectores o incluso recomendaciones sobre la estrategia de SEO: *"La campaña de Linkbuilding ha resultado favorable, podemos considerar reinvertir de nuevo para tratar de posicionar en los términos más competidos".*

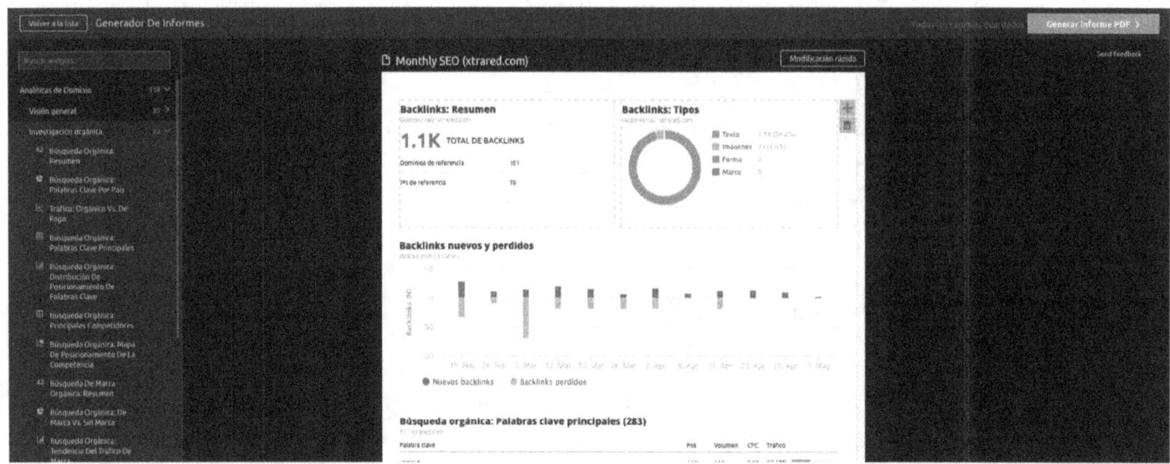

Debemos saber que para personalizar el informe con nuestra marca, debemos de contratar la versión "Guru" con un coste mensual de 199, 95 USD

Integración de Google Analytics y SEMrush en los informes

Dentro de los muchos elementos que SEMrush permite incluir en sus informes se encuentran las estadísticas de Google Analytics,

Podemos vincular nuestra cuenta de G.A. con SEMrush para que tenga acceso a las analíticas de nuestra web y podamos reflejarlas en nuestros informes personalizados.

9.5. WEBCEO: EL SOFTWARE SEO PARA PROFESIONALES Y AGENCIAS

WebCEO:La herramienta SEO ideal para agencias, generación de leads y gestión de tareas SEO para proyectos

En los últimos años están proliferando un importante número de herramientas para el workflow SEO. Esto provoca que las opciones sean amplias y, por qué no decirlo, en la competencia ganamos todos.

WebCEO ¿Qué es?

WebCEO se nos presenta como una herramienta de marketing digital para SEO a nivel de agencias. Es decir, WebCEO pretende (y según nuestra opinión lo consigue) optimizar al máximo el trabajo del día a día del SEO. Para ello encontrarás en el panel de gestión de la herramienta, un elemento de menú llamado "Tareas" en el que, agregando uno de los proyectos, podrás generar todas las tareas que hay que ejecutar un proyecto, bien de SEO avanzado o básico.

A partir de ahí se generan automáticamente todas las tareas del proyecto SEO. Pero también puedes crear tus propias tareas y te va mostrando el porcentaje de los trabajos que van realizándose ¡A que es genial!

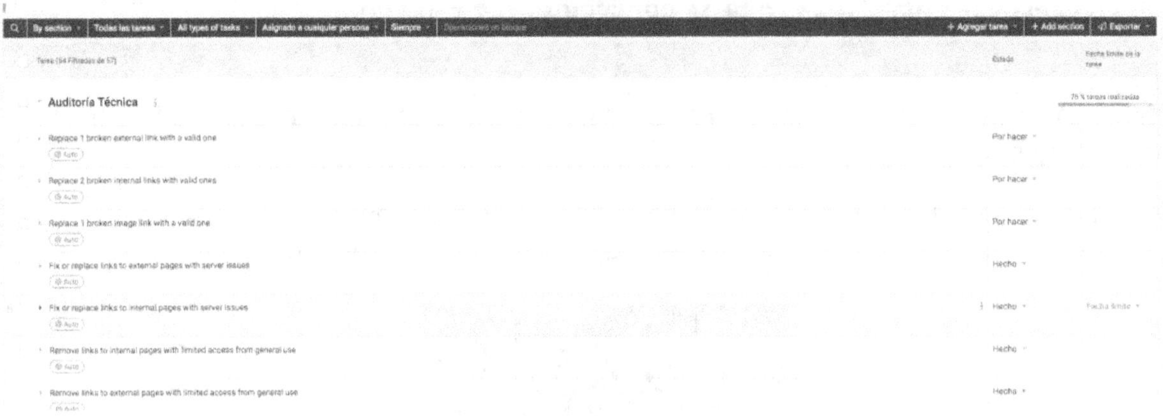

WebCEO es una herramienta SEO "todo en uno"

Al igual que la mayoría de herramientas SEO que mostramos en este módulo, WebCEO es una herramienta "todo en uno". Es decir, cubres todos los procesos del SEO desde un único lugar.

Principales características y funciones de WebCEO

WebCEO es una herramienta muy completa que nos ofrece:

- **17 herramientas SEO profesionales** entre las que se encuentran los procesos fundamentales un proyecto SEO como son el Keyword Research, Investigación orgánica, auditorías SEO, monitorización, linkbuilding y desintoxicación de enlaces, análisis de redes sociales e investigación de la competencia.

- **Administra proyectos fácilmente**. Según el plan que tengas contratado, puedes agregar los proyectos que necesites y programar las tareas SEO por lotes. También recibirás alertas SEO para advertirte de problemas críticos.

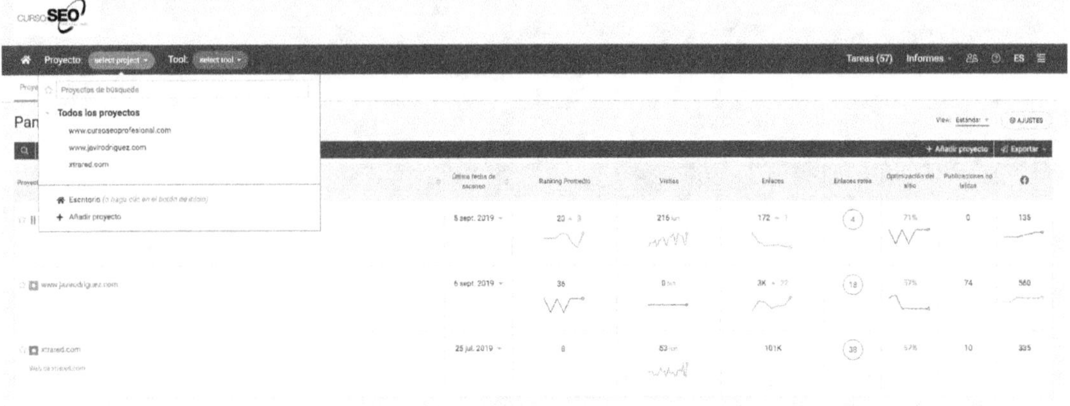

- **Optimiza y ayuda a tu equipo SEO** a colaborar de forma efectiva. Puedes tener tantos usuarios simultáneos como quieras, el administrador de tareas se actualiza automáticamente con las tareas SEO que se pueden organizar de manera uniforme en el equipo

- **Captación de nuevos clientes.** WebCEO te ofrece la posibilidad de incrustar un widget en tu sitio web para la generación de clientes potenciales. Se trata de la realización de una auditoría SEO que genera un informe con tu marca y es enviada a tu prospecto para intentar captarlo como cliente.

- **Generación de informes personalizados**, sencilla y efectiva.

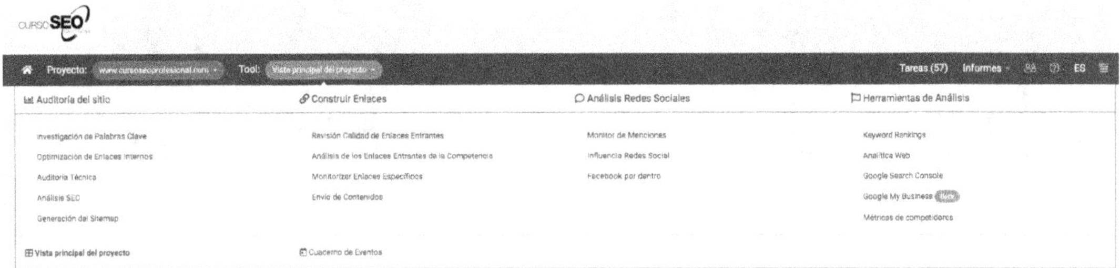

Ver comparativa de SemRush vs WebCEO:

https://www.webceo.com/semrush-alternatives.htm

Precios de WebCEO

En comparación con la competencia, WebCEO se ofrece en tarifas más económicas ofreciendo más recursos y obteniendo importantes descuentos por su contratación anual. Si accedes a su web: www.webceo.com comprobarás sus tarifas actualizadas, ofreciendo muchas ofertas que las hacen coincidir con fechas concretas del año, como por ej: la celebración de Halloween.

Otras Herramientas SEO que puedes descubrir:

- **SIXTRIX:** https://www.sixtrix.es

- **XOVI:** https://www.xovi.com

- SERPSTAT: https://www.serpstat.com

- SEOPROFILER: https://www.seoprofiler.com

- RANKINGCOACH: https://www.rankingcoach.com

- HOTJAR: https://www.hotjar.com

- METRICSPOT: https://www.metricspot.com

Descargar SEO Powersuite

Prueba Semrush gratis 7 dias

Web CEO

Ejemplo de informe realizado con Web CEO

10. SOBRE EL PROFESIONAL SEO

El SEO es una actividad que ofrece múltiples opciones para obtener ingresos. De hecho, los mejores profesionales del SEO consiguen asentar su actividad de una forma rápida y rentable.

En este capítulo vamos a comentar 3 de los diferentes modelos de negocio que podemos enfocar desde el punto de vista profesional. Por supuesto, estos temas van a mostrar una visión muy personal, basada en mi experiencia a lo largo de más de 15 años ejecutando proyectos en XTRARED.

Modelo 1: Posicionamiento SEO como servicio

A través de este modelo ofertamos nuestro conocimiento y experiencia al servicio de empresas que nos contraten con el fin de hacernos cargo de su posicionamiento orgánico en buscadores. En este modelo se amparan la mayoría de profesionales del SEO una vez han conseguido una infraestructura relevante en Internet (Su propia PBN). Este modelo es el más común y suele ofertarse a través de un servicio de auditoría y estrategia que se completa con un mantenimiento (cuota) mensual. Modelo ideal para conseguir ingresos estables mensuales que te permitan crecer como empresa y ampliar cartera de clientes.

El SEO es un servicio que como se suele decir "se vende sólo". La amplia mayoría de empresas tienen claro que estar en las primeras posiciones del buscador es sinónimo de visitas y conversiones. Por lo tanto, esta actividad tiene mucho ganado en lo que a la "generación de necesidad" se refiere. El cliente lo tiene claro, quiere estar ahí y quiere estar el primero.

La clave está en saber diferenciarse y mostrarse como la mejor opción para llevar el SEO de su empresa. Y se predica con el ejemplo: tu web debe estar bien ubicada en las SERP´s de tu localidad por las cadenas claves que emplearían tus clientes. Esta es la mejor manera de demostrar que eres la persona adecuada.

¿Cómo ejecutar el modelo de negocio SEO como servicio?

A la hora de ejecutar el servicio, sigo el siguiente esquema de procedimiento:

A la contratación:

1. Estudio de la actividad, compentencia y auditoría abreviada del sitio web del cliente.
2. Análisis de viabilidad ¿podemos conseguir los objetivos que espera el cliente?
3. En caso afirmativo: propuesta económica / En caso negativo: se desestima el servicio y se propone campaña SEM u otras.

Una vez contratado:

1. Auditoría completa del sitio web, empresa, actividad y sector del cliente.
2. Elaboración de estrategia SEO: definición de público, ámbito, objetivos, selección de palabras claves, estrategia de contenidos, etc.

3. Optimización e implantación SEO
4. Servicio de mantenimiento: Backlinks, link building, interacciones sociales, informes mensuales, soporte, etc.

¿Cómo facturar el modelo de negocio SEO como servicio?

Este modelo de negocio SEO se factura a través de 3 hítos fundamentales:

- Auditoría y estrategia: se suele facturar al inicio, o bien un 50% a la aceptación/firma del contrato y el otro 50% a la presentación de la estrategia.
- Optimización onsite: se suele presupuestar una vez realizada la estrategia (ya sabes las intervenciones necesarias) se factura de forma anticipada.
- Mantenimiento mensual: según el plan que acuerdes con el cliente, se abona de forma anticipada o a mes vencido, como decidas según el riesgo que quieras asumir.

Por supuesto, como sucede en cualquier servicio que se presta bajo un modelo B2B, tu capacidad de empatía, organización e implicación con el cliente será crucial para que la relación que inicias con él sea duradera y sobre todo rentable para ambas partes.

Es el modelo ideal para aquellos que quieren crear una empresa con un crecimiento exponencial.

Modelo 2: Monetización de proyectos a través del SEO (MBN)

Ser un profesional del posicionamiento SEO y tener la capacidad de dar visibilidad a cualquier tipo de proyecto que puedas imaginar puede convertirse en una actividad muy rentable para ti. De hecho, muchos SEO´s obtienen ingresos pasivos a través de sus redes de monetización, llamadas MBN (Money Blog Network).

Este modelo se sostiene a través de la identificación de un nicho o micro-nicho de mercado en el que podamos observar un alto nivel de búsquedas mensuales y escasa competencia. El objetivo se basa en conseguir posicionar blogs por esas búsquedas y enlazarlos entre sí a través de estrategias de link building. Estos sitios obtienen un elevado tráfico cualificado que convierten sus visitas en ventas, bien a tráves de e-commerce propio o vía sistemas de afiliación (Amazon, Google Adsense y otros).

A grandes rasgos, así puedes conseguir ingresos pasivos con tu MBN:

- **Identificación de nicho**: Se trata de encontrar un producto o servicio que interese a un buen número de personas (volumen de búsquedas mensuales) y que no tenga un elevado nivel de competencia. Esto es algo que podemos comprobar a través de la herramienta de adwords keyword planner.

- **Creamos la infraestructura y elegimos estrategia de contenidos y sistema de afiliados.**

- **Conseguimos tráfico y comenzamos a recibir ingresos pasivos que crecen gradualmente.**

Existe bastante información en blogs, canales de youtube y demás sobre este modelo de negocio. Desde 2017 Google está incorporando actualizaciones a su algoritmo para combatir este tipo prácticas. En marzo de 2017 anunció la actualización llamada "Google Fred" que pretende penalizar aquellas webs que:

- Tienen pocos enlaces backlinks, pobres y/o de poca calidad.
- Páginas con poca o nula usabilidad y mala arquitectura de información.
- Webs cargadas de publicidad (excepto ADsense).
- Webs con contenido pobre, escaso, duplicado, con errores, etc.

Sin duda, disponer de una MBN es una opción que nos ofrece grandes ventajas e ingresos, pero que no es nada fácil conseguir. Requiere trabajo, constancia y mucha paciencia.

Es el modelo de negocio ideal para conseguir a largo plazo una independencia económica personal.

Modelo 3: Generar ingresos a través de tu blog/web

En mis clases suelo repetir una frase de la que estoy plenamente convencido: "Comparte lo que sabes para que te paguen lo que vales".

Disponer de una web o blog donde compartas de forma continua consejos, guías o cualquier información de interés para un nicho determinado, acaba generando ingresos.

Gracias a los sistemas de afiliación, la publicidad en los post y una buena estrategia de contenidos; hoy en día mucha gente puede vivir de su plataforma personal online.

Sin duda, tener conocimientos de SEO no va a hacer más que mejorar las cifras de este tipo de proyectos. Si tienes un sitio web con autoridad, las marcas están dispuestas a pagar para que les publiques un test de producto, pongas un enlace a su web para mejorar su SEO, etc.

Esta podría ser la hoja de ruta:

- Defines la temática del blog/web. Algo que controles o en lo que estés especializado/a
- Creas contenido, lo difundes a través de redes, generas comunidad.
- Una vez obtenida cierta visibilidad, defines un plan de marketing e insertas publicidad contextual a través de sistema de afiliados.
- Los ingresos llegarán.

Este modelo es el idóneo para "lobos solitarios" que desean tener plena libertad de acción y no vivir "atados" a clientes.

10.2 EL DÍA A DÍA DE UN SEO PROFESIONAL

Hay algo muy determinante en los profesionales del SEO que consiguen desarrollar su actividad con éxito: Su capacidad de gestión.

Si algo has aprendido en este curso es que el SEO es una labor que abarca numerosos frentes y en todos, debe existir equilibrio.

El flujo de trabajo SEO

Podríamos decir que de forma general, un SEO debe plantear su flujo de trabajo en dos grandes líneas de tareas: diarias y mensuales.

Flujo de trabajo SEO

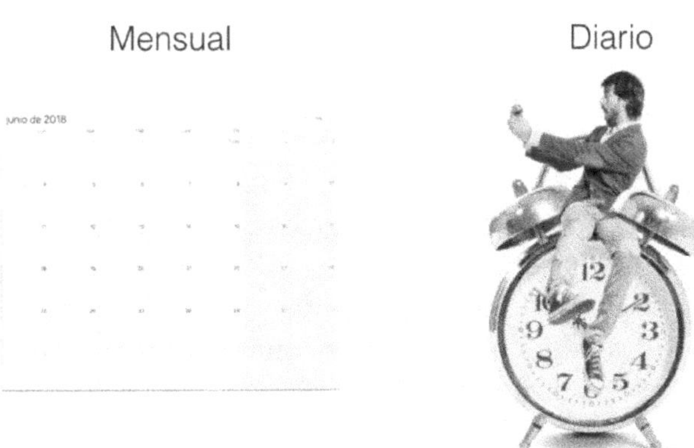

Tareas mensuales: producción del servicio SEO

Las tareas mensuales son aquellas que nos permiten llevar una correcta ejecución del servicio SEO. El objetivo es que cada mes se cumplan de forma que podamos realizar las siguientes tareas:

- Consultar los diferentes rankings de las keywords del plan SEO
- Generar los informes mensuales
- Evaluar los resultados
- Realizar propuestas de mejoras
- Desglosar las tareas a realizar on y off page
- Optimización de la página web
- Generación de nuevos contenidos
- Desarrollo de tareas

De forma abreviada, puedes ver el planteamiento de las tareas mensuales de un SEO aquí:

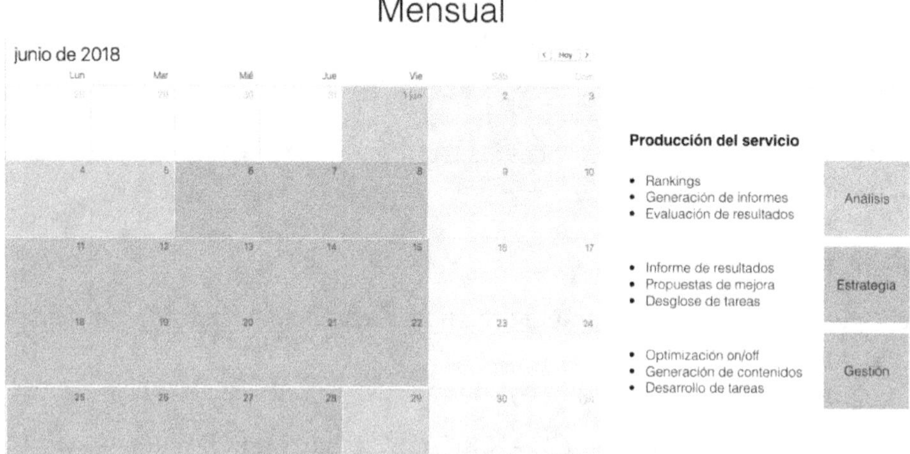

Como puedes observar en la imagen, lo ideal es definir un cronograma mensual en el que desarrollar las diferentes tareas.

Tareas diarias: gestión del servicio SEO

La planificación mensual, sobre el papel es sencilla. Lo complicado es tener la capacidad de ser constante en el día a día. Para ello, es importante que hagamos una buena gestión de nuestra jornada repartiendo las tareas diarias de una forma sensata.

Podríamos decir, que el día a día de un SEO se reparte en un 30% tareas de comunicación y gestión y un 70% producción del servicio (trabajo de campo).

- Comunicación y Gestión: Es el tiempo que dedicamos a responder/enviar emails, reuniones, llamadas, gestiones administrativas y tareas de formación consulta de noticias, actualidad, etc.

- Producción: Todas aquellas tareas que tienen que ver directamente con el trabajo de campo SEO. Optimización on site, enlaces, optimización de carga, etc.
- ¿Qué herramientas emplear en el día a día del "Workflow" SEO?

¿Qué herramientas emplear en el día a día del "Workflow" SEO?

El Workflow del SEO es mucho más llevadero si dispones de herramientas "todo en uno" que te ayuden a realizar las diferentes tareas.

En la siguiente diapositiva, puedes comprobar como una herramienta como SEO PowerSuite te puede ayudar en el trabajo de campo del SEO.

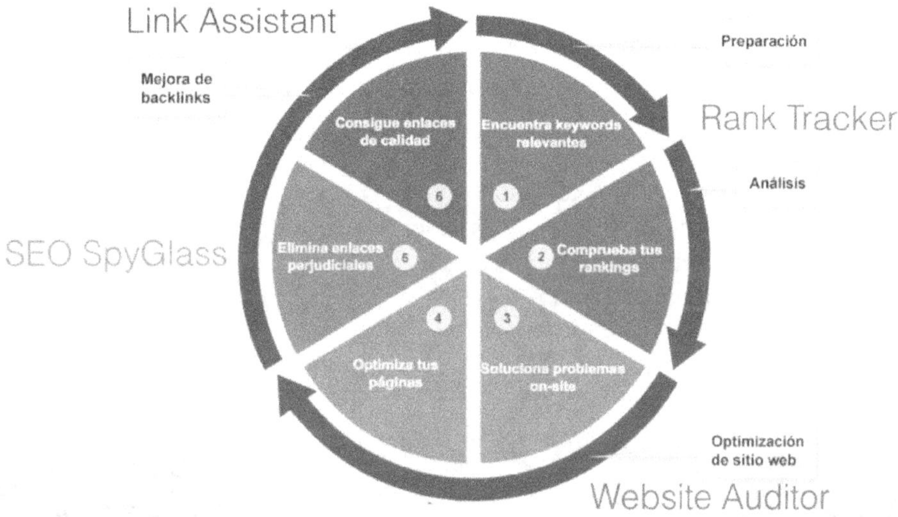

Si hacemos un desglose de tareas, podríamos repartir las mismas en los siguientes bloques.

No tengo dudas de que siguiendo esta rutina de trabajo, tu desarrollo como SEO profesional será mucho más efectivo.

Flujo de trabajo SEO

	Website Auditor	Rank Tracker	Link Assistant	SEO SpyGlass	G.A	G.S.C
Keyword Research		✓			✓	✓
Optimización on site	✓				✓	✓
Linkbuilding			✓	✓	✓	✓
Gestión PBN	✓		✓	✓	✓	✓
Actualización y aprendizaje	✓	✓	✓	✓	✓	✓
Generación de informes		✓	✓	✓	✓	✓
Monitorización de indexación					✓	✓
Seguimiento de usuarios/visitas					✓	✓
Desautorización de enlaces				✓		✓
Vigilar a la competencia	✓	✓	✓	✓		
Seguimiento de CTR					✓	✓
Seguimiento de tasa de rebote					✓	
Información sobre usuarios					✓	
Identificación de enlaces tóxicos				✓	✓	✓
Generación de auditorías web	✓				✓	✓
Rankeo de posiciones en SERPs		✓				✓
Identificación de oportunidades de enlaces			✓			✓
Seguimiento de posibles acciones de penalización	✓			✓		✓

10.3 CONTRATO DE SEO

¿Qué incluye un contrato de SEO?

Si vas a dedicarte profesionalmente a prestar servicios de SEO, es muy importante que regules la relación que vas a mantener con tus clientes a través de un contrato de servicios SEO. Aquí tienes un modelo de contrato SEO.

Formalizar la relación con tu cliente a través de un contrato que regule el alcance del servicio, no sólo va a proteger tus intereses, sino que va a proyectar de cara a tu cliente un valor profesional que le aporte transparencia y profesionalidad.

El primer consejo que voy a darte es que te busques un buen abogado, especializado en materias digitales y que te ayude a proteger tus intereses para tener los mínimos problemas posibles. Si decides usar un modelo como el que compartimos aquí, debes tener en cuenta que cada profesional o empresa es diferente, y que sólo con la asistencia de un profesional de la materia tienes la garantía de andar sobre terreno sólido.

¿Qué debe contemplar un contrato de SEO?

Un contrato de SEO, como cualquier contrato de servicios contempla los siguientes aspectos:

- Partes contratantes
- Condiciones y términos generales de la contratación
- Objeto del contrato
- Características del servicio
- Precio y forma de pago
- Duración

- Garantías
- Acuerdo a nivel de servicio
- Confidencialidad y protección de datos
- Modificación del contrato
- Propiedad intelectual
- Resolución
- Notificaciones
- Nulidad
- Régimen Jurídico

Para que puedas ver un ejemplo de contrato SEO, hemos preparado en el contenido extra de este módulo, un modelo de carácter general que sirve de muestra para comprobar cómo podemos regular nuestro servicio de SEO a través de un contrato.

Te aconsejo contar siempre con el asesoramiento jurídico profesional necesario para evitar situaciones en las que sin duda no podrás defender tus intereses como mereces.

10.4 COMERCIALIZACIÓN DEL SEO

Gestión comercial del SEO

En Internet puedes encontrar amplia información sobre prácticamente todo lo que abarca el posicionamiento SEO. Sin embargo, el volumen de información se reduce drásticamente cuando intentamos localizar información relacionada con la comercialización del servicio SEO.

Sin duda, unos de los grandes retos a los que te vas a enfrentar cuando, además de conocer todos los entresijos de esta actividad, te toque valorar tu trabajo y cobrar por ello.

En este tema vamos a tratar los principales aspectos comerciales relacionados con el servicio SEO: La comercialización.

Para desgranar todas las cuestiones que abarcan este tema, daremos respuesta a las siguientes preguntas:

¿Cuál es el coste del servicio SEO?

¿Cómo se vende el servicio SEO?

¿Cómo se formaliza la contratación?

¿Cómo podemos justificar la prestación del servicio SEO?

¿Cómo podemos garantizar el servicio SEO?

¿Es legal comercializar el SEO?

Como comentábamos en el tema 10.1, el SEO se puede ofertar a través de varios modelos de negocio. En este caso, vamos a plantear este tema a través del modelo de negocio "SEO como servicio"; en el que contemplamos el ser contratados por una empresa para que nos hagamos cargo de la visibilidad de su web en buscadores a través de nuestros servicios.

¿Cuál es el coste del servicio SEO?

Es complicado dar respuesta a esta pregunta y, de hecho, existen muchas posibilidades de estar equivocado en la misma.

Puedo asegurarte que no existen dos profesionales o empresas del ámbito del SEO que tengan los mismos gastos, equipo y en definitiva, costes para ejecutar el servicio.

Normalmente, la fórmula es sencilla: sumamos todos los costes, agregamos nuestro "valor profesional" o "factor diferencial" y a eso, le sumamos el margen de beneficio que esperamos por nuestra actividad. Fácil ¿verdad?

En España, podemos encontrarnos con oferta muy variada en el ámbito del SEO. Desde proveedores de hosting que ofrecen servicio SEO mensual desde 35€ al mes, hasta profesionales independientes y empresas que lo ofertan a través de una cuota mensual de entre 60/200€ según el número de palabras clave.

**Un sistema que a mi me ha funcionado:
Auditoría & Estrategia + optimización + plan mensual de servicio.**

Llevo ofreciendo servicios de SEO desde el año 2005 y desde entonces aposté por un modelo que hoy en día se ha convertido en la base de la estabilidad económica de mi empresa.

Este sistema se basa en la facturación del servicio a través de 3 fases.
- **Fase de Auditoría & Estrategia:**
  Primera fase del servicio en el que realizamos una auditoría on y off del sitio web sobre el que trabajar y el desarrollo de la estrategia SEO del cliente. Precio: de 1.995€ en adelante (20 horas de trabajo aproximadamente).

- **Optimización on site:**
  Segunda fase del servicio relacionado con la implementación de la primera en la que se realiza la

optimización on site del mismo y la activación de aplicaciones y servicios como Google Search Console, implementación de estadísticas, optimización Mobile, etc. Normalmente se incluyen unas 10/15 horas de trabajos a razón de 695€. En caso de necesitar más tiempo para su optimización, dependiendo del tamaño del sitio web, será más o menos tiempo necesario para su ejecución.

- **Plan mensual de servicio:**
  El plan mensual de servicio está relacionado con las tareas mensuales que se ejecutan sobre el sitio web. Nosotros planteamos los planes por número de palabras claves. Por ejemplo el plan 20 incluye trabajar sobre 20 cadenas claves de ámbito local (2 keywords de servicio+localidad). Este plan tiene un coste de 270€ al mes.

Seguramente, este sistema te generará muchas dudas. Puedo asegurarte de que este método de comercialización funciona y tiene grandes posibilidades de escalabilidad y sostenibilidad en el servicio.

¿Cómo se vende el servicio SEO?

Como hemos comentado en temas anteriores, el SEO, como servicio se vende sólo. Sin embargo, el trabajo que vas a realizar para conseguirlo debes tener la capacidad de proyectarlo de una forma transparente y profesional para convencer a tu nuevo cliente.

Fases de comercialización del SEO

Podríamos decir que el SEO se vende en tres hitos: Primer contacto, reunión / propuesta y contratación.

En este gráfico puedes ver las diferentes fases de contratación del servicio SEO.

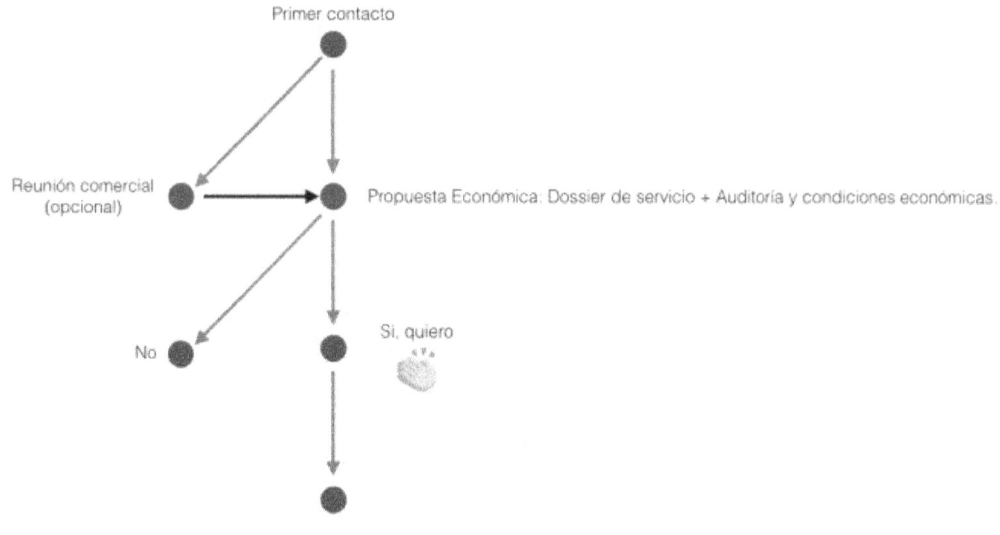

Primer hito: Contacto inicial que normalmente suele producirse por teléfono o a través de un mensaje desde nuestra página web (e-mail). De este primer contacto pueden darse dos situaciones; una reunión comercial para concretar las necesidades del cliente y tipo de proyecto, o bien el envío de un dossier de servicio con las tarifas del mismo, lo que llamamos nuestra propuesta de servicio o propuesta económica.

Segundo hito: Parte crucial, el cliente responde si o no... En caso negativo no hay más que hacer, en caso afirmativo (después de celebrarlo) toca redactar contratos y planificar la puesta en marcha del proyecto.

Tercer hito: Pago y firma del contrato.

El presupuesto de SEO ¿Qué debe incluir?

Las ofertas de servicio SEO son muy variadas. Yo te recomiendo que trabajes en un buen dossier de servicio que proyecte tu profesionalidad con ejemplos de trabajos realizados, cómo has conseguido resultados, testimonios de clientes, proyectos, etc. Algo completo pero fácil de ver. A grandes rasgos, el presupuesto SEO debería incluir:

- **Auditoría abreviada del cliente (previa de la auditoría completa realizada con alguna herramienta como WebSite Auditor)**

- **Procesos del servicio, donde se muestre cada fase y el coste de cada una de ellas.**

- **Precios de optimización**

- **Plazos (plazo de contratación de mantenimiento mínimo)**

- **Planes de mantenimiento**

Ejemplo de presupuesto de SEO

Cuestiones a tener en cuenta en la fase de contratación (presupuesto y proceso de firma)

Cuando tienes el sí o estás a punto de obtenerlo, toca plasmar todo esto en un documento donde debes plantear:

- Forma de pago

- Plazos de pago

- Condiciones generales y específicas del servicio

- Plazo de servicio (Duración del contrato)

- Exclusividad (Si o No)

- Ámbito

10.5 CHECKLIST DE TAREAS EN UN PROYECTO SEO

Las tareas de un SEO en su día a día son variadas y abordan mucho más allá de una mera optimización del sitio web y generación de enlaces.

Hoy en día el SEO es una actividad transversal, y las organizaciones están obligadas a "pensar en SEO" a la hora de tomar sus decisiones en materias estratégicas para su comunicación.

Auditoría Técnica

- Corregir enlaces rotos (internos, externos, de imagen, etc.)
- Solucionar problemas de javascript (compresión, código inválido, errores, etc.)
- Reparar errores CSS
- Optimización de código HTML y optimización de imágenes
- Solucionar cualquier problema derivado de duplicidad de contenido por protocolo http/https. Generar redirecciones por .htaccess si es posible.

OnSite SEO Audit

- Optimizar el título de todas las páginas del sitio (etiqueta <title>)
- Definir las URL canonical para la página principal del sitio web.
- Eliminar etiquetas "title" duplicadas.
- Eliminar etiquetas "description" duplicadas.
- Incluir un encabezado H1 en cada página (asegurarse de que no hay más de un H1 en la página.
- Agregar atributos ALT a todas las imágenes.
- Asegurarse de no tener más de 100 enlaces salientes desde una página.
- Generar URL amigables por cada página.
- Añadir favicon para que el sitio funcione correctamente en todos los navegadores
- Añadir archivo robots.txt.
- Eliminar redirecciones 302.
- Crear el archivo sitemap.xml
- Asegurarse de que tódas las páginas del sitio tienen 800 palabras como mínimo.
- Validación W3C

Análisis de los enlaces entrantes de la competencia

- Análisis de los enlaces entrantes de los competidores

Rankings de Keywords en las SERP

- Realizar seguimiento de los rankings de nuestro sitio
- Realizar seguimiento de nuestra competencia en los rankings

Auditoría SEO avanzada

- Auditoría de enlaces rotos avanzada
- Control de velocidad del sitio web
- Control de duplicidad de contenido

Optimización onsite avanzada

- Investigación avanzada de Keyword Research
- Optimización de imágenes
- Optimización de enlaces internos
- Optimización de robots.txt
- Optimización de sitemap.xml
- Optimización de etiquetas "META"
- Generación de contenido enriquecido (SHEMA)

Creación de enlaces

- Investigación de backlinks de la competencia
- Auditoría de calidad de los enlaces entrantes
- Blogging
- Blogs invitados (Guest blooging)
- Creación de infografías / documentos descargables
- Prensa escrita (publicación de notas de prensa relacionadas con la actividad del site)
- Creación de videos e incorporación a cada página.
- Inclusión en directorios y sitios locales
- Promover la generación de reseñas en Google my business
- Eliminación de enlaces tóxicos

Social Media

- ¿Qué está haciendo la competencia en las redes sociales?
- Alcance de competidores a través de menciones ¿son muy mencionados?
- Optimiza tus perfiles sociales, asegúrate de enlazar tu web desde ellos.
- Desarrolla tu propia estrategia de marketing de contenidos.
- Crea una cuenta profesional y de calidad en twitter. Dinamiza con hashtag que incluyan tus Keywords.
- Pregunta o responde a una pregunta relacionada con un nicho de mercado objetivo en Quora, Answers.com y Yahoo! Respuestas. Participa en la sección Preguntas de Facebook y en Respuestas de LinkedIn.
- Monitorea tu tráfico de medios sociales, analiza su procedencia y el contenido que más interesa a tu audiencia.
- Asegúrate que cada publicación que realizas tiene un enlace hacia tu web o contenido relacionado en tu página.

Medición y analítica

- Monitorea el tráfico orgánico de tu página, analiza tendencias, consultas flujos de navegación.
- Analiza las conversiones de tu sitio web.
- Rastrea el ranking de tu página en buscadores.
- Haz un seguimiento del posicionamiento de tus competidores.

Informes

- Genera un informe mensual
- Crear un informe evaluativo cada 3-6 meses
- Identifica los resultados en los KPIs de relevancia.

10.6 HERRAMIENTAS SEO Y ACTUALIZACIONES

El SEO es una actividad que exige estar en continuo cambio y evolución. Para ello, es recomendable tener a mano fuentes de información de confianza.En este listado te incluyo las fuentes que, de una forma u otra, me permiten seguir creciendo cada día como profesionales en el ámbito del SEO. Esta lista se irá actualizando con nuevos recursos y referencias de forma continua que podrás encontrar en www.cursoseoprofesional.com

Fuentes oficiales:

Blog de Google para webmasters:
https://webmaster-es.googleblog.com/
Twitter @googlewmc: https://twitter.com/googlewmct
Canal de youtube: https://www.youtube.com/channel/UCWf2ZlNsCGDS89VBF_awNvA
Foro de asistencia para webmasters de Google: https://support.google.com/webmasters/community?hl=es&gp-f=d/forum/webmaster-es
Google Webmasters en castellano: https://www.google.es/webmasters/#?modal_active=none

Sitios internacionales de referencia:
Moz (Inglés): https://twitter.com/moz
Yoast(Inglés): https://twitter.com/yoast
SEO PowerSuite: https://www.link-assistant.com/news/
WebCEO blog: https://www.webceo.com/blog/

Sitios en castellano:
SEMrush: https://twitter.com/semrush_es
SEMrush Youtube: https://www.youtube.com/channel/UC45BAC-xvkj2bWiDxq0nY4w/videos
Sixtrix: https://www.sistrix.es/blog/
Podcast "Hola SEO": https://www.ivoox.com/podcast-hola-seo-seo-marketing-online-en_sq_f1231891_1.html
Podcast "Campamento SEO": https://campamentoweb.com/podcast-seo/
Blog "Mi Posicionamiento Web": https://miposicionamientoweb.es/

CONTENIDO EXTRA

Checklist de tareas SEO

Modelo de presupuesto SEO

Modelo de contrato SEO

Flujo de trabajo SEO

Esto no acaba aquí. El posicionamiento en buscadores es una carrera de fondo que nunca termina. Te estaremos esperando en www.cursoseoprofesional.com

Javier Rodríguez
@javisevilla

www.ingramcontent.com/pod-product-compliance
Lightning Source LLC
LaVergne TN
LVHW060343200726
843507LV00005B/951